COLLECTION

DES

CONSTITUTIONS,

CHARTES ET LOIS FONDAMENTALES

DES PEUPLES DE L'EUROPE ET DES DEUX AMÉRIQUES.

TOME Ier.

IMPRIMERIE DE J.-L. CHANSON.

COLLECTION DES CONSTITUTIONS, CHARTES ET LOIS FONDAMENTALES

DES PEUPLES DE L'EUROPE ET DES DEUX AMÉRIQUES;

AVEC DES PRÉCIS

Offrant l'Histoire des Libertés et des Institutions politiques chez les nations modernes;

Et une TABLE alphabétique raisonnée des matières;

PAR

MM. P.-A. DUFAU; J.-B. DUVERGIER ET J. GUADET,

Avocats à la Cour royale de Paris.

« Entretiens et rends inviolables à tes sujets leurs priviléges, cou-
» tumes et immunités; étant plus raisonnable que celui qui veut être
» obéi, sache jusqu'où se peut et doit s'étendre son commandement, et
» les sceptres nous étant mis en mains pour la manutention des lois. »

Paroles de Saint-Louis à son fils.

TOME PREMIER.

A PARIS,

CHEZ J.-L. CHANSON, IMPRIMEUR-LIBRAIRE, ÉDITEUR,

RUE DES GRANDS-AUGUSTINS, N° 10, F. S. G.

1821.

Si, de plus, il n'est pas marié ou veuf;

Et s'il n'a pas été domicilié sur le territoire de la république pendant les quinze années qui auront immédiatement précédé l'élection.

84. La condition de domicile exigée par le précédent article, et celle prescrite par l'art. 74, ne concernent point les citoyens qui sont sortis du territoire de la république avec mission du gouvernement.

85. Le conseil des anciens ne peut délibérer, si la séance n'est composée de cent vingt-six membres au moins.

86. Il appartient exclusivement au conseil des anciens d'approuver ou de rejeter les résolutions du conseil des cinq-cents.

87. Aussitôt qu'une résolution du conseil des cinq-cents est parvenue au conseil des anciens, le président donne lecture du préambule.

88. Le conseil des anciens refuse d'approuver les résolutions du conseil des cinq-cents qui n'ont point été prises dans les formes prescrites par la constitution.

89. Si la proposition a été déclarée urgente par le conseil des cinq-cents, le conseil des anciens délibère, pour approuver ou rejeter l'acte d'urgence.

90. Si le conseil des anciens rejette l'acte d'urgence, il ne délibère point sur le fond de la résolution.

91. Si la résolution n'est pas précédée d'un acte d'urgence, il en est fait trois lectures : l'intervalle entre deux de ces lectures ne peut être moindre de cinq jours.

La discussion est ouverte après chaque lecture.

Toute résolution est imprimée et distribuée deux jours au moins avant la seconde lecture.

92. Les résolutions du conseil des cinq-cents adoptées par le conseil des anciens, s'appellent *lois*.

93. Le préambule des lois énonce les dates des séances du conseil des anciens auxquelles les trois lectures ont été faites.

94. Le décret par lequel le conseil des anciens reconnaît l'urgence d'une loi, est motivé et mentionné dans le préambule de cette loi.

95. La proposition de la loi, faite par le conseil des cinq-cents, s'entend de tous les articles d'un même projet : le conseil des anciens doit les rejeter tous ou les approuver dans leur ensemble.

96. L'approbation du conseil des anciens est exprimée sur chaque proposition de loi par cette formule, signée du président et des secrétaires : *Le conseil des anciens approuve...*

97. Le refus d'adopter, pour cause d'omission des formes indiquées dans l'art. 77, est exprimé par cette formule, signée du président et des secrétaires : *La constitution annule...*

98. Le refus d'approuver le fond de la loi proposée est exprimé par cette formule, signée du président et des secrétaires : *Le conseil des anciens ne peut adopter...*

99. Dans le cas du précédent article, le projet de loi rejeté ne peut plus être présenté par le conseil des cinq-cents qu'après une année révolue.

100. Le conseil des cinq-cents peut néanmoins présenter, à quelque époque que ce soit, un projet de loi qui contienne des articles faisant partie d'un projet qui a été rejeté.

101. Le conseil des anciens, envoie dans le jour, les lois qu'il a adoptées, tant au conseil des cinq-cents qu'au directoire exécutif.

102. Le conseil des anciens peut changer la résidence du corps législatif; il indique, en ce cas, un nouveau lieu, et l'époque à laquelle les deux conseils sont tenus de s'y rendre.

Le décret du conseil des anciens sur cet objet est irrévocable.

103. Le jour même de ce décret, ni l'un ni l'autre des conseils ne peuvent plus délibérer dans la commune où ils ont résidé jusqu'alors.

Les membres qui y continueraient leurs fonctions se rendraient coupables d'attentat contre la sûreté de la république.

104. Les membres du directoire exécutif qui retarderaient ou refuseraient de sceller, promulguer et envoyer le décret de translation du corps législatif, seraient coupables du même délit.

105. Si, dans les vingt jours après celui fixé par le conseil des anciens, la majorité de chacun des deux conseils n'a pas fait connaître à la république son arrivée au nouveau lieu indiqué, ou sa réunion dans un autre lieu quelconque, les administrateurs de département, ou, à leur défaut, les tribunaux civils de département, convoquent les assemblées primaires pour nommer des électeurs, qui procèdent aussitôt

à la formation d'un nouveau corps législatif, par l'élection de deux cent cinquante députés pour le conseil des anciens, et de cinq cents pour l'autre conseil.

106. Les administrateurs de département qui, dans le cas de l'article précédent, seraient en retard de convoquer les assemblées primaires, se rendraient coupables de haute-trahison et d'attentat contre la sûreté de la république.

107. Sont déclarés coupables du même délit, tous citoyens qui mettraient obstacle à la convocation des assemblées primaires et électorales, dans le cas de l'article 106.

108. Les membres du nouveau corps législatif se rassemblent dans le lieu où le conseil des anciens avait transféré les séances.

S'ils ne peuvent se réunir dans ce lieu, en quelque endroit qu'ils se trouvent en majorité, là est le corps législatif.

109. Excepté dans les cas de l'art. 102, aucune proposition de loi ne peut prendre naissance dans le conseil des anciens.

De la Garantie des Membres du Corps législatif.

110. Les citoyens qui sont ou ont été membres du corps législatif ne peuvent être recherchés, accusés ni jugés, en aucun temps, pour ce qu'ils ont dit ou écrit dans l'exercice de leurs fonctions.

111. Les membres du corps législatif, depuis le moment de leur nomination jusqu'au trentième jour après l'expiration de leurs fonctions, ne peuvent être mis en jugement que dans les formes prescrites par les articles qui suivent.

112. Ils peuvent, pour faits criminels, être saisis en flagrant délit; mais il en est donné avis, sans délai, au corps législatif; et la poursuite ne pourra être continuée qu'après que le conseil des cinq-cents aura proposé la mise en jugement, et que le conseil des anciens l'aura décrétée.

113. Hors le cas de flagrant délit, les membres du corps législatif ne peuvent être amenés devant les officiers de police, ni mis en état d'arrestation, avant que le conseil des cinq-cents n'ait proposé la mise en jugement, et que le conseil des anciens ne l'ait décrétée.

114. Dans les cas des deux articles précédens, un membre du corps législatif ne peut être traduit devant aucun autre tribunal que la haute cour de justice.

115. Ils sont traduits devant la même cour pour les faits de trahison, de dilapidation, de manœuvres pour renverser

la constitution, et d'attentat contre la sûreté intérieure de la république.

116. Aucune dénonciation contre un membre du corps législatif ne peut donner lieu à poursuite, si elle n'est rédigée par écrit, signée et adressée au conseil des cinq-cents.

117. Si, après y avoir délibéré en la forme prescrite par l'art. 77, le conseil des cinq-cents admet la dénonciation, il le déclare en ces termes :

La dénonciation contre . . . . pour le fait de . . . . datée du . . . . . signée de . . . . est admise.

118. L'inculpé est alors appelé : il a, pour comparaître, un délai de trois jours francs; et lorsqu'il comparaît, il est entendu dans l'intérieur du lieu des séances du conseil des cinq-cents.

119. Soit que l'inculpé se soit présenté, ou non, le conseil des cinq-cents déclare, après ce délai, s'il y a lieu, ou non, à l'examen de sa conduite.

120. S'il est déclaré par le conseil des cinq-cents qu'il y a lieu à examen, le prévenu est appelé par le conseil des anciens : il a, pour comparaître, un délai de deux jours francs; et s'il comparaît, il est entendu dans l'intérieur du lieu des séances du conseil des anciens.

121. Soit que le prévenu se soit présenté, ou non, le conseil des anciens, après ce délai, et après y avoir délibéré dans les formes prescrites par l'art. 91, prononce l'accusation, s'il y a lieu, et renvoie l'accusé devant la haute cour de justice, laquelle est tenu d'instruire le procès sans aucun délai.

122. Toute discussion, dans l'un et dans l'autre conseil, relative à la prévention ou à l'accusation d'un membre du corps législatif, se fait en comité général.

Toute délibération sur les mêmes objets est prise à l'appel nominal et au scrutin secret.

123. L'accusation prononcée contre un membre du corps législatif entraîne suspension.

S'il est acquitté par le jugement de la haute cour de justice, il reprend ses fonctions.

Relations des deux Conseils entre eux.

124. Lorsque les deux conseils sont définitivement constitués, ils s'en avertissent mutuellement par un messager d'Etat.

125. Chaque conseil nomme quatre messagers d'Etat pour son service.

126. Ils portent à chacun des conseils et au directoire exécutif les lois et les actes du corps législatif : ils ont entrée, à cet effet, dans le lieu des séances du directoire exécutif.

Ils marchent, précédés de deux huissiers.

127. L'un des conseils ne peut s'ajourner au-delà de cinq jours, sans le consentement de l'autre.

Promulgation des Lois.

128. Le directoire exécutif fait sceller et publier les lois et les autres actes du corps législatif, dans les deux jours après leur réception.

129. Il fait sceller et promulguer, dans le jour, les lois et actes du corps législatif qui sont précédés d'un décret d'urgence.

130. La publication de la loi et des actes du corps législatif est ordonnée en la forme suivante :

« *Au nom de la république française*, (*loi*) ou (*acte du corps législatif*) . . . . *Le directoire ordonne que la loi* ou *l'acte législatif ci-dessus, sera publié, exécuté, et qu'il sera muni du sceau de la république.* »

131. Les lois dont le préambule n'atteste pas l'observation des formes prescrites par les art. 77 et 91, ne peuvent être promulguées par le directoire exécutif, et sa responsabilité à cet égard dure six années.

Sont exceptées les lois pour lesquelles l'acte d'urgence a été approuvé par le conseil des anciens.

TITRE VI.

Pouvoir exécutif.

132. Le pouvoir exécutif est délégué à un directoire de cinq membres, nommés par le corps législatif, faisant alors les fonctions d'assemblée électorale, au nom de la Nation.

133. Le conseil des cinq-cents forme, au scrutin secret, une liste décuple du nombre des membres du directoire qui sont à nommer, et la présente au conseil des anciens, qui choisit, aussi au scrutin secret, dans cette liste.

134. Les membres du directoire doivent être âgés de quarante ans au moins.

135. Ils ne peuvent être pris que parmi les citoyens qui ont été membres du corps législatif, ou ministres.

La disposition du présent article ne sera observée qu'à commencer de l'an neuvième de la république.

136. A compter du premier jour de l'an cinquième de la république, les membres du corps législatif ne pourront être élus membres du directoire, ni ministres, soit pendant la durée de leurs fonctions législatives, soit pendant la première année après l'expiration de ces mêmes fonctions.

137. Le directoire est partiellement renouvelé, par l'élection d'un nouveau membre, chaque année.

Le sort décidera, pendant les quatre premières années, de la sortie successive de ceux qui auront été nommés la première fois.

138. Aucun des membres sortant ne peut être réélu qu'après un intervalle de cinq ans.

139. L'ascendant et le descendant en ligne directe, les frères, l'oncle et le neveu, les cousins au premier degré, et les alliés à ces divers degrés, ne peuvent être en même temps membres du directoire, ni s'y succéder qu'après un intervalle de cinq ans.

140. En cas de vacance par mort, démission ou autrement, d'un des membres du directoire, son successeur est élu par le corps législatif, dans dix jours pour tout délai.

Le conseil des cinq-cents est tenu de proposer les candidats dans les cinq premiers jours; et le conseil des anciens doit consommer l'élection dans les cinq derniers.

Le nouveau membre n'est élu que pour le temps d'exercice qui restait à celui qu'il remplace.

Si néanmoins ce temps n'excède pas six mois, celui qui est élu demeure en fonctions jusqu'à la fin de la cinquième année suivante.

141. Chaque membre du directoire le préside à son tour durant trois mois seulement.

Le président a la signature et la garde du sceau.

Les lois et les actes du corps législatif sont adressés au directoire, en la personne de son président.

142. Le directoire exécutif ne peut délibérer, s'il n'y a trois membres présens au moins.

143. Il se choisit, hors de son sein, un secrétaire qui contre-signe les expéditions, et rédige les délibérations sur un registre où chaque membre a le droit de faire inscrire son avis motivé.

Le directoire peut, quand il le juge à propos, délibérer sans l'assistance de son secrétaire: en ce cas, les délibérations sont rédigées sur un registre particulier par l'un des membres du directoire.

144. Le directoire pourvoit, d'après les lois, à la sûreté extérieure ou intérieure de la république.

Il peut faire des proclamations conformes aux lois, et pour leur exécution.

Il dispose de la force armée, sans qu'en aucun cas le directoire collectivement, ni aucun de ses membres, puisse la commander, ni pendant le temps de ses fonctions, ni pendant les deux années qui suivent immédiatement l'expiration de ces mêmes fonctions.

145. Si le directoire est informé qu'il se trame quelque conspiration contre la sûreté extérieure ou intérieure de l'Etat, il peut décerner des mandats d'amener et des mandats d'arrêt contre ceux qui en sont présumés les auteurs ou les complices : il peut les interroger; mais, il est obligé sous les peines portées contre le crime de détention arbitraire, de les renvoyer par-devant l'officier de police, dans le délai de deux jours, pour procéder suivant les lois.

146. Le directoire nomme les généraux en chef; il ne peut les choisir parmi les parens ou alliés de ses membres, dans les degrés exprimés par l'art. 139.

147. Il surveille et assure l'exécution des lois, dans les administrations et tribunaux, par des commissaires à sa nomination.

148. Il nomme, hors de son sein, les ministres, et les révoque lorsqu'il le juge convenable.

Il ne peut les choisir au-dessous de l'âge de trente ans, ni parmi les parens ou alliés de ses membres, aux degrés énoncés dans l'art. 139.

149. Les ministres correspondent immédiatement avec les autorités qui leur sont subordonnées.

150. Le corps législatif détermine les attributions et le nombre des ministres.

Ce nombre est de six au moins, et de huit au plus.

151. Les ministres ne forment point un conseil.

152. Les ministres sont respectivement responsables, tant de l'inexécution des lois que de l'inexécution des arrêtés du directoire.

153. Le directoire nomme le receveur des impositions directes de chaque département.

154. Il nomme les préposés en chef aux régies des con-

tributions indirectes et à l'administration des domaines nationaux.

155. Tous les fonctionnaires publics dans les colonies françaises, excepté les départemens des Iles-de-France et de la Réunion, seront nommés par le directoire jusqu'à la paix.

156. Le corps législatif peut autoriser le directoire à envoyer dans toutes les colonies françaises, suivant l'exigence des cas, un ou plusieurs agens particuliers nommés par lui pour un temps limité.

Les agens particuliers exerceront les mêmes fonctions que le directoire, et lui seront subordonnés.

157. Aucun membre du directoire ne peut sortir du territoire de la république, que deux ans après la cessation de ses fonctions.

158. Il est tenu, pendant cet intervalle, de justifier au corps législatif de sa résidence.

L'article 112 et les suivans, jusqu'à l'article 123 inclusivement, relatifs à la garantie du corps législatif, sont communs aux membres du directoire.

159. Dans le cas où plus de deux membres du directoire seraient mis en jugement, le corps législatif pourvoira, dans les formes ordinaires, à leur remplacement provisoire, durant le jugement.

160. Hors les cas des art. 119 et 120, le directoire, ni aucun de ses membres, ne peut être appelé, ni par le conseil des cinq-cents, ni par le conseil des anciens.

161. Les comptes et les éclaircissemens demandés par l'un ou l'autre conseil au directoire sont fournis par écrit.

162. Le directoire est tenu, chaque année, de présenter par écrit à l'un et à l'autre conseil, l'aperçu des dépenses, la situation des finances, l'état des pensions existantes, ainsi que le projet de celles qu'il croit convenable d'établir.

Il doit indiquer les abus qui sont à sa connaissance.

163. Le directoire peut, en tout temps, inviter par écrit le conseil des cinq-cents à prendre un objet en considération; il peut lui proposer des mesures, mais non des projets rédigés en forme de lois.

164. Aucun membre du directoire ne peut s'absenter plus de cinq jours, ni s'éloigner au-delà de quatre myriamètres (huit lieues moyennes) du lieu de la résidence du directoire, sans l'autorisation du corps législatif.

165. Les membres du directoire ne peuvent paraître,

dans l'exercice de leurs fonctions, soit au dehors, soit dans l'intérieur de leurs maisons, que revêtus du costume qui leur est propre.

166. Le directoire a sa garde habituelle et soldée aux frais de la république, composée de cent-vingt hommes à pied et de cent-vingt hommes à cheval.

167. Le directoire est accompagné de sa garde dans les cérémonies et marches publiques, où il a toujours le premier rang.

168. Chaque membre du directoire se fait accompagner, au dehors, de deux gardes.

169. Tout poste de force-armée doit au directoire et à chacun de ses membres les honneurs militaires supérieurs.

170. Le directoire a quatre messagers d'Etat, qu'il nomme et qu'il peut destituer.

Ils portent aux deux conseils législatifs les lettres et les mémoires du directoire : ils ont entrée, à cet effet, dans le lieu des séances des conseils législatifs.

Ils marchent, précédés de deux huissiers.

171. Le directoire réside dans la même commune que le corps législatif.

172. Les membres du directoire sont logés aux frais de la république, et dans un même édifice.

173. Le traitement de chacun d'eux est fixé, pour chaque année, à la valeur de cinquante mille myriagrammes de froment (10, 222 quintaux).

TITRE VII.

Corps administratifs et municipaux.

174. Il y a dans chaque département une administration centrale, et dans chaque canton une administration municipale, au moins.

175. Tout membre d'une administration départementale ou municipale doit être âgé de vingt-cinq ans au moins.

176. L'ascendant et le descendant en ligne directe, les frères, l'oncle et le neveu, et les alliés aux mêmes degrés, ne peuvent simultanément être membres de la même administration, ni s'y succéder qu'après un intervalle de deux ans.

177. Chaque administration de département est composée de cinq membres; elle est renouvelée par cinquième tous les ans.

178. Toute commune dont la population s'élève depuis

cinq mille habitans jusqu'à cent mille, a pour elle seule une administration municipale.

179. Il y a dans chaque commune dont la population est inférieure à cinq mille habitans un agent municipal et un adjoint.

180. La réunion des agens municipaux de chaque commune forme la municipalité du canton.

181. Il y a de plus un président de l'administration municipale, choisi dans tout le canton.

182. Dans les communes dont la population s'élève de cinq à dix mille habitans, il y a cinq officiers municipaux ;

Sept, depuis dix mille jusqu'à cinquante mille;

Neuf, depuis cinquante mille jusqu'à cent mille.

183. Dans les communes dont la population excède cent mille habitans, il y a au moins trois administrations municipales.

Dans ces communes, la division des municipalités se fait de manière que la population de l'arrondissement de chacune n'excède pas cinquante mille individus, et ne soit pas moindre de trente mille.

La municipalité de chaque arrondissement est composée de sept membres.

184. Il y a, dans les communes divisées en plusieurs municipalités, un bureau central pour les objets jugés indivisibles par le corps législatif.

Ce bureau est composé de trois membres, nommés par l'administration de département, et confirmés par le pouvoir exécutif.

185. Les membres de toute administration municipale sont nommés pour deux ans, et renouvelés, chaque année, par moitié, ou par partie la plus approximative de la moitié, et alternativement par la fraction la plus forte et par la fraction la plus faible.

186. Les administrateurs de département et les membres des administrations municipales peuvent être réélus une fois sans intervalle.

187. Tout citoyen qui a été deux fois de suite élu administrateur de département ou membre d'une administration municipale, et qui en a rempli les fonctions en vertu de l'une et de l'autre élection, ne peut être élu de nouveau qu'après un intervalle de deux années.

188. Dans le cas où une administration départementale ou

municipale perdrait un ou plusieurs de ses membres, par mort, démission ou autrement, les administrateurs restant peuvent s'adjoindre, en remplacement, des administrateurs temporaires, et qui exercent en cette qualité jusqu'aux élections suivantes.

189. Les administrations départementales et municipales ne peuvent modifier les actes du corps législatif, ni ceux du directoire exécutif, ni en suspendre l'exécution.

Elles ne peuvent s'immiscer dans les objets dépendant de l'ordre judiciaire.

190. Les administrateurs sont essentiellement chargés de la répartition des contributions directes, et de la surveillance des deniers provenant des revenus publics dans leur territoire.

Le corps législatif détermine les règles et le mode de leurs fonctions, tant sur ces objets que sur les autres parties de l'administration intérieure.

191. Le directoire exécutif nomme auprès de chaque administration départementale et municipale un commissaire, qu'il révoque lorsqu'il le juge convenable.

Ce commissaire surveille et requiert l'exécution des lois.

192. Le commissaire près de chaque administration locale doit être pris parmi les citoyens domiciliés depuis un an dans le département où cette administration est établie.

Il doit être âgé de vingt-cinq au moins.

193. Les administrations municipales sont subordonnées aux administrations de département, et celles-ci aux ministres.

En conséquence, les ministres peuvent annuler, chacun dans sa partie, les actes des administrations de département; et celles-ci, les actes des administrations municipales, lorsque ces actes sont contraires aux lois, ou aux ordres des autorités supérieures.

194. Les ministres peuvent aussi suspendre les administrateurs de département qui ont contrevenu aux lois, ou aux ordres des autorités supérieures; et les administrations de département ont le même droit à l'égard des membres des administrations municipales.

195. Aucune suspension ni annulation ne devient définitive, sans la confirmation formelle du directoire exécutif.

196. Le directoire peut aussi annuler immédiatement les actes des administrations départementales ou municipales.

Il peut suspendre ou destituer immédiatement, lorsqu'il le croit nécessaire, les administrateurs, soit de département, soit de canton, et les envoyer devant les tribunaux de département, lorsqu'il y a lieu.

197. Tout arrêté portant cassation d'actes, suspension ou destitution d'administrateurs, doit être motivé.

198. Lorsque les cinq membres d'une administration départementale sont destitués, le directoire exécutif pourvoit à leur remplacement jusqu'à l'élection suivante; mais il ne peut choisir leurs suppléans provisoires que parmi les anciens administrateurs du même département.

199. Les administrations, soit de département, soit de canton, ne peuvent correspondre entre elles que sur les affaires qui leur sont attribuées par la loi, et non sur les intérêts généraux de la république.

200. Toute administration doit annuellement le compte de sa gestion.

Les comptes rendus par les administrations départementales sont imprimés.

201. Tous les actes des corps administratifs sont rendus publics par le dépôt du registre où ils sont consignés, et qui est ouvert à tous les administrés.

Ce registre est clos tous les six mois, et n'est déposé que du jour qu'il a été clos.

Le corps législatif peut proroger, selon les circonstances, le délai fixé pour ce dépôt.

TITRE VIII.

Pouvoir judiciaire. — Dispositions générales.

202. Les fonctions judiciaires ne peuvent être exercées, ni par le corps législatif, ni par le pouvoir exécutif.

203. Les juges ne peuvent s'immiscer dans l'exercice du pouvoir législatif, ni faire aucun réglement.

Ils ne peuvent arrêter ou suspendre l'exécution d'aucune loi, ni citer devant eux les administrateurs pour raison de leurs fonctions.

204. Nul ne peut être distrait des juges que la loi lui assigne, par aucune commission, ni par d'autres attributions que celles qui sont déterminées par une loi antérieure.

205. La justice est rendue gratuitement.

206. Les juges ne peuvent être destitués que pour forfai-

ture légalement jugée, ni suspendus que par une accusation admise.

207. L'ascendant et le descendant en ligne directe, les frères, l'oncle et le neveu, les cousins au premier degré, et les alliés à ces divers degrés, ne peuvent être simultanément membres du même tribunal.

208. Les séances des tribunaux sont publiques; les juges délibèrent en secret; les jugemens sont prononcés à haute voix, ils sont motivés, et on y énonce les termes de la loi appliquée.

209. Nul citoyen, s'il n'a l'âge de trente ans accomplis, ne peut être élu juge d'un tribunal de département, ni juge de paix, ni assesseur de juge de paix, ni juge d'un tribunal de commerce, ni membre du tribunal de cassation, ni juré, ni commissaire du directoire exécutif près les tribunaux.

De la Justice civile.

210. Il ne peut être porté atteinte au droit de faire prononcer sur les différens par des arbitres du choix des parties.

211. La décision de ces arbitres est sans appel, et sans recours en cassation, si les parties ne l'ont expressément réservé.

212. Il y a dans chaque arrondissement déterminé par la loi un juge de paix et ses assesseurs.

Ils sont tous élus pour deux ans, et peuvent être immédiatement et indéfiniment réélus.

213. La loi détermine les objets dont les juges de paix et leurs assesseurs connaissent en dernier ressort.

Elle leur en attribue d'autres qu'ils jugent à la charge de l'appel.

214. Il y a des tribunaux particuliers pour le commerce de terre et de mer; la loi détermine les lieux où il est permis de les établir.

Leur pouvoir de juger en dernier ressort ne peut être étendu au-delà de la valeur de 500 myriagrammes de froment (102 quintaux 22 livres).

215. Les affaires dont le jugement n'appartient ni aux juges de paix, ni aux tribunaux de commerce, soit en dernier ressort, soit à la charge d'appel, sont portées immédiatement devant le juge de paix et ses assesseurs, pour être conciliées.

Si le juge de paix ne peut les concilier, il les renvoie devant le tribunal civil.

216. Il y a un tribunal civil par département.

Chaque tribunal civil est composé de vingt juges au moins, d'un commissaire et d'un substitut, nommés et destituables par le directoire exécutif, et d'un greffier.

Tous les cinq ans on procède à l'élection de tous les membres du tribunal. Les juges peuvent toujours être réélus.

217. Lors de l'élection des juges, il est nommé cinq suppléans, dont trois sont pris parmi les citoyens résidant dans la commune où siége le tribunal.

218. Le tribunal civil prononce en dernier ressort, dans les cas déterminés par la loi, sur les appels des jugemens, soit des juges de paix, soit des arbitres, soit des tribunaux de commerce.

219. L'appel des jugemens prononcés par le tribunal civil se porte au tribunal civil de l'un des trois départemens les plus voisins, ainsi qu'il est déterminé par la loi.

220. Le tribunal civil se divise en sections. Une section ne peut juger au-dessous du nombre de cinq juges.

221. Les juges réunis dans chaque tribunal nomment entre eux, au scrutin secret, le président de chaque section.

De la Justice correctionnelle et criminelle.

222. Nul ne peut être saisi que pour être conduit devant l'officier de police; et nul ne peut être mis en arrestation ou détenu qu'en vertu d'un mandat d'arrêt des officiers de police, ou du directoire exécutif dans le cas de l'article cent quarante-cinq; ou d'une ordonnance de prise de corps, soit d'un tribunal, soit du directeur du jury d'accusation; ou d'un décret d'accusation du corps législatif, dans les cas où il lui appartient de la prononcer; ou d'un jugement de condamnation à la prison ou détention correctionnelle.

223. Pour que l'acte qui ordonne l'arrestation puisse être exécuté, il faut:

1° Qu'il exprime formellement le motif de l'arrestation, et la loi en conformité de laquelle elle est ordonnée;

2° Qu'il ait été notifié à celui qui en est l'objet, et qu'il lui en ait été laissé copie.

224. Toute personne saisie et conduite devant l'officier de police sera examinée sur-le-champ, ou dans le jour au plus tard.

225. S'il résulte de l'examen qu'il n'y a aucun sujet d'inculpation contre elle, elle sera remise aussitôt en liberté; ou, s'il y a lieu de l'envoyer à la maison d'arrêt, elle y sera con-

duite dans le plus bref délai, qui, en aucun cas, ne pourra excéder trois jours.

226. Nulle personne arrêtée ne peut être retenue, si elle donne caution suffisante, dans tous les cas où la loi permet de rester libre sous le cautionnement.

227. Nulle personne, dans le cas où sa détention est autorisée par la loi, ne peut être conduite ou détenue que dans les lieux légalement et publiquement désignés pour servir de maison d'arrêt, de maison de justice ou de maison de détention.

228. Nul gardien ou geolier ne peut recevoir ni retenir aucune personne qu'en vertu d'un mandat d'arrêt, selon les formes prescrites par les articles deux cent vingt-deux et deux cent vingt-trois, d'une ordonnance de prise de corps, d'un décret d'accusation, ou d'un jugement de condamnation à prison ou détention correctionnelle, et sans que la transcription en ait été faite sur son registre.

229. Tout gardien ou geolier est tenu, sans qu'aucun ordre puisse l'en dispenser, de présenter la personne détenue à l'officier civil ayant la police de la maison de détention, toutes les fois qu'il en sera requis par cet officier.

230. La représentation de la personne détenue ne pourra être refusée à ses parens et amis porteurs de l'ordre de l'officier civil; lequel sera toujours tenu de l'accorder, à moins que le gardien ou geolier ne représente une ordonnance du juge, transcrite sur son registre, pour tenir la personne arrêtée au secret.

231. Tout homme, quelle que soit sa place ou son emploi, autre que ceux à qui la loi donne le droit d'arrestation, qui donnera, signera, exécutera ou fera exécuter l'ordre d'arrêter un individu, ou quiconque, même dans le cas d'arrestation autorisée par la loi, conduira, recevra ou retiendra un individu dans un lieu de détention non publiquement et légalement désigné, et tous les gardiens ou geoliers qui contreviendront aux dispositions des trois articles précédens, seront coupables du crime de détention arbitraire.

232. Toute rigueur employée dans les arrestations, détentions ou exécutions, autres que celles prescrites par la loi, sont des crimes.

233. Il y a dans chaque département, pour le jugement des délits dont la peine n'est ni afflictive ni infamante, trois tribunaux correctionnels au moins, et six au plus.

Ces tribunaux ne pourront prononcer de peine plus grave que l'emprisonnement pour deux années.

La connaissance des délits dont la peine n'excède pas, soit la valeur de trois journées de travail, soit un emprisonnement de trois jours, est déléguée au juge de paix, qui prononce en dernier ressort.

234. Chaque tribunal correctionnel est composé d'un président, de deux juges de paix ou assesseurs de juges de paix de la commune où il est établi, d'un commissaire du pouvoir exécutif, nommé et destituable par le directoire exécutif, et d'un greffier.

235. Le président de chaque tribunal correctionnel est pris, tous les six mois, et par tour, parmi les membres des sections du tribunal civil du département, les présidens exceptés.

236. Il y a appel des jugemens du tribunal correctionnel par-devant le tribunal criminel du département.

237. En matière de délits emportant peine afflictive ou infamante, nulle personne ne peut être jugée que sur une accusation admise par les jurés, ou décrétée par le corps législatif, dans le cas où il lui appartient de décréter d'accusation.

238. Un premier jury déclare si l'accusation doit être admise ou rejetée : le fait est reconnu par un second jury; et la peine déterminée par la loi est appliquée par des tribunaux criminels.

239. Les jurés ne votent que par scrutin secret.

240. Il y a dans chaque département autant de jurys d'accusation que de tribunaux correctionnels.

Les présidens des tribunaux correctionnels en sont les directeurs, chacun dans son arrondissement.

Dans les communes au-dessus de cinquante mille âmes, il pourra être établi par la loi, outre le président du tribunal correctionnel, autant de directeurs de jurys d'accusation que l'expédition des affaires l'exigera.

241. Les fonctions de commissaire du pouvoir exécutif et de greffier près le directeur du jury d'accusation sont remplies par le commissaire et par le greffier du tribunal correctionnel.

242. Chaque directeur du jury d'accusation a la surveillance immédiate de tous les officiers de police de son arrondissement.

243. Le directeur du jury poursuit immédiatement, comme officier de police, sur les dénonciations que lui fait l'accu-

sateur public, soit d'office, soit d'après les ordres du directoire exécutif : 1° les attentats contre la liberté ou la sûreté individuelle des citoyens; 2° ceux commis contre le droit des gens; 3° la rebellion à l'exécution, soit des jugemens, soit de tous les actes exécutoires émanés des autorités constituées; 4° les troubles occasionnés, et les voies de fait commises pour entraver la perception des contributions, la libre circulation des subsistances et des autres objets de commerce.

244. Il y a un tribunal criminel pour chaque département.

245. Le tribunal criminel est composé d'un président, d'un accusateur public, de quatre juges pris dans le tribunal civil, du commissaire du pouvoir exécutif près le même tribunal, ou de son substitut, et d'un greffier.

Il y a dans le tribunal criminel du département de la Seine un vice président et un substitut de l'accusateur public : ce tribunal est divisé en deux sections; huit membres du tribunal civil y exercent les fonctions de juges.

246. Les présidens des sections du tribunal civil ne peuvent remplir les fonctions de juges au tribunal criminel.

247. Les autres juges y font le service, chacun à son tour, pendant six mois, dans l'ordre de leur nomination; et ils ne peuvent, pendant ce temps, exercer aucune fonction au tribunal civil.

248. L'accusateur public est chargé : 1° de poursuivre les délits sur les actes d'accusation admis par les premiers jurés; 2° de transmettre aux officiers de police les dénonciations qui lui sont adressées directement; 3° de surveiller les officiers de police du département, et d'agir contre eux suivant la loi, en cas de négligence ou de faits plus graves.

249. Le commissaire du pouvoir exécutif est chargé : 1° de requérir, dans le cours de l'instruction, pour la régularité des formes, et avant le jugement, pour l'application de la loi; 2° de poursuivre l'exécution des jugemens rendus par le tribunal criminel.

250. Les juges ne peuvent proposer aux jurés aucune question complexe.

251. Le jury de jugement est de douze jurés au moins : l'accusé a la faculté d'en récuser, sans donner de motifs, un nombre que la loi détermine.

252. L'instruction devant le jury de jugement est publi-

que; et l'on ne peut refuser aux accusés le secours d'un conseil, qu'ils ont la faculté de choisir, ou qui leur est nommé d'office.

253. Toute personne acquittée par un jury légal ne peut plus être reprise ni accusée pour le même fait.

Du tribunal de Cassation.

254. Il y a pour toute la république un tribunal de cassation. Il prononce : 1° sur les demandes en cassation contre les jugemens en dernier ressort rendus par les tribunaux; 2° sur les demandes en renvoi d'un tribunal à un autre, pour cause de suspicion légitime ou de sûreté publique; 3° sur les réglemens de juges et les prises à partie contre un tribunal entier.

255. Le tribunal de cassation ne peut jamais connaître du fond des affaires; mais il casse les jugemens rendus sur des procédures dans lesquelles les formes ont été violées, ou qui contiennent quelque contravention expresse à la loi; et il renvoie le fond du procès au tribunal qui doit en connaître.

256. Lorsqu'après une cassation le second jugement sur le fond est attaqué par les mêmes moyens que le premier, la question ne peut plus être agitée au tribunal de cassation, sans avoir été soumise au corps législatif, qui porte une loi à laquelle le tribunal de cassation est tenu de se conformer.

257. Chaque année, le tribunal de cassation est tenu d'envoyer à chacune des sections du corps législatif une députation, qui lui présente l'état des jugemens rendus, avec la notice en marge, et le texte de la loi qui a déterminé le jugement.

258. Le nombre des juges du tribunal de cassation ne peut excéder les trois quarts du nombre des départemens.

259. Ce tribunal est renouvelé par cinquième tous les ans.

Les assemblées électorales des départemens nomment successivement et alternativement les juges qui doivent remplacer ceux qui sortent du tribunal de cassation.

Les juges de ce tribunal peuvent toujours être réélus.

260. Chaque juge du tribunal de cassation a un suppléant élu par la même assemblée électorale.

261. Il y a près du tribunal de cassation un commissaire et des substituts, nommés et destituables par le directoire exécutif.

262. Le directoire exécutif dénonce au tribunal de cassation, par la voie de son commissaire, et sans préjudice du droit des parties intéressées, les actes par lesquels les juges ont excédé leurs pouvoirs.

263. Le tribunal annule ces actes; et, s'ils donnent lieu à la forfaiture, le fait est dénoncé au corps législatif, qui rend le décret d'accusation, après avoir entendu ou appelé les prévenus.

264. Le corps législatif ne peut annuler les jugemens du tribunal de cassation, sauf à poursuivre personnellement les juges qui auraient encouru la forfaiture.

Haute Cour de Justice.

265. Il y a une haute cour de justice pour juger les accusations admises par le corps législatif, soit contre ses propres membres, soit contre ceux du directoire exécutif.

266. La haute cour de justice est composée de cinq juges et de deux accusateurs nationaux tirés du tribunal de cassation, et de haut-jurés nommés par les assemblées électorales des départemens.

267. La haute cour de justice ne se forme qu'en vertu d'une proclamation du corps législatif, rédigée et publiée par le conseil des cinq-cents.

268. Elle se forme et tient ses séances dans le lieu désigné par la proclamation du conseil des cinq-cents.

Ce lieu ne peut être plus près qu'à douze myriamètres de celui où réside le corps législatif.

269. Lorsque le corps législatif a proclamé la formation de la haute cour de justice, le tribunal de cassation tire au sort quinze de ses membres dans une séance publique; il nomme de suite, dans la même séance, par la voie du scrutin secret, cinq de ces quinze: les cinq juges ainsi nommés sont les juges de la haute cour de justice; ils choisissent entre eux un président.

270. Le tribunal de cassation nomme dans la même séance, par scrutin, à la majorité absolue, deux de ses membres pour remplir, à la haute cour de justice, les fonctions d'accusateurs nationaux.

271. Les actes d'accusation sont dressés et rédigés par le conseil des cinq-cents.

272. Les assemblées électorales de chaque département nomment, tous les ans, un juré pour la haute cour de justice.

273. Le directoire exécutif fait imprimer et publier, un mois après l'époque des élections, la liste des jurés nommés pour la haute cour de justice.

TITRE IX.

De la Force armée.

274. La force armée est instituée pour défendre l'Etat contre les ennemis du dehors, et pour assurer au-dedans le maintien de l'ordre, et l'exécution des lois.

275. La force publique est essentiellement obéissante : nul corps armé ne peut délibérer.

276. Elle se distingue en garde nationale sédentaire, et garde nationale en activité.

De la Garde nationale sédentaire.

277. La garde nationale sédentaire est composée de tous les citoyens et fils de citoyens en état de porter les armes.

278. Son organisation et sa discipline sont les mêmes pour toute la république : elles sont déterminées par la loi.

279. Aucun Français ne peut exercer les droits de citoyen, s'il n'est inscrit au rôle de la garde nationale sédentaire.

280. Les distinctions de grades et la subordination n'y subsistent que relativement au service, et pendant sa durée.

281. Les officiers de la garde nationale sédentaire sont élus à temps par les citoyens qui la composent, et ne peuvent être réélus qu'après un intervalle.

282. Le commandement de la garde nationale d'un département entier ne peut être confié habituellement à un seul citoyen.

283. S'il est jugé nécessaire de rassembler toute la garde nationale d'un département, le directoire exécutif peut nommer un commandant temporaire.

284. Le commandement de la garde nationale sédentaire, dans une ville de cent mille habitans et au-dessus, ne peut être habituellement confié à un seul homme.

De la Garde nationale en activité.

285. La république entretient à sa solde, même en temps de paix, sous le nom de gardes nationales en activité, une armée de terre et de mer.

286. L'armée se forme par enrôlement volontaire, et, en cas de besoin, par le mode que la loi détermine.

287. Aucun étranger qui n'a point acquis les droits de citoyen français, ne peut être admis dans les armées françaises, à moins qu'il n'ait fait une ou plusieurs campagnes pour l'établissement de la république.

288. Les commandans ou chefs de terre et de mer ne sont nommés qu'en cas de guerre : ils reçoivent du directoire exécutif des commissions révocables à volonté. La durée de ces commissions se borne à une campagne; mais elles peuvent être continuées.

289. Le commandement général des armées de la république ne peut être confié à un seul homme.

290. L'armée de terre et de mer est soumise à des lois particulières pour la discipline, la forme des jugemens et la nature des peines.

291. Aucune partie de la garde nationale sédentaire, ni de la garde nationale en activité, ne peut agir, pour le service intérieur de la république, que sur la réquisition par écrit de l'autorité civile, dans les formes prescrites par la loi.

292. La force publique ne peut être requise par les autorités civiles que dans l'étendue de leur territoire; elle ne peut se transporter d'un canton dans un autre, sans y être autorisée par l'administration de département, ni d'un département dans un autre, sans les ordres du directoire exécutif.

293. Néanmoins, le corps législatif détermine les moyens d'assurer par la force publique l'exécution des jugemens et la poursuite des accusés sur tout le territoire français.

294. En cas de dangers imminens, l'administration municipale d'un canton peut requérir la garde nationale des cantons voisins : en ce cas, l'administration qui a requis, et les chefs des gardes nationales qui ont été requises, sont également tenus d'en rendre compte, au même instant, à l'administration départementale.

295. Aucune troupe étrangère ne peut être introduite sur le territoire français, sans le consentement préalable du corps législatif.

TITRE X.

Instruction publique.

296. Il y a, dans la république, des écoles primaires, où les élèves apprennent à lire, à écrire, les élémens du calcul et ceux de la morale. La république pourvoit aux frais du logement des instituteurs préposés à ces écoles.

297. Il y a, dans les diverses parties de la république, des écoles supérieures aux écoles primaires, et dont le nombre sera tel, qu'il y en ait au moins une pour deux départemens.

298. Il y a, pour toute la république, un institut national chargé de recueillir les découvertes, de perfectionner les arts et les sciences.

299. Les divers établissemens d'instruction publique n'ont entre eux aucun rapport de subordination, ni de correspondance administrative.

300. Les citoyens ont le droit de former des établissemens particuliers d'éducation et d'instruction, ainsi que des sociétés libres, pour concourir aux progrès des sciences, des lettres et des arts.

301. Il sera établi des fêtes nationales, pour entretenir la fraternité entre les citoyens, et les attacher à la constitution, à la patrie et aux lois.

TITRE XI.

Finances. — Contributions.

203. Les contributions publiques sont délibérées et fixées chaque année par le corps législatif : à lui seul appartient d'en établir. Elles ne peuvent subsister au-delà d'un an, si elles ne sont expressément renouvelées.

303. Le corps législatif peut créer tel genre de contribution qu'il croira nécessaire; mais il doit établir chaque année une imposition foncière et une imposition personnelle.

304. Tout individu qui, n'étant pas dans le cas des art. 12 et 13 de la constitution, n'a pas été compris au rôle des contributions directes, a le droit de se présenter à l'administration municipale de sa commune, et de s'y inscrire pour une contribution personnelle égale à la valeur locale de trois journées de travail agricole.

305. L'inscription mentionnée en l'article précédent ne peut se faire que durant le mois de messidor de chaque année.

306. Les contributions de toute nature sont réparties entre tous les contribuables, à raison de leurs facultés.

307. Le directoire exécutif dirige et surveille la perception et le versement des contributions, et donne, à cet effet, tous les ordres nécessaires.

308. Les comptes détaillés de la dépense des ministres, signés et certifiés par eux, sont rendus publics au commencement de chaque année.

Il en sera de même des états de recettes des diverses contributions, et de tous les revenus publics.

309. Les états de ces dépenses et recettes sont distingués suivant leur nature: ils expriment les sommes touchées et dépensées, année par année, dans chaque partie d'administration générale.

310. Sont également publiés, les comptes des dépenses particulières aux départemens et relatives aux tribunaux, aux administrations, aux progrès des sciences, à tous les travaux et établissemens publics.

311. Les administrations de département et les municipalités ne peuvent faire aucune répartition au-delà des sommes fixées par le corps législatif, ni délibérer ou permettre, sans être autorisées par lui, aucun emprunt local à la charge des citoyens du département, de la commune ou du canton.

312. Au corps législatif seul appartient le droit de régler la fabrication et l'émission de toute espèce de monnaie, d'en fixer la valeur et le poids, et d'en déterminer le type.

313. Le directoire surveille la fabrication des monnaies, et nomme les officiers chargés d'exercer immédiatement cette inspection.

314. Le corps législatif détermine les contributions des colonies, et leurs rapports commerciaux avec la métropole.

Trésorerie nationale, et Comptabilité.

315. Il y a cinq commissaires de la trésorerie nationale, élus par le conseil des anciens, sur une liste triple présentée par celui des cinq-cents.

316. La durée de leurs fonctions est de cinq années : l'un d'eux est renouvelé tous les ans, et peut être réélu sans intervalle et indéfiniment.

317. Les commissaires de la trésorerie sont chargés de surveiller la recette de tous les deniers nationaux;

D'ordonner les mouvemens de fonds, et le paiement de toutes les dépenses publiques consenties par le corps législatif;

De tenir un compte ouvert de dépense et de recette avec le receveur des contributions directes de chaque département, avec les différentes régies nationales, et avec les payeurs qui seraient établis dans les départemens;

D'entretenir avec lesdits receveurs et payeurs, avec les

régies et administrations, la correspondance nécessaire pour assurer la rentrée exacte et régulière des fonds.

318. Ils ne peuvent rien faire payer, sous peine de forfaiture, qu'en vertu,

1°. D'un décret du corps législatif, et jusqu'à concurrence des fonds décrétés par lui sur chaque objet;

2° D'une décision du directoire;

3° De la signature du ministre qui ordonne la dépense.

319. Il ne peuvent aussi, sous peine de forfaiture, approuver aucun paiement, si le mandat signé par le ministre que ce genre de dépense concerne, n'énonce pas la date, tant de la décision du directoire exécutif, que des décrets du corps législatif qui autorisent le paiement.

320. Les receveurs des contributions directes dans chaque département, les différentes régies nationales, et les payeurs dans les départemens, remettent à la trésorerie nationale leurs comptes respectifs : la trésorerie les vérifie, et les arrête.

321. Il y a cinq commissaires de la comptabilité nationale, élus par le corps législatif, aux mêmes époques et selon les mêmes formes et conditions que les commissaires de la trésorerie.

322. Le compte général des recettes et des dépenses de la république, appuyé des comptes particuliers et des pièces justificatives, est présenté par les commissaires de la trésorerie aux commissaires de la comptabilité, qui le vérifient et l'arrêtent.

323. Les commissaires de la comptabilité donnent connaissance au corps législatif, des abus, malversations, et de tous les cas de responsabilité qu'ils découvrent dans le cours de leurs opérations; ils proposent dans leur partie les mesures convenables aux intérêts de la république.

324. Le résultat des comptes arrêtés par les commissaires de la comptabilité est imprimé et rendu public.

325. Les commissaires, tant de la trésorerie nationale que de la comptabilité, ne peuvent être suspendus ni destitués que par le corps législatif.

Mais, durant l'ajournement du corps législatif, le directoire exécutif peut suspendre et remplacer provisoirement les commissaires de la trésorerie nationale au nombre de deux au plus, à charge d'en référer à l'un et à l'autre conseil du corps législatif, aussitôt qu'il ont repris leurs séances.

TITRE XII.

Relations extérieures.

326. La guerre ne peut être décidée que par un décret du corps législatif, sur la proposition formelle et nécessaire du directoire exécutif.

327. Les deux conseils législatifs concourent, dans les formes ordinaires, au décret par lequel la guerre est décidée.

328. En cas d'hostilités imminentes ou commencées, de menaces ou de préparatifs de guerre contre la république française, le directoire exécutif est tenu d'employer, pour la défense de l'Etat, les moyens mis à sa disposition, à la charge d'en prévenir sans délai le corps législatif.

Il peut même indiquer, en ce cas, les augmentations de force et les nouvelles dispositions législatives que les circonstances pourraient exiger.

329. Le directoire seul peut entretenir des relations politiques au dehors, conduire les négociations, distribuer les forces de terre et de mer, ainsi qu'il le juge convenable, et en régler la direction en cas de guerre.

330. Il est autorisé à faire les stipulations préliminaires, telles que des armistices, des neutralisations; il peut arrêter aussi des conventions secrètes.

331. Le directoire exécutif arrête, signe ou fait signer avec les puissances étrangères tous les traités de paix, d'alliance, de trève, de neutralité, de commerce, et autres conventions qu'il juge nécessaires au bien de l'Etat.

Ces traités et conventions sont négociés, au nom de la république française, par des agens diplomatiques nommés par le directoire exécutif et chargés de ses instructions.

332. Dans le cas où un traité renferme des articles secrets, les dispositions de ces articles ne peuvent être destructives des articles patens, ni contenir aucune aliénation du territoire de la république.

333. Les traités ne sont valables qu'après avoir été examinés et ratifiés par le corps législatif; néanmoins, les conditions secrètes peuvent recevoir provisoirement leur exécution dès l'instant même où elles sont arrêtées par le directoire.

334. L'un et l'autre conseil législatif ne délibèrent sur la guerre, ni sur la paix, qu'en comité général.

335. Les étrangers établis ou non en France succèdent à

leurs parens étrangers ou Français; ils peuvent contracter, acquérir et recevoir des biens situés en France, et en disposer, de même que les citoyens français, par tous les moyens autorisés par les lois.

TITRE XIII.

Révision de la Constitution.

336. Si l'expérience faisait sentir les inconvéniens de quelques articles de la constitution, le conseil des anciens en proposerait la révision.

337. La proposition du conseil des anciens est, en ce cas, soumise à la ratification du conseil des cinq-cents.

338. Lorsque, dans un espace de neuf années, la proposition du conseil des anciens, ratifiée par le conseil des cinq-cents, a été faite à trois époques éloignées l'une de l'autre de trois années au moins, une assemblée de révision est convoquée.

339. Cette assemblée est formée de deux membres par département, tous élus de la même manière que les membres du corps législatif, et réunissant les mêmes conditions que celles exigées pour le conseil des anciens.

340. Le conseil des anciens désigne, pour la réunion de l'assemblée de révision, un lieu distant de vingt myriamètres au moins de celui où siége le corps législatif.

341. L'assemblée de révision a le droit de changer le lieu de sa résidence, en observant la distance prescrite par l'article précédent.

342. L'assemblée de révision n'exerce aucune fonction législative, ni de gouvernement; elle se borne à la révision des seuls articles constitutionnels qui lui ont été désignés par le corps législatif.

343. Tous les articles de la constitution, sans exception, continuent d'être en vigueur, tant que les changemens proposés par l'assemblée de révision n'ont pas été acceptés par le peuple.

344. Les membres de l'assemblée de révision délibèrent en commun.

345. Les citoyens qui sont membres du corps législatif au moment où une assemblée de révision est convoquée ne peuvent être élus membres de cette assemblée.

346. L'assemblée de révision adresse immédiatement aux assemblées primaires le projet de réforme qu'elle a arrêté.

Elle est dissoute dès que ce projet leur a été adressé.

347. En aucun cas, la durée de l'assemblée de révision ne peut excéder trois mois.

348. Les membres de l'assemblée de révision ne peuvent être recherchés, accusés, ni jugés, en aucun temps, pour ce qu'ils ont dit ou écrit dans l'exercice de leurs fonctions.

Pendant la durée de ces fonctions, ils ne peuvent être mis en jugement, si ce n'est par une décision des membres mêmes de l'assemblée de révision.

349. L'assemblée de révision n'assiste à aucune cérémonie publique: ses membres reçoivent la même indemnité que celle des membres du corps législatif.

350. L'assemblée de révision a le droit d'exercer ou faire exercer la police dans la commune où elle réside.

TITRE XIV.

Dispositions générales.

351. Il n'existe, entre les citoyens, d'autre supériorité que celle des fonctionnaires publics, et relativement à l'exercice de leurs fonctions.

352. La loi ne reconnaît ni vœux religieux, ni aucun engagement contraire aux droits naturels de l'homme.

353. Nul ne peut être empêché de dire, écrire, imprimer et publier sa pensée.

Les écrits ne peuvent être soumis à aucune censure avant leur publication.

Nul ne peut être responsable de ce qu'il a écrit ou publié, que dans les cas prévus par la loi.

354. Nul ne peut être empêché d'exercer, en se conformant aux lois, le culte qu'il a choisi.

Nul ne peut être forcé de contribuer aux dépenses d'aucun culte. La république n'en salarie aucun.

355. Il n'y a ni privilége, ni maîtrise, ni jurande, ni limitation à la liberté de la presse, du commerce, et à l'exercice de l'industrie et des arts de toute espèce.

Toute loi prohibitive en ce genre, quand les circonstances la rendent nécessaire, est essentiellement provisoire, et n'a d'effet que pendant un an au plus, à moins qu'elle ne soit formellement renouvelée.

356. La loi surveille particulièrement les professions qui intéressent les mœurs publiques, la sûreté et la santé des

citoyens; mais on ne peut faire dépendre l'admission à l'exercice de ces professions, d'aucune prestation pécuniaire.

357. La loi doit pourvoir à la récompense des inventeurs, ou au maintien de la propriété exclusive de leurs découvertes ou de leurs productions.

358. La constitution garantit l'inviolabilité de toutes les propriétés, ou la juste indemnité de celles dont la nécessité publique, légalement constatée, exigerait le sacrifice.

359. La maison de chaque citoyen est un asile inviolable: pendant la nuit, nul n'a le droit d'y entrer que dans le cas d'incendie, d'inondation, ou de réclamation venant de l'intérieur de la maison.

Pendant le jour, on peut y exécuter les ordres des autorités constituées.

Aucune visite domiciliaire ne peut avoir lieu qu'en vertu d'une loi, et pour la personne ou l'objet expressément désigné dans l'acte qui ordonne la visite.

360. Il ne peut être formé de corporations ni d'associations contraires à l'ordre public.

361. Aucune assemblée de citoyens ne peut se qualifier société populaire.

362. Aucune société particulière s'occupant de questions politiques ne peut correspondre avec aucune autre, ni s'affilier à elle, ni tenir des séances publiques composées de sociétaires et d'assistans distingués les uns des autres, ni imposer des conditions d'admission et d'éligibilité; ni s'arroger des droits d'exclusion, ni faire porter à ses membres aucun signe extérieur de leur association.

363. Les citoyens ne peuvent exercer leurs droits politiques que dans les assemblées primaires ou communales.

364. Tous les citoyens sont libres d'adresser aux autorités publiques des pétitions, mais elles doivent être individuelles: nulle association ne peut en présenter de collectives, si ce n'est les autorités constituées, et seulement pour des objets propres à leur attribution.

Les pétitionnaires ne doivent jamais oublier le respect dû aux autorités constituées.

365. Tout attroupement armé est un attentat à la constitution; il doit être dissipé sur-le-champ par la force.

366. Tout attroupement non armé doit également être dissipé, d'abord par voie de commandement verbal, et, s'il est nécessaire, par le développement de la force-armée.

367. Plusieurs autorités constituées ne peuvent jamais se réunir pour délibérer ensemble : aucun acte émané d'une telle réunion ne peut être exécuté.

368. Nul ne peut porter des marques distinctives qui rappellent des fonctions antérieurement exercées, ou des services rendus.

369. Les membres du corps législatif, et tous les fonctionnaires publics, portent, dans l'exercice de leurs fonctions, le costume ou le signe de l'autorité dont ils sont revêtus : la loi en détermine la forme.

370. Nul citoyen ne peut renoncer, ni en tout, ni en partie, à l'indemnité ou au traitement qui lui est attribué par la loi, à raison de fonctions publiques.

371. Il y a dans la république uniformité de poids et de mesures.

372. L'ère française commence au 22 septembre 1792, jour de la fondation de la république.

373. La nation française déclare qu'en aucun cas elle ne souffrira le retour des Français qui, ayant abandonné leur patrie depuis le 15 juillet 1789, ne sont pas compris dans les exceptions portées aux lois rendues contre les émigrés ; et, elle interdit au corps législatif de créer de nouvelles exceptions sur ce point.

Les biens des émigrés sont irrévocablement acquis au profit de la république.

374. La nation française proclame pareillement, comme garantie de la foi publique, qu'après une adjudication légalement consommée de biens nationaux, quelle qu'en soit l'origine, l'acquéreur légitime ne peut en être dépossédé, sauf aux tiers réclamans à être, s'il y a lieu, indemnisés par le trésor national.

375. Aucun des pouvoirs institués par la constitution, n'a le droit de la changer dans son ensemble, ni dans aucune de ses parties, sauf les réformes qui pourront y être faites par la voie de la révision, conformément aux dispositions du titre XIII.

376. Les citoyens se rappelleront sans cesse que c'est de la sagesse des choix, dans les assemblées primaires et électorales, que dépendent principalement la durée, la conservation et la prospérité de la république.

377. Le peuple français remet le dépôt de la présente constitution à la fidélité du corps législatif, du directoire exécutif, des administrateurs et des juges ; à la vigilance des pères

de famille, aux épouses et aux mères, à l'affection des jeunes citoyens, au courage de tous les Français.

Adresse de la Convention nationale au Peuple Français.

6 fructidor an 3 (23 août 1795.)

FRANÇAIS,

Après de longs orages, vous allez fixer vos destinées en prononçant sur votre constitution.

Depuis long-temps la patrie appelait à grand cris un gouvernement libre, qui trouvât dans la sagesse des principes la garantie de sa durée.

Vos mandataires ont-ils atteint ce but? Ils le croient; ils en ont fortement le désir.

Patriotes de 1789, qui restâtes purs au milieu des écueils révolutionnaires; généreux guerriers, qui versâtes votre sang pour la patrie; citoyens, qui aimez l'ordre et la tranquillité, acceptez-en le gage: il est dans le gouvernement qui vous est offert; lui seul peut, en nous donnant la paix, ramener par degré l'abondance et le bonheur.

Français, citoyens de toutes les professions, de toutes les opinions, ralliez-vous pour l'intérêt de la patrie: surtout ne portez pas de regards rétrogrades vers le point du départ. Des siècles se sont écoulés depuis six ans: et si le peuple français est las de révolution, il ne l'est pas de liberté. Vous souffrez, il est vrai; mais ce n'est pas en faisant des révolutions nouvelles, c'est en finissant celle qui est commencée, que vous trouverez le terme de vos maux.

Non, vous n'imputerez point à la république, qui, jusqu'à ce jour, ne fut pas organisée, des malheurs qui ne sauroient se reproduire sous un gouvernement libre sans licence, et fort sans despotisme.

Peuple souverain, écoute la voix de tes mandataires; le projet de pacte social qu'ils t'offrent leur fut dicté par le désir de ton bonheur.

C'est à toi d'y attacher ton sort; consulte ton intérêt et ta gloire, et la patrie est sauvée (1).

---

(1) Le 1er vendémiaire an 4, la convention nationale déclara que la constitution était acceptée par le peuple français. Le recensement des votes établit que 1,057,390 citoyens avaient vote pour la constitution, et que 49,977 l'avaient rejetée.

Trois pouvoirs avaient été créés par la constitution de l'an III, qu'on peut regarder comme une amélioration de celle de 1791. Le conseil des *cinq cents*, qui dut proposer les lois, le conseil *des anciens*, auquel fut attribué le droit de les sanctionner ou de les rejeter, et le *Directoire exécutif*, qui, par ses attributions, put exercer pendant un temps une influence telle, qu'on désigna l'époque de son existence sous le titre de *Règne du directoire*.

Cet acte avait été immédiatement suivi de deux lois; la loi du 5 fructidor, qui déclarait rééligibles les membres de la convention alors en activité, et celle du 13, portant que les assemblées électorales nommeraient d'abord les deux tiers des membres que chacune d'elles devaient fournir au corps législatif, et qu'elles les choisiraient, soit parmi la députation actuelle de leurs départemens, soit parmi les autres membres de la convention légalement éligibles.

Par ces mesures, le corps législatif, qui allait succéder à la convention, se trouvait composé des deux tiers de ses membres, et devait prolonger l'influence de cette assemblée, même après sa dissolution. Tout semblait tendre à ce but. Pour obtenir ce résultat, tout fut mis en usage par des hommes qui ayant goûté du pouvoir, ne pouvaient se résoudre à le laisser échapper de leurs mains.

Cependant, lassées d'un régime dont elles croyaient avoir droit de se plaindre, les assemblées primaires de Paris se déclarèrent en permanence, et continuèrent leurs séances, malgré l'ordre de se dissoudre, qui leur avait été intimé; les sections imitèrent leur exemple, refusèrent de reconnaître les décrets des 5 et 13 fructidor, et le 13 vendémiaire, elles marchèrent en armes sur la convention, qui repoussa la force par la force, et termina enfin sa session quelques jours après, laissant parmi ses actes, des exemples de vastes conceptions et d'idées ridicules, des monumens de génie et d'atrocité.

Le lendemain, le corps législatif se forma en séance générale pour procéder à sa division en deux conseils; et deux jours après furent nommés les cinq directeurs, pris encore parmi les membres de la convention.

L'intelligence ne put exister long-temps entre des corps dont les pouvoirs rivaux devaient nécessairement être en opposition continuelle. D'un autre côté, la guerre au dehors et au dedans, les lois d'exception dont la plupart étaient encore en vigueur, tout concourait à aigrir les esprits. Le parti contre-révolutionnaire devenait tous les jours plus fort : il avait dominé dans plusieurs sessions électorales ; et déjà on avait proposé, dans un comité secret des membres des conseils, de dissoudre le directoire.

Enfin, le 18 fructidor (4 septembre 1799) arriva; la scission entre les deux grands pouvoirs de l'Etat avait éclaté; les conseils extraordinairement convoqués s'étaient déclarés en permanence : trois des directeurs prirent enfin une mesure décisive; ils opérèrent un coup d'Etat, et ordonnèrent des proscriptions et des déportations : deux membres du directoire, soupçonnés de favoriser le parti royaliste, cinquante-deux membres des conseils, et un grand nombre d'autres individus furent transportés à la Guiane.

Cependant on vit bientôt que cette mesure, loin d'apporter le calme, n'avait fait, au contraire, qu'accroître les mécontentemens. Des mesures extraordinaires n'amenèrent que le changement de quelques individus dans le directoire, sans le faire changer de principes ni de conduite, et les ressorts de la machine politique continuèrent à se froisser jusqu'à ce que la suite des événemens eut amené un nouvel ordre de choses.

Ce fut le 18 brumaire, que le général Bonaparte, encore tout couvert de la poussière des camps, vint à la face de la France attenter aux droits les plus chers des nations. Le corps législatif est transféré à Saint-Cloud ; les cinq cents prêtent, au milieu de l'agitation, un vain serment à la constitution. Bonaparte paraît dans l'assemblée ; il veut parler ; sa voix est étouffée : le tumulte augmente ; des grenadiers occupent les portes, et les baïonnettes viennent décider du nouveau mode de gouvernement.

Les débris de l'assemblée se réunissent sous la présidence d'un frère du général, Lucien : la séance est reprise; le directoire est supprimé et remplacé par une commission consulaire composée de deux ex-directeurs et de Bonaparte lui-même. Un mois après fut publiée la constitution de l'an 8, qui créa le gouvernement consulaire.

CONSTITUTION

DE LA RÉPUBLIQUE FRANÇAISE,

DÉCRÉTÉE PAR LES COMMISSIONS LÉGISLATIVES DES DEUX CONSEILS ET PAR LES CONSULS.

22 frimaire an 8 (13 décembre 1799).

TITRE PREMIER.

De l'Exercice des droits de cité.

Art. 1er. La république française est une et indivisible.

Son territoire européen est distribué en départemens et arrondissemens communaux.

2. Tout homme né et résidant en France, qui, âgé de vingt-un ans accomplis, s'est fait inscrire sur le registre civique de son arrondissement communal, et qui a demeuré depuis pendant un an sur le territoire de la république, est citoyen français.

3. Un étranger devient citoyen français, lorsqu'après avoir atteint l'âge de vingt-un ans accomplis, et avoir déclaré l'intention de se fixer en France, il y a résidé pendant dix années consécutives.

4. La qualité de citoyen français se perd,

Par la naturalisation en pays étranger; par l'acceptation de fonctions ou de pensions offertes par un gouvernement étranger; par l'affiliation à toute corporation étrangère qui supposerait des distinctions de naissance; par la condamnation à des peines afflictives ou infamantes.

5. L'exercice des droits de citoyen français est suspendu par l'état de débiteur failli, ou d'héritier immédiat, détenteur à titre gratuit de la succession totale ou partielle d'un failli; par l'état de domestique à gages, attaché au service de la personne ou du ménage; par l'état d'interdiction judiciaire, d'accusation ou de contumace.

6. Pour exercer les droits de cité dans un arrondissement communal, il faut y avoir acquis domicile par une année de résidence, et ne l'avoir pas perdu par une année d'absence.

7. Les citoyens de chaque arrondissement communal désignent par leurs suffrages ceux d'entre eux qu'ils croient les plus propres à gérer les affaires publiques. Il en résulte une liste de confiance, contenant un nombre de noms égal au dixième du nombre des citoyens ayant droit d'y coopérer. C'est dans cette première liste communale que doivent être pris les fonctionnaires publics de l'arrondissement.

8. Les citoyens compris dans les listes communales d'un département, désignent également un dixième d'entre eux. Il en résulte une seconde liste dite départementale, dans laquelle doivent être pris les fonctionnaires publics du département.

9. Les citoyens portés dans la liste départementale, désignent pareillement un dixième d'entre eux : il en résulte une troisième liste qui comprend les citoyens de ce département éligibles aux fonctions publiques nationales.

10. Les citoyens ayant droit de coopérer à la formation de l'une des listes mentionnées aux trois articles précédens, sont appelés tous les trois ans à pourvoir au remplacement des inscrits décédés ou absens, pour tout autre cause que l'exercice d'une fonction publique.

11. Ils peuvent, en même temps retirer de la liste les inscrits qu'ils ne jugent pas à propos d'y maintenir, et les remplacer par d'autres citoyens dans lesquels ils ont une plus grande confiance.

12. Nul n'est retiré d'une liste, que par les votes de la majorité absolue des citoyens ayant droit de coopérer à sa formation.

13. On n'est point retiré d'une liste d'éligibles par cela seul qu'on n'est pas maintenu sur une autre liste d'un degré inférieur ou supérieur.

14. L'inscription sur une liste d'éligibles n'est nécessaire qu'à l'égard de celles des fonctions publiques pour lesquelles cette condition est expressément exigée par la constitution ou par la loi. Les listes d'éligibles seront formées pour la première fois dans le cours de l'an 9.

Les citoyens qui seront nommés pour la première formation des autorités constituées, feront partie nécessaire des premières listes d'éligibles.

TITRE II.

Du Sénat conservateur.

15. Le sénat conservateur est composé de quatre-vingts membres, inamovibles et à vie, âgés de quarante ans au moins.

Pour la formation du sénat, il sera d'abord nommé soixante membres : ce nombre sera porté à soixante-deux dans le cours de l'an 8, à soixante-quatre en l'an 9, et s'élèvera ainsi graduellement à quatre-vingt par l'addition de deux membres en chacune des dix premières années.

16. La nomination à une place de sénateur se fait par le sénat, qui choisit entre trois candidats présentés : le premier, par le corps législatif; le second, par le tribunat, et le troisième par le premier consul.

Il ne choisit qu'entre deux candidats, si l'un d'eux est proposé par deux des trois autorités présentantes; il est tenu d'admettre celui qui serait proposé à la fois par les trois autorités.

17. Le premier consul sortant de place, soit par l'expiration de ses fonctions, soit par démission, devient sénateur de plein droit et nécessairement.

Les deux autres consuls, durant le mois qui suit l'expiration de leurs fonctions, peuvent prendre place dans le sénat, et ne sont pas obligés d'user de ce droit.

Ils ne l'ont point, quand ils quittent leurs fonctions consulaires par démission.

18. Un sénateur est à jamais inéligible à tout autre fonction publique.

19. Toutes les listes faites dans les départemens en vertu de l'art. 9, sont adressées au sénat: elles composent la liste nationale.

20. Il élit, dans cette liste, les législateurs, les tribuns, les consuls, les juges de cassation, et les commissaires à la comptabilité.

21. Il maintient ou annule tous les actes qui lui sont déférés, comme inconstitutionnels, par le tribunat ou par le gouvernement. Les listes d'éligibles sont comprises parmi ces actes.

22. Des revenus de domaines nationaux déterminés sont affectés aux dépenses du sénat. Le traitement annuel de cha-

cun de ses membres se prend sur ces revenus, et il est égal au vingtième de celui du premier consul.

23. Les séances du sénat ne sont pas publiques.

24. Les citoyens *Sieyes* et *Roger-Ducos*, consuls sortans, sont nommés membres du sénat conservateur; ils se réuniront avec les second et troisième consuls nommés par la présente constitution. Ces quatre citoyens nomment la majorité du sénat, qui se complète ensuite lui-même, et procède aux élections qui lui sont confiées.

TITRE III.

Du Pouvoir législatif.

25. Il ne sera promulgué de lois nouvelles que lorsque le projet en aura été proposé par le gouvernement, communiqué au tribunat, et décrété par le corps législatif.

26. Les projets que le gouvernement propose, sont rédigés en articles. En tout état de la discussion de ces projets, le gouvernement peut les retirer; il peut les reproduire modifiés.

27. Le tribunat est composé de cent membres, âgés de vingt-cinq ans au moins; ils sont renouvelés par cinquième tous les ans, et indéfiniment rééligibles tant qu'ils demeurent sur la liste nationale.

28. Le tribunat discute les projets de loi; il en vote l'adoption ou le rejet.

Il envoie trois orateurs, pris dans son sein, par lesquels les motifs du vœu qu'il a exprimé sur chacun de ces projets, sont exposés et défendus devant le corps législatif.

Il défère au sénat, pour cause d'inconstitutionnalité seulement, les listes d'éligibles, les actes du corps législatif, et ceux du gouvernement.

29. Il exprime son vœu sur les lois faites et à faire, sur les abus à corriger, sur les améliorations à entreprendre dans toutes les parties de l'administration publique, mais jamais sur les affaires civiles ou criminelles portées devant les tribunaux.

Les vœux qu'il manifeste, en vertu du présent article, n'ont aucune suite nécessaire, et n'obligent aucune autorité constituée à une délibération.

30. Quand le tribunat s'ajourne, il peut nommer une commission de dix à quinze de ses membres, chargée de le convoquer si elle le juge convenable.

31. Le corps législatif est composé de trois cents membres,

âgés de trente ans au moins : ils sont renouvelés par cinquième tous les ans.

Il doit toujours s'y trouver un citoyen au moins de chaque département de la république.

32. Un membre sortant du corps législatif ne peut y rentrer qu'après un an d'intervalle ; mais il peut être immédiatement élu à toute autre fonction publique, y compris celle de tribun, s'il y est d'ailleurs éligible.

33. La session du corps législatif commence chaque année, le 1er frimaire, et ne dure que quatre mois ; il peut être extraordinairement convoqué durant les huit autres par le gouvernement.

34. Le corps législatif fait la loi en statuant par scrutin secret, et sans aucune discussion de la part de ses membres, sur les projets de lois débattus devant lui par les orateurs du tribunat et du gouvernement.

35. Les séances du tribunat, et celles du corps législatif sont publiques ; le nombre des assistans, soit aux unes, soit aux autres, ne peut excéder deux cents.

36. Le traitement annuel d'un tribun est de quinze mille francs ; celui d'un législateur, de dix mille francs.

37. Tout décret du corps législatif, le dixième jour après son émission, est promulgué par le premier consul, à moins que dans ce délai, il n'y ait eu recours au sénat pour cause d'inconstitutionnalité. Ce recours n'a point lieu contre les lois promulguées.

38. Le premier renouvellement du corps législatif, et du tribunat n'aura lieu que dans le cours de l'an 10.

TITRE IV.

Du Gouvernement.

39. Le gouvernement est confié à trois consuls nommés pour dix ans, et indéfiniment rééligibles.

Chacun d'eux est élu individuellement, avec la qualité distincte ou de premier, ou de second, ou de troisième consul.

La constitution nomme premier consul le citoyen *Bonaparte*, ex-consul provisoire ; second consul, le citoyen *Cambacérès*, ex-ministre de la justice ; et troisième consul, le citoyen *Lebrun*, ex-membre de la commission du conseil des anciens.

Pour cette fois, le troisième consul n'est nommé que pour cinq ans.

40. Le premier consul a des fonctions et des attributions particulières, dans lesquelles il est momentanément suppléé, quand il y a lieu, par un de ses collègues.

41. Le premier consul promulgue les lois; il nomme et révoque à volonté les membres du conseil d'Etat, les ministres, les ambassadeurs et autres agens extérieurs en chef, les officiers de l'armée de terre et de mer, les membres des administrations locales, et les commissaires du gouvernement près les tribunaux. Il nomme tous les juges criminels et civils, autres que les juges de paix et les juges de cassation, sans pouvoir les révoquer.

42. Dans les autres actes du gouvernement, le second et le troisième consul ont voix consultative; ils signent le régistre de ces actes pour constater leur présence; et, s'ils le veulent, ils y consignent leurs opinions; après quoi la décision du premier consul suffit.

43. Le traitement du premier consul sera de cinq cent mille fr. en l'an 8. Le traitement de chacun des deux autres consuls est égal aux trois dixièmes de celui du premier.

44. Le gouvernement propose les lois, et fait les réglemens nécessaires pour assurer leur exécution.

45. Le gouvernement dirige les recettes et les dépenses de l'Etat, conformément à la loi annuelle qui détermine le montant des unes et des autres; il surveille la fabrication des monnaies, dont la loi seule ordonne l'émission, fixe le titre, le poids, et le type.

46. Si le gouvernement est informé qu'il se trame quelque conspiration contre l'Etat, il peut décerner des mandats d'amener, et des mandats d'arrêt contre les personnes qui en sont présumées les auteurs ou les complices; mais si, dans un délai de dix jours après leur arrestation, elles ne sont mises en liberté ou en justice réglée, il y a de la part du ministre signataire du mandat, crime de détention arbitraire.

47. Le gouvernement pourvoit à la sûreté intérieure et à la défense extérieure de l'Etat; il distribue les forces de terre et de mer, et en règle la direction.

48. La garde nationale en activité est soumise aux réglemens d'administration publique : la garde nationale sédentaire n'est soumise qu'à la loi.

49. Le gouvernement entretient des relations politiques au dehors, conduit les négociations, fait les stipulations préliminaires, signe, fait signer et conclut tous les traités de

paix, d'alliance, de trève, de neutralité, de commerce et autres conventions.

50. Les déclarations de guerre et les traités de paix, d'alliance et de commerce, sont proposés, discutés, décrétés et promulgués comme des lois.

Seulement les discussions et délibérations sur ces objets, tant dans le tribunat que dans le corps législatif, se font en comité secret quand le gouvernement le demande.

51. Les articles secrets d'un traité ne peuvent être destructifs des articles patens.

52. Sous la direction des consuls, le conseil d'Etat est chargé de rédiger les projets de lois et les réglemens d'administration publique, et de résoudre les difficultés qui s'élèvent en matière administrative.

53. C'est parmi les membres du conseil d'Etat que sont toujours pris les orateurs chargés de porter la parole au nom du gouvernement devant le corps législatif.

Ces orateurs ne sont jamais envoyés au nombre de plus de trois, pour la défense d'un même projet de loi.

54. Les ministres procurent l'exécution des lois et des réglemens d'administration publique.

55. Aucun acte du gouvernement ne peut avoir d'effet, s'il n'est signé par un ministre.

56. L'un des ministres est spécialemant chargé de l'administration du trésor public : il assure les recettes, ordonne les mouvemens de fonds et les paiemens autorisés par la loi. Il ne peut rien faire payer qu'en vertu, 1° d'une loi, et jusqu'à la concurrence des fonds qu'elle a déterminés pour un genre de dépenses; 2° d'un arrêté du gouvernement; 3° d'un mandat signé par un ministre.

57. Les comptes détaillés de la dépense de chaque ministre, signés et certifiés par lui, sont rendus publics.

58. Le gouvernement ne peut élire ou conserver pour conseillers d'Etat, pour ministres, que des citoyens dont les noms se trouvent inscrits sur la liste nationale.

59. Les administrations locales établies, soit pour chaque arrondissement communal, soit pour des portions plus étendues du territoire, sont subordonnées aux ministres. Nul ne peut devenir ou rester membre de ces administrations, s'il n'est porté ou maintenu sur l'une des listes mentionnées aux articles 7 et 8.

TITRE V.

Des Tribunaux.

60. Chaque arrondissement communal a un ou plusieurs juges de paix, élus immédiatement par les citoyens pour trois années.

Leur principale fonction consiste à concilier les parties, qu'ils invitent, dans le cas de non-conciliation, à se faire juger par des arbitres.

61. En matière civile, il y a des tribunaux de première instance et des tribunaux d'appel. La loi détermine l'organisation des uns et des autres, leur compétence, et le territoire formant le ressort de chacun.

62. En matière de délits emportant peine afflictive ou infamante, un premier jury admet ou rejette l'accusation : si elle est admise, un second jury reconnaît le fait; et les juges, formant un tribunal criminel, appliquent la peine : leur jugement est sans appel.

63. La fonction d'accusateur public près un tribunal criminel, est remplie par le commissaire du gouvernement.

64. Les délits qui n'emportent pas peine afflictive ou infamante, sont jugés par des tribunaux de police correctionnelle, sauf l'appel aux tribunaux criminels.

65. Il y a, pour toute la république, un tribunal de cassation, qui prononce sur les demandes en cassation contre les jugemens en dernier ressort rendus par les tribunaux, sur les demandes en renvoi d'un tribunal à un autre pour cause de suspicion légitime ou de sûreté publique, sur les prises à partie contre un tribunal entier.

66. Le tribunal de cassation ne connaît point du fond des affaires; mais il casse les jugemens rendus sur des procédures dans lesquelles les formes ont été violées, ou qui contiennent quelque contravention expresse à la loi; et il renvoie le fond du procès au tribunal qui doit en connaître.

67. Les juges composant les tribunaux de première instance, et les commissaires du gouvernement établis près ces tribunaux, sont pris dans la liste communale ou dans la liste départementale.

Les juges formant les tribunaux d'appel, et les commissaires placés près d'eux, sont pris dans la liste départementale.

Les juges composant le tribunal de cassation, et les commissaires établis près ce tribunal, sont pris dans la liste nationale.

68. Les juges autres que les juges de paix, conservent leurs fonctions toute leur vie, à moins qu'ils ne soient condamnés pour forfaiture, ou qu'ils ne soient pas maintenus sur les listes d'éligibles.

TITRE VI.

De la Responsabilité des Fonctionnaires publics.

69. Les fonctions des membres, soit du sénat, soit du corps législatif, soit du tribunat, celles des consuls et des conseillers d'Etat, ne donnent lieu à aucune responsabilité.

70. Les délits personnels emportant peine afflictive ou infamante, commis par un membre, soit du sénat, soit du tribunat, soit du corps législatif, soit du conseil d'Etat, sont poursuivis devant les tribunaux ordinaires, après qu'une délibération du corps auquel le prévenu appartient, a autorisé cette poursuite.

71. Les ministres prévenus de délits privés emportant peine afflictive ou infamante, sont considérés comme membres du conseil d'Etat.

72. Les ministres sont responsables, 1° de tout acte de gouvernement signé par eux, et déclaré inconstitutionnel par le sénat; 2° de l'inexécution des lois et des réglemens d'administration publique; 3° des ordres particuliers qu'ils ont donnés, si ces ordres sont contraires à la constitution, aux lois et aux réglemens.

73. Dans les cas de l'article précédent, le tribunat dénonce le ministre par un acte sur lequel le corps législatif délibère dans les formes ordinaires, après avoir entendu ou appelé le dénoncé. Le ministre mis en jugement par un décret du corps législatif, est jugé par une haute cour, sans appel et sans recours en cassation.

La haute cour est composée de juges et de jurés : les juges sont choisis par le tribunal de cassation, et dans son sein ; les jurés sont pris dans la liste nationale : le tout suivant les formes que la loi détermine.

74. Les juges civils et criminels sont, pour les délits relatifs à leurs fonctions, poursuivis devant les tribunaux auxquels celui de cassation les renvoie après avoir annulé leurs actes.

75. Les agens du gouvernement, autres que les ministres, ne peuvent être poursuivis pour des faits relatifs à leurs fonctions, qu'en vertu d'une décision du conseil d'Etat : en ce cas la poursuite a lieu devant les tribunaux ordinaires.

TITRE VII.

Dispositions générales.

76. La maison de toute personne habitant le territoire français, est un asile inviolable.

Pendant la nuit, nul n'a le droit d'y entrer que dans le cas d'incendie, d'inondation, ou de réclamation faite de l'intérieur de la maison.

Pendant le jour, on peut y entrer pour un objet spécial déterminé, ou par une loi, ou par un ordre émané d'une autorité publique.

77. Pour que l'acte qui ordonne l'arrestation d'une personne puisse être exécuté, il faut, 1° qu'il exprime formellement le motif de l'arrestation, et la loi en exécution de laquelle elle est ordonnée; 2° qu'il émane d'un fonctionnaire à qui la loi ait donné formellement ce pouvoir; 3° qu'il soit notifié à la personne arrêtée, et qu'il lui en soit laissé copie.

78. Un gardien ou geolier ne peut recevoir ou détenir aucune personne qu'après avoir transcrit sur son registre l'acte qui ordonne l'arrestation : cet acte doit être un mandat donné dans les formes prescrites par l'article précédent, ou une ordonnance de prise de corps, ou un décret d'accusation, ou un jugement.

79. Tout gardien ou geolier est tenu, sans qu'aucun ordre puisse l'en dispenser, de représenter la personne détenue à l'officier civil ayant la police de la maison de détention, toutes les fois qu'il en sera requis par cet officier.

80. La représentation de la personne détenue ne pourra être refusée à ses parens et amis porteurs de l'ordre de l'officier civil, lequel sera toujours tenu de l'accorder, à moins que le gardien ou geolier ne représente une ordonnance du juge pour tenir la personne au secret.

81. Tous ceux qui, n'ayant point reçu de la loi le pouvoir de faire arrêter, donneront, signeront, exécuteront l'arrestation d'une personne quelconque; tous ceux qui, même dans le cas de l'arrestation autorisée par la loi, recevront ou retiendront la personne arrêtée, dans un lieu de détention non publiquement et légalement désigné comme tel, et tous les gardiens ou geoliers qui contreviendront aux dispositions des trois articles précédens, seront coupables du crime de détention arbitraire.

82. Toutes rigueurs employées dans les arrestations, dé-

tentions ou exécutions, autres que celles autorisées par les lois, sont des crimes.

83. Toute personne a le droit d'adresser des pétitions individuelles à toute autorité constituée, et spécialement au tribunat.

84. La force publique est essentiellement obéissante; nul corps armé ne peut délibérer.

85. Les délits des militaires sont soumis à des tribunaux spéciaux, et à des formes particulières de jugement.

86. La nation française déclare qu'il sera accordé des pensions à tous les militaires blessés à la défense de la patrie, ainsi qu'aux veuves et aux enfans des militaires morts sur le champ de bataille ou des suites de leurs blessures.

87. Il sera décerné des récompenses nationales aux guerriers qui auront rendu des services éclatans en combattant pour la république.

88. Un institut national est chargé de recueillir les découvertes, de perfectionner les sciences et les arts.

89. Une commission de comptabilité nationale règle et vérifie les comptes des recettes et des dépenses de la république. Cette commission est composée de sept membres choisis par le sénat dans la liste nationale.

90. Un corps constitué ne peut prendre de délibération que dans une séance où les deux tiers au moins de ses membres se trouvent présens.

91. Le régime des colonies françaises est déterminé par des lois spéciales.

92. Dans le cas de révolte à main armée, ou de troubles qui menacent la sûreté de l'Etat, la loi peut suspendre, dans les lieux, et pour le temps qu'elle détermine, l'empire de la constitution.

Cette suspension peut être provisoirement déclarée dans les mêmes cas, par un arrêté du gouvernement, le corps législatif étant en vacance, pourvu que ce corps soit convoqué au plus court terme par un article du même arrêté.

93. La nation française déclare, qu'en aucun cas, elle ne souffrira le retour des Français qui, ayant abandonné leur patrie depuis le 14 juillet 1789, ne sont pas compris dans les exceptions portées aux lois rendues contre les émigrés; elle interdit toute exception nouvelle sur ce point.

Les biens des émigrés sont irrévocablement acquis au profit de la république.

94. La nation française déclare qu'après une vente légale-

ment consommée de biens nationaux, quelle qu'en soit l'origine, l'acquéreur légitime ne peut en être dépossédé, sauf aux tiers réclamans à être, s'il y a lieu, indemnisés par le trésor public.

95. La présente constitution sera offerte de suite à l'acceptation du peuple français.

Fait à Paris le 22 frimaire an 8 de la république française, une et indivisible.

Proclamation des Consuls de la République.

14 frimaire an 8 (15 décembre 1799).

Les Consuls de la République, aux Français.

Une constitution vous est présentée.

Elle fait cesser les incertitudes que le gouvernement provisoire mettait dans les relations extérieures, et dans la situation intérieure et militaire de la république.

Elle place dans les institutions qu'elle établit, les premiers magistrats dont le dévouement a paru nécessaire à son activité.

La constitution est fondée sur les vrais principes du gouvernement représentatif, sur les droits sacrés de la propriété, de l'égalité et de la liberté.

Les pouvoirs qu'elle institue seront forts et stables, tels qu'ils doivent être pour garantir les droits des citoyens et les intérêts de l'Etat.

Citoyens, la révolution est fixée aux principes qui l'ont commencée : elle est finie.

Roger-Ducos, *Bonaparte*, *Sieyes*.

Proclamation des Consuls sur l'acceptation de la Constitution.

18 pluviose an 8 (7 février 1800).

Les Consuls de la République, en conformité de l'article 5 de la loi du 23 frimaire, qni régle la manière dont la constitution sera présentée au peuple français; après avoir entendu le rapport des ministres de la justice, de l'intérieur, de la guerre et de la marine,

Proclament le résultat des votes émis par les citoyens français sur l'acte constitutionnel.

Sur trois millions douze mille cinq cent soixante-neuf votans, quinze cent soixante-deux ont rejeté, trois millions onze mille sept ont accepté la constitution.

SÉNATUS-CONSULTE ORGANIQUE DE LA CONSTITUTION.

16 thermidor an 10 (4 août 1802).

TITRE PREMIER.

Art. 1er Chaque ressort de justice de paix a une assemblée de canton.

2. Chaque arrondissement communal ou district de sous-préfecture a un collége électoral d'arrondissement.

3. Chaque département a un collége électoral de département.

TITRE II.

Des Assemblées de Canton.

4. L'assemblée de canton se compose de tous les citoyens domiciliés dans ce canton, et qui y sont inscrits sur la liste communale d'arrondissement.

A dater de l'époque où, aux termes de la constitution, les listes communales doivent être renouvelées, l'assemblée de canton sera composée de tous les citoyens domiciliés dans le canton, et qui y jouissent des droits de citoyen.

5. Le premier consul nomme le président de l'assemblée de canton.

Ses fonctions durent cinq ans; il peut être renommé indéfiniment.

Il est assisté de quatre scrutateurs, dont deux sont les plus âgés, et les deux autres les plus imposés des citoyens ayant droit de voter dans l'assemblée de canton.

Le président et les quatre scrutateurs nomment le secrétaire.

6. L'assemblée de canton se divise en sections pour faire les opérations qui lui appartiennent.

Lors de la première convocation de chaque assemblée, l'organisation et les formes en seront déterminées par un réglement émané du gouvernement.

7. Le président de l'assemblée de canton nomme les présidens des sections.

Leurs fonctions finissent avec chaque assemblée sectionnaire.

Ils sont assistés chacun de deux scrutateurs, dont l'un est le plus âgé, et l'autre le plus imposé des citoyens ayant droit de voter dans la section.

8. L'assemblée de canton désigne deux citoyens sur lesquels le premier consul choisit le juge de paix du canton.

Elle désigne pareillement deux citoyens pour chaque place vacante de suppléant de juge de paix.

9. Les juges de paix et leurs suppléans sont nommés pour dix ans.

10. Dans les villes de 5000 âmes, l'assemblée de canton présente deux citoyens pour chacune des places du conseil municipal. Dans les villes où il y aura plusieurs justices de paix ou plusieurs assemblées de canton, chaque assemblée présentera pareillement deux citoyens pour chaque place du conseil municipal.

11. Les membres des conseils municipaux sont pris par chaque assemblée de canton sur la liste des cent plus imposés du canton. Cette liste sera arrêtée et imprimée par ordre du préfet.

12. Les conseils municipaux se renouvellent tous les dix ans par moitié.

13. Le premier consul choisit les maires et adjoints dans les conseils municipaux : ils sont cinq ans en place; ils peuvent être renommés.

14. L'assemblée de canton nomme au collége électoral d'arrondissement le nombre des membres qui lui est assigné, en raison du nombre de citoyens dont elle se compose.

15. Elle nomme au collége électoral de département, sur une liste dont il sera parlé ci-après, le nombre de membres qui lui est attribué.

16. Les membres des colléges électoraux doivent être domiciliés dans les arrondissemens et départemens respectifs.

17. Le gouvernement convoque les assemblées de canton, fixe le temps de leur durée et l'objet de leur réunion.

TITRE III.

Des Colléges électoraux.

18. Les colléges électoraux d'arrondissement ont un membre pour 500 habitans domiciliés dans l'arrondissement.

Le nombre de membres ne peut néanmoins excéder 200, ni être au-dessous de 120.

19. Les colléges électoraux de département ont un membre par mille habitans domiciliés dans le département, et néanmoins ces membres ne peuvent excéder 300, ni être au-dessous de 200.

20. Les membres des colléges électoraux sont à vie.

21. Si un membre d'un collége électoral est dénoncé au gouvernement, comme s'étant permis quelqu'acte contraire à l'honneur ou à la patrie, le gouvernement invite le collége à manifester son vœu; il faut les trois quarts des voix pour faire perdre au membre dénoncé sa place dans le collége.

22. On perd sa place dans les colléges électoraux pour les mêmes causes qui font perdre le droit de citoyen.

On la perd également lorsque, sans empêchement légitime, on n'a point assisté à trois réunions successives.

23. Le premier consul nomme les présidens des colléges électoraux à chaque session.

Le président a seul la police du collége électoral, lorsqu'il est assemblé.

24. Les colléges électoraux nomment, à chaque session, deux scrutateurs et un secrétaire.

25. Pour parvenir à la formation des colléges électoraux de département, il sera dressé dans chaque département, sous les ordres du ministre des finances, une liste de 600 citoyens les plus imposés aux rôles des contributions foncière, mobiliaire et somptuaire, et au rôle des patentes.

On ajoute à la somme de la contribution, dans le domicile du département, celle qu'on peut justifier payer dans les autres parties du territoire de la France et de ses colonies. Cette liste sera imprimée.

26. L'assemblée de canton prendra sur cette liste les membres qu'elle devra nommer au collége électoral du département.

27. Le premier consul peut ajouter aux colléges électoraux d'arrondissement, dix membres pris parmi les citoyens appartenant à la légion d'honneur, ou qui ont rendu des services.

Il peut ajouter à chaque collége électoral de département vingt citoyens, dont dix pris parmi les trente plus imposés du département, et les dix autres, soit parmi les membres de la légion d'honneur, soit parmi les citoyens qui ont rendu des services.

Il n'est point assujéti, pour ces nominations, à des époques déterminées.

28. Les colléges électoraux d'arrondissement présentent au premier consul deux citoyens domiciliés dans l'arrondissement, pour chaque place vacante dans le conseil d'arrondissement.

Un, au moins, de ces citoyens doit être pris nécessairement hors du collége électoral qui le désigne.

Les conseil d'arrondissement se renouvellent par tiers tous les cinq ans.

29. Les colléges électoraux d'arrondissement présentent, à chaque réunion, deux citoyens pour faire partie de la liste sur laquelle doivent être choisis les membres du tribunat.

Un, au moins, de ces citoyens doit être pris nécessairement hors du collége qui le présente.

Tous deux peuvent être pris hors du département.

30. Les colléges électoraux de département présentent au premier consul deux citoyens domiciliés dans le département, pour chaque place vacante dans le conseil général du département.

Un de ces citoyens, au moins, doit être pris nécessairement hors du collége électoral qui le présente.

Les conseils généraux de département se renouvellent par tiers tous les cinq ans.

31. Les colléges électoraux de département présentent à chaque réunion deux citoyens pour former la liste sur laquelle sont nommés les membres du sénat.

Un, au moins, doit être pris nécessairement hors du collége qui le présente, et tous deux peuvent être pris hors du département.

Ils doivent avoir l'âge et les qualités exigés par la constitution.

32. Les colléges électoraux de département et d'arrondissement présentent chacun deux citoyens domiciliés dans le département, pour former la liste sur laquelle doivent être nommés les membres de la députation au corps législatif.

Un de ces citoyens doit être pris nécessairement hors du collége qui le présente.

Il doit y avoir trois fois autant de candidats différens sur la liste formée par la réunion des présentations des colléges électoraux de département et d'arrondissement, qu'il y a de places vacantes.

33. On peut être membre d'un conseil de commune et d'un collége électoral d'arrondissement ou de département.

On ne peut être à la fois membre d'un collége d'arrondissement et d'un collége de département.

34. Les membres du corps législatif et du tribunat ne peuvent assister aux séances du collége électoral dont ils feront partie. Tous les autres fonctionnaires publics ont droit d'y assister et d'y voter.

35. Il n'est procédé par aucune assemblée de canton à la nomination des places qui lui appartiennent dans un collége électoral, que quand ces places sont réduites aux deux tiers.

36. Les colléges électoraux ne s'assemblent qu'en vertu d'un acte de convocation émané du gouvernement, et dans le lieu qui leur est assigné.

Ils ne peuvent s'occuper que des opérations pour lesquelles ils sont convoqués, ni continuer leurs séances au-delà du temps fixé par l'acte de convocation.

S'ils sortent de ces bornes, le gouvernement a le droit de les dissoudre.

37. Les colléges électoraux ne peuvent, ni directement, ni indirectement, sous quelque prétexte que ce soit, correspondre entre eux.

38. La dissolution d'un corps électoral opère le renouvellement de tous ses membres.

TITRE IV.

Des Consuls.

39. Les consuls sont à vie. Ils sont membres du sénat, et le président.

40. Les second et troisième consuls sont nommés par le sénat sur la présentation du premier.

41. A cet effet, lorsque l'une des deux places vient à vaquer, le premier consul présente au sénat un premier sujet : s'il n'est pas nommé, il en présente un second ; si le second n'est pas accepté, il en présente un troisième, qui est nécessairement nommé.

42. Lorsque le premier consul le juge convenable, il présente un citoyen pour lui succéder après sa mort, dans les formes indiquées par l'article précédent.

43. Le citoyen nommé pour succéder au premier consul, prête serment à la république entre les mains du premier consul, assisté des deuxième et troisième consuls, en présence du sénat, des ministres, du conseil d'Etat, du corps législatif, du tribunat, du tribunal de cassation, des archevêques, des évêques, des présidens des tribunaux d'appel, des présidens des colléges électoraux, des présidens des assemblées de canton, des grands officiers de la légion d'honneur, et des maires des vingt-quatre principales villes de la république.

Le secrétaire d'Etat dresse le procès-verbal de la prestation de serment.

44. Le serment est ainsi conçu :

« Je jure de maintenir la constitution, de respecter la liberté » des consciences, de m'opposer au retour des institutions » féodales, de ne jamais faire la guerre que pour la défense » et la gloire de la république, et de n'employer le pouvoir » dont je serai revêtu que pour le bonheur du peuple de qui » et pour qui je l'aurai reçu. »

45. Le serment prêté, il prend séance au sénat, immédiatement après le troisième consul.

46. Le premier consul peut déposer aux archives du gouvernement son vœu sur la nomination de son successeur, pour être présenté au sénat après sa mort.

47. Dans ce cas, il appelle les second et troisième consuls, les ministres et les présidens des sections du conseil d'Etat.

En leur présence, il remet au secrétaire d'Etat le papier scellé de son sceau, dans lequel est consigné son vœu. Ce papier est souscrit par tous ceux qui sont présens à l'acte.

Le secrétaire d'Etat le dépose aux archives du gouvernement, en présence des ministres et présidens des sections du conseil d'Etat.

48. Le premier consul peut retirer ce dépôt, en observant les formalités prescrites dans l'article précédent.

49. Après la mort du premier consul, si son vœu est resté déposé, le papier qui le renferme est retiré des archives du gouvernement par le secrétaire d'Etat, en présence des ministres et des présidens des sections du conseil d'Etat; l'intégrité et l'identité en sont reconnues en présence des second et troisième consuls. Il est adressé au sénat par un message du gouvernement, avec expédition des procès-verbaux qui en ont constaté le dépôt, l'identité et l'intégrité.

50. Si le sujet présenté par le premier consul, n'est pas nommé, le second et le troisième consuls en présentent chacun un : en cas de non nomination, ils en présentent chacun un autre, et l'un des deux est nécessairement nommé.

51. Si le premier consul n'a point laissé de présentation, les second et troisième consuls font leurs présentations séparées, une première, une seconde ; et si ni l'une ni l'autre n'a obtenu de nomination, une troisième. Le sénat nomme nécessairement sur la troisième.

52. Dans tous les cas, les présentations et la nomination devront être consommées dans les vingt-quatre heures qui suivront la mort du premier consul.

53. La loi fixe pour la vie de chaque premier consul l'état des dépenses du gouvernement.

TITRE V.

Du Sénat.

54. Le sénat règle par un *sénatus-consulte organique*, 1° la constitution des colonies; 2° tout ce qui n'a pas été prévu par la constitution, et qui est nécessaire à sa marche; 3° il explique les articles de la constitution qui donnent lieu à différentes interprétations.

55. Le sénat, par des actes intitulés *sénatus-consultes*, 1° suspend pour cinq ans les fonctions de jurés dans les départemens où cette mesure est nécessaire; 2° déclare, quand les circonstances l'exigent, des départemens hors de la constitution; 3° détermine le temps dans lequel des individus arrêtés en vertu de l'art. 46 de la constitution, doivent être traduits devant les tribunaux, lorsqu'ils ne l'ont pas été dans les dix jours de leur arrestation; 4° annule les jugemens des tribunaux, lorsqu'ils sont attentatoires à la sûreté de l'Etat; 5° dissout le corps législatif et le tribunat; 6° nomme les consuls.

56. Les sénatus-consultes organiques et les sénatus-consultes sont délibérés par le sénat sur l'initiative du gouvernement.

Une simple majorité suffit pour les sénatus-consultes; il faut les deux tiers des voix des membres présens pour un sénatus-consulte organique.

57. Les projets de sénatus-consulte pris en conséquence des art. 54 et 55, sont discutés dans un conseil privé, composé

des consuls, de deux ministres, de deux sénateurs, de deux conseillers d'Etat, et de deux grands officiers de la légion d'honneur.

Le premier consul désigne à chaque tenue les membres qui doivent composer le conseil privé.

58. Le premier consul ratifie les traités de paix et d'alliance, après avoir pris l'avis du conseil privé.

Avant de les promulguer, il en donne connaissance au sénat.

59. L'acte de nomination d'un membre du corps législatif, du tribunat et du tribunal de cassation, s'intitule *arrêté*.

60. Les actes du sénat relatifs à sa police et à son administration intérieure, s'intitulent *délibérations*.

61. Dans le courant de l'an 11, il sera procédé à la nomination de quatorze citoyens pour compléter le nombre de quatre-vingts sénateurs déterminé par l'art. 15 de la constitution.

Cette nomination sera faite par le sénat, sur la présentation du premier consul, qui, pour cette présentation, et pour les présentations ultérieures, dans le nombre de quatre-vingts, prendra trois sujets sur la liste des citoyens désignés par les colléges électoraux.

62. Les membres du grand conseil de la légion d'honneur sont membres du sénat, quel que soit leur âge.

63. Le premier consul peut en outre nommer au sénat, sans présentation préalable par les colléges électoraux de département, des citoyens distingués par leurs services et leurs talens, à condition néanmoins qu'ils auront l'âge requis par la constitution, et que le nombre des sénateurs ne pourra, en aucun cas, excéder cent vingt.

64. Les sénateurs pourront être consuls, ministres, membres de la légion d'honneur, inspecteurs de l'instruction publique, et employés dans les missions extraordinaires et temporaires.

65. Le sénat nomme chaque année deux de ses membres pour remplir les fonctions de secrétaires.

66. Les ministres ont séance au sénat, mais sans voix délibérative, s'ils ne sont sénateurs.

TITRE VI.

Des Conseillers d'Etat.

67. Les conseillers d'Etat n'excéderont jamais le nombre de cinquante.

68. Le conseil d'Etat se divise en sections.

69. Les ministres ont rang, séance et voix délibérative au conseil d'Etat.

TITRE VII.

Du Corps législatif.

70. Chaque département aura dans le corps législatif un nombre de membres proportionné à l'étendue de sa population, conformément au tableau annexé au présent sénatus-consulte.

71. Tous les membres du corps législatif appartenant à la même députation, sont nommés à la fois.

72. Les départemens de la république sont divisés en cinq séries, conformément au tableau annexé au présent sénatus-consulte (1).

73. Les députés actuels sont classés dans les cinq séries.

74. Ils seront renouvelés dans l'année à laquelle appartiendra la série où sera placé le département auquel ils auront été attachés.

75. Néanmoins, les députés qui ont été nommés en l'an 10, rempliront leurs cinq années.

76. Le gouvernement convoque, ajourne et proroge le corps législatif.

TITRE VIII.

Du Tribunat.

77. A dater de l'an 13, le tribunat sera réduit à cinquante membres.

Moitié des cinquante sortira tous les trois ans; jusqu'à cette réduction, les membres sortans ne seront point remplacés.

Le tribunat se divise en sections.

78. Le corps législatif et le tribunat sont renouvelés dans tous leurs membres, quand le sénat en a prononcé la dissolution.

---

(1) Voir le tableau général du nombre des députés, d'après les différentes constitutions, imprimé à la suite de la loi du 29 juin 1820, sur les élections.

TITRE IX.

De la Justice et des Tribunaux,

79. Il y a un grand juge ministre de la justice.

80. Il a une place distinguée au sénat et au conseil d'Etat.

81. Il préside le tribunal de cassation et les tribunaux d'appel, quand le gouvernement le juge convenable.

82. Il a sur les tribunaux, les justices de paix et les membres qui les composent, le droit de les surveiller et de les reprendre.

83. Le tribunal de cassation, présidé par lui, a droit de censure et de discipline sur les tribunaux d'appel et sur les tribunaux criminels; il peut, pour cause grave, suspendre les juges de leurs fonctions, les mander près du grand juge, pour y rendre compte de leur conduite.

84. Les tribunaux d'appel ont droit de surveillance sur les tribunaux civils de leur ressort, et les tribunaux civils sur les juges de paix de leur arrondissement.

85. Le commissaire du gouvernement près le tribunal de cassation surveille les commissaires près les tribunaux d'appel et les tribunaux criminels.

Les commissaires près les tribunaux d'appel surveillent les commissaires près les tribunaux de première instance.

86. Les membres du tribunal de cassation sont nommés par le sénat, sur la présentation du premier consul. Le premier consul présente trois sujets pour chaque place vacante.

TITRE X.

Droit de faire grâce.

87. Le premier consul a droit de faire grâce.

Il l'exerce après avoir entendu un conseil privé, composé du grand juge, de deux ministres, de deux sénateurs, de deux conseillers d'Etat, et de deux membres du tribunal de cassation.

Le présent *sénatus-consulte* sera transmis, par un message, aux consuls de la république.

La constitution consulaire donnait une grande force au pouvoir, et diminuait les garanties de la Nation. Ce système fut-il introduit uniquement dans la vue de prévenir les désordres qu'avaient déjà produit des institutions trop démocratiques? Il est permis d'en douter; et l'homme, sous l'influence duquel fut faite la constitution, nous est assez connu pour croire qu'il songeait dès-lors moins à réprimer l'anarchie qu'à fonder son despotisme. Enfin, soit qu'il eût conçu d'avance les projets qu'il exécuta par la suite; soit que le désir d'augmenter sa puissance s'accrût précisément à mesure que cette puissance augmentait, il marcha d'un pas rapide au trône impérial.

Pour arriver à son but, Bonaparte employa tour-à-tour la séduction et la force; il accorda aux sénateurs le droit de cumuler différens traitemens; et lorsque le sénat lui résista (ce qui fut rare, comme on le sait), il imagina un appel au peuple, dont il sut préparer le vote. Telle fut la marche qu'il suivit, par exemple, pour se faire nommer *consul à vie*, au mois de fructidor an 10.

Ce premier pas fut suivi de nouvelles tentatives, également heureuses; et le 16 thermidor an 10 (4 août 1802), un sénatus-consulte organique vint *modifier* ou plutôt *changer* la constitution.

Il est assez important de faire remarquer que la constitution ne donnait pas le droit au sénat d'établir chaque jour de nouvelles dispositions constitutionnelles, et que cette distinction de *sénatus-consultes organiques* et de *sénatus-consultes* simples fut établie précisément par ce même *sénatus-consulte* du 16 thermidor.

Le droit attribué au sénat fut un instrument dont Napoléon sut se servir merveilleusement; il ne se contenta pas même d'en faire un fréquent usage, il en abusa, et l'étendit hors de toute mesure. Pour s'en convaincre, il suffit de remarquer, qu'aux termes de l'art. 55 du sénatus-consulte, le sénat ne pouvait, par des *sénatus-consultes organiques*, que *régler ce qui n'avait pas été prévu par la constitution, et qui était nécessaire à sa marche*, et *expliquer les articles de la constitution qui donnaient lieu à différentes interprétations*.

Or, de bonne foi, le sénat régla-t-il ce qui n'avait pas été prévu par la constitution, ou expliqua-t-il les articles obscurs, en substituant au gouvernement consulaire le gouvernement monarchique, par le sénatus-consulte du 28 floréal an 12 (18 mai 1804)?

Depuis cette époque, on ne conserva plus même l'apparence de la liberté; les choix des colléges électoraux furent ordonnés par le gouvernement, et les caprices de l'Empereur furent sanctionnés sans observation. On a affirmé (1) que jamais, dans le sénat, le nombre des votans, contre les ordres du maître, ne s'éleva à plus de quatorze. Cependant le tribunat subsistait encore : cette institution était trop libérale; un sénatus-consulte la supprima (19 août 1807). Trois commissions, formées dans le corps législatif, eurent seules le droit de discuter les lois *en secret*; enfin, par une autre innovation, l'âge de quarante ans accomplis fut exigé pour être admis au corps législatif.

Il est inutile de retracer ici la suite d'actes arbitraires et despotiques par lesquels la nation française fut réduite à l'esclavage le plus dur. Dans les derniers temps, tout fut réglé souverainement par des décrets impériaux.

Les victoires de Napoléon contribuèrent beaucoup à faire supporter son despotisme; notre nation se laisse facilement séduire pas l'éclat de la gloire militaire. Les excès de la révolution l'avaient aussi disposée à subir le joug, et Napoléon sut habilement profiter de la crainte qu'inspirait l'anarchie, pour détruire la liberté.

---

(1) M. Lanjuinais.

SÉNATUS-CONSULTE ORGANIQUE.

28 floréal an 12 (18 mai 1804.)

TITRE PREMIER.

Art. 1er. Le gouvernement de la république est confié à un Empereur, qui prend le titre d'*Empereur des Français*.

La justice se rend, au nom de l'*Empereur*, par les officiers qu'il institue.

2. Napoléon Bonaparte, premier consul actuel de la république, est *Empereur des Français*.

TITRE II.

De l'Hérédité.

3. La dignité impériale est héréditaire dans la descendance directe, naturelle et légitime de *Napoléon Bonaparte*, de mâle en mâle, par ordre de primogéniture, et à l'exclusion perpétuelle des femmes et de leur descendance.

4. *Napoléon Bonaparte* peut adopter les enfans ou petits-enfans de ses frères, pourvu qu'ils aient atteint l'âge de dix-huit ans accomplis, et que lui-même n'ait point d'enfans mâles au moment de l'adoption.

Ses fils adoptifs entrent dans la ligne de sa descendance directe.

Si, postérieurement à l'adoption, il lui survient des enfans mâles, ses fils adoptifs ne peuvent être appelés qu'après les descendans naturels et légitimes.

L'adoption est interdite aux successeurs de *Napoléon Bonaparte* et à leurs descendans.

5. A défaut d'héritier naturel et légitime ou d'héritier adoptif de *Napoléon Bonaparte*, la dignité impériale est dévolue et déférée à *Joseph Bonaparte* et à ses descendans naturels et légitimes, par ordre de primogéniture, et de mâle en mâle, à l'exclusion perpétuelle des femmes et de leur descendance.

6. A défaut de *Joseph Bonaparte* et de ses descendans mâles, la dignité impériale est dévolue et déférée à *Louis Bonaparte* et à ses descendans naturels et légitimes, par ordre de

primogéniture, et de mâle en mâle, à l'exclusion perpétuelle des femmes et de leur descendance.

7. A défaut d'héritier naturel et légitime et d'héritier adoptif de *Napoléon Bonaparte ;*

A défaut d'héritiers naturels et légitimes de *Joseph Bonaparte* et de ses descendans mâles ;

De *Louis Bonaparte* et de ses descendans mâles ;

Un sénatus-consulte organique, proposé au sénat par les titulaires des grandes dignités de l'empire, et soumis à l'acceptation du peuple, nomme l'empereur, et règle dans sa famille l'ordre de l'hérédité, de mâle en mâle, à l'exclusion perpétuelle des femmes et de leur descendance.

8. Jusqu'au moment où l'élection du nouvel empereur est consommée, les affaires de l'État sont gouvernées par les ministres, qui se forment en conseil de gouvernement, et qui délibèrent à la majorité des voix. Le secrétaire d'Etat tient le registre des délibérations.

TITRE III.

De la Famille impériale.

9. Les membres de la famille impériale, dans l'ordre de l'hérédité, portent le titre de *princes français.*

Le fils aîné de l'empereur porte celui de *prince impérial.*

10. Un sénatus-consulte règle le mode de l'éducation des princes français.

11. Ils sont membres du sénat et du conseil d'Etat, lorsqu'ils ont atteint leur dix-huitième année.

12. Ils ne peuvent se marier sans l'autorisation de l'empereur.

Le mariage d'un prince français, fait sans l'autorisation de l'empereur, emporte privation de tout droit à l'hérédité, tant pour celui qui l'a contracté que pour ses descendans.

Néanmoins, s'il n'existe point d'enfans de ce mariage, et qu'il vienne à se dissoudre, le prince qui l'avoit contracté recouvre ses droits à l'hérédité.

13. Les actes qui constatent la naissance, les mariages et les décès des membres de la famille impériale, sont transmis, sur un ordre de l'empereur, au sénat, qui en ordonne la transcription sur ses registres et le dépôt dans ses archives.

14. *Napoléon Bonaparte* établit par des statuts auxquels ses successeurs sont tenus de se conformer,

1° Les devoirs des individus de tout sexe, membre de la famille impériale, envers l'empereur;

2° Une organisation du palais impérial conforme à la dignité du trône et à la grandeur de la Nation.

15. La liste civile reste réglée ainsi qu'elle l'a été par les articles 1 et 4 du décret du 26 mai 1791.

Les princes français *Joseph* et *Louis Bonaparte*, et à l'avenir les fils puînés naturels et légitimes de l'empereur, seront traités conformément aux articles 1, 10, 11 12 et 13 du décret du 21 décembre 1790.

L'empereur pourra fixer le douaire de l'impératrice et l'assigner sur la liste civile; ses successeurs ne pourront rien changer aux dispositions qu'il aura faites à cet égard.

16. L'empereur visite les départemens : en conséquence, des palais impériaux sont établis aux quatre points principaux de l'empire.

Ces palais sont désignés et leurs dépendances déterminées par une loi.

TITRE IV.

De la Régence.

17. L'empereur est mineur jusqu'à l'âge de dix-huit ans accomplis : pendant sa minorité il y a un régent de l'empire.

18. Le régent doit être âgé au moins de vingt-cinq ans accomplis.

Les femmes sont exclues de la régence (1).

19. L'empereur désigne le régent parmi les princes français ayant l'âge exigé par l'article précédent; et, à leur défaut, parmi les titulaires des grandes dignités de l'empire.

20. A défaut de désignation de la part de l'empereur, la régence est déférée au prince le plus proche en degré, dans l'ordre de l'hérédité, ayant vingt-cinq ans accomplis.

21. Si, l'empereur n'ayant pas désigné le régent, aucun des princes français n'est âgé de vingt-cinq ans accomplis, le sénat élit le régent parmi les titulaires des grandes dignités de l'empire.

22. Si à raison de la minorité d'âge du prince appelé à la régence dans l'ordre de l'hérédité, elle a été déférée à un parent plus éloigné, ou à l'un des titulaires des grandes di-

(1) Un sénatus-consulte rendu en 1813, appela les femmes à la régence.

gnités de l'empire, le régent entré en exercice continue ses fonctions jusqu'à la majorité de l'empereur.

23. Aucun sénatus-consulte organique ne peut être rendu pendant la régence, ni avant la fin de la troisième année qui suit la majorité.

24. Le régent exerce jusqu'à la majorité de l'empereur toutes les attributions de la dignité impériale.

Néanmoins, il ne peut nommer ni aux grandes dignités de l'empire, ni aux places de grands officiers qui se trouveraient vacantes à l'époque de la régence, ou qui viendraient à vaquer pendant la minorité, ni user de la prérogative réservée à l'empereur d'élever des citoyens au rang de sénateur.

Il ne peut révoquer ni le grand-juge, ni le secrétaire d'Etat.

25. Il n'est pas personnellement responsable des actes de son administration.

26. Tous les actes de la régence sont au nom de l'empereur mineur.

27. Le régent ne propose aucun projet de loi ou de sénatus-consulte, et n'adopte aucun réglement d'administration publique, qu'après avoir pris l'avis du conseil de régence, composé des titulaires des grandes dignités de l'empire.

Il ne peut déclarer la guerre, ni signer des traités de paix, d'alliance ou de commerce, qu'après en avoir délibéré dans le conseil de régence, dont les membres, pour ce seul cas, ont voix délibérative. La délibération a lieu à la majorité des voix; et s'il y a partage, elle passe à l'avis du régent.

Le ministre des relations extérieures prend séance au conseil de régence, lorsque ce conseil délibère sur des objets relatifs à son département.

Le grand-juge ministre de la justice y peut être appelé par l'ordre du régent.

Le secrétaire d'Etat tient le registre des délibérations.

28. La régence ne confère aucun droit sur la personne de l'empereur mineur.

29. Le traitement du régent est fixé au quart du montant de la liste civile.

30. La garde de l'empereur mineur est confiée à sa mère, et à son défaut au prince désigné à cet effet par le prédécesseur de l'empereur mineur.

A défaut de la mère de l'empereur mineur, et d'un prince désigné par l'empereur, le sénat confie la garde de l'empereur mineur à l'un des titulaires des grandes dignités de l'empire.

Ne peuvent être élus pour la garde de l'empereur mineur, ni le régent et ses descendans, ni les femmes.

31. Dans le cas où *Napoléon Bonaparte* usera de la faculté qui lui est conférée par l'article 4, titre II, l'acte d'adoption sera fait en présence des titulaires des grandes dignités de l'empire, reçu par le secrétaire d'Etat, et transmis aussitôt au sénat pour être transcrit sur ses registres et déposé dans ses archives.

Lorsque l'empereur désigne, soit un régent pour la minorité, soit un prince pour la garde de l'empereur mineur, les mêmes formalités sont observées.

Les actes de désignation, soit d'un régent pour la minorité, soit d'un prince pour la garde d'un empereur mineur, sont révocables à volonté par l'empereur.

Tout acte d'adoption, de désignation, ou de révocation de désignation, qui n'aura pas été transcrit sur les registres du sénat avant le décès de l'empereur, sera nul et de nul effet.

TITRE V.

Des grandes Dignités de l'Empire.

32. Les grandes dignités de l'empire sont celles de grand-électeur, d'archi-chancelier de l'empire, d'archi-chancelier d'Etat, d'archi-trésorier, de connétable, de grand amiral.

33. Les titulaires des grandes dignités de l'empire sont nommés par l'empereur.

Ils jouissent des mêmes honneurs que les princes français, et prennent rang immédiatement après eux.

L'époque de leur réception détermine le rang qu'ils occupent respectivement.

34. Les grandes dignités de l'empire sont inamovibles.

35. Les titulaires des grandes dignités de l'empire sont sénateurs et conseillers d'Etat.

36. Ils forment le grand conseil de l'empereur;

Ils sont membres du conseil privé;

Ils composent le grand conseil de la légion d'honneur.

Les membres actuels du grand conseil de la légion d'honneur conservent, pour la durée de leur vie, leurs titres, fonctions et prérogatives.

37. Le sénat et le conseil d'Etat sont présidés par l'empereur.

Lorsque l'empereur ne préside pas le sénat ou le conseil d'Etat, il désigne celui des titulaires des grandes dignités de l'empire qui doit présider.

38. Tous les actes du sénat et du corps législatif sont rendus au nom de l'empereur, et promulgués ou publiés sous le sceau impérial.

39. Le grand-électeur fait les fonctions de chancelier, 1° pour la convocation du corps législatif, des colléges électoraux et des assemblées de canton ; 2° pour la promulgation des sénatus-consultes portant dissolution, soit du corps législatif, soit des colléges électoraux.

Le grand-électeur préside en l'absence de l'empereur, lorsque le sénat procède aux nominations des sénateurs, des législateurs et des tribuns.

Il peut résider au palais du sénat.

Il porte à la connoissance de l'empereur les réclamations formées par les colléges électoraux ou par les assemblées de canton pour la conservation de leurs prérogatives.

Lorsqu'un membre d'un collége électoral est dénoncé, conformément à l'article 21 du sénatus-consulte organique du 16 thermidor an 10, comme s'étant permis quelque acte contraire à l'honneur ou à la patrie, le grand-électeur invite le collége à manifester son vœu. Il porte le vœu du collége à la connaissance de l'empereur.

Le grand-électeur présente les membres du sénat, du conseil d'État, du corps-législatif et du tribunat, au serment qu'ils prêtent entre les mains de l'empereur.

Il reçoit le serment des présidens des colléges électoraux de département et des assemblées de canton.

Il présente les députations solennelles du sénat, du conseil d'Etat, du corps législatif, du tribunat, et des colléges électoraux, lorsqu'elles sont admises à l'audience de l'empereur.

40. L'archi-chancelier de l'empire fait les fonctions de chancelier pour la promulgation des sénatus-consultes organiques et des lois.

Il fait également celles de chancelier du palais impérial.

Il est présent au travail annuel, dans lequel le grand-juge ministre de la justice rend compte à l'empereur des abus qui peuvent s'être introduits dans l'administration de la justice, soit civile, soit criminelle.

Il préside la haute cour impériale.

Il préside les sections réunies du conseil d'Etat et du tribunat, conformément à l'art. 95, titre XI.

Il est présent à la célébration des mariages et à la naissance des princes, au couronnement et aux obsèques de l'empereur. Il signe le procès-verbal que dresse le secrétaire d'Etat.

Il présente les titulaires des grandes dignités de l'empire, les ministres et le secrétaire d'Etat, les grands officiers civils de la couronne, et le premier président de la cour de cassation, au serment qu'ils prêtent entre les mains de l'empereur.

Il reçoit le serment des membres et du parquet de la cour de cassation, des présidens et procureurs généraux des cours d'appel et des cours criminelles.

Il présente les députations solennelles et les membres des cours de justice admis à l'audience de l'empereur.

Il signe et scelle les commissions et brevets des membres des cours de justice et des officiers ministériels; il scelle les commissions et brevets des fonctions civiles administratives, et les autres actes qui seront désignés dans le réglement portant organisation du sceau.

41. L'archi-chancelier d'Etat fait les fonctions de chancelier pour la promulgation des traités de paix et d'alliance, et pour les déclarations de guerre.

Il présente à l'empereur et signe les lettres de créance, et la correspondance d'étiquette avec les différentes cours de l'Europe, rédigées suivant les formes du protocole impérial, dont il est le gardien.

Il est présent au travail annuel dans lequel le ministre des relations extérieures rend compte à l'empereur de la situation politique de l'Etat.

Il présente les ambassadeurs et ministres de l'empereur dans les cours étrangères, au serment qu'ils prêtent entre les mains de Sa Majesté Impériale.

Il reçoit le serment des résidens, chargés d'affaires, secrétaires d'ambassade et de légation, et des commissaires généraux et commissaires des rélations commerciales.

Il présente les ambassades extraordinaires et les ambassadeurs et ministres français et étrangers.

42. L'archi-trésorier est présent au travail annuel dans lequel les ministres des finances et du trésor public rendent à l'empereur les comptes des recettes et des dépenses de l'Etat, et

exposent leurs vues sur les besoins des finances de l'empire.

Les comptes de recettes et des dépenses annuelles, avant d'être présentés à l'empereur, sont revêtus de son visâ.

Il reçoit, tous les trois mois, le compte des travaux de la comptabilité nationale, et tous les ans le résultat général et les vues de reforme et d'amélioration dans les différentes parties de la comptabilité; il les porte à la connaissance de l'empereur.

Il arrête, tous les ans, le grand-livre de la dette publique.

Il signe les brevets des pensions civiles.

Il préside les sections réunies du conseil d'état et du tribunat, conformément à l'art. 95, tit. XI.

Il reçoit le serment des membres de la comptabilité nationale, des administrations de fiuances, et des principaux agens du trésor public.

Il présente les députations de la comptabilité nationale et des administrations des finances admises à l'audience de l'empereur.

43. Le connétable est présent au travail annuel dans lequel le ministre de la gnerre et le directeur de l'administration de la guerre rendent compte à l'empereur, des dispositions à prendre pour compléter le ssytème de défense des frontières, l'entretien, la réparation et l'approvisionement des places.

Il pose la première pierre des places-fortes, dont la construction est ordonnée.

Il est gouverneur des écoles militaires.

Lorsque l'empereur ne remet pas en personne les drapeaux aux corps de l'armée, ils leur sont remis en son nom par le connétable.

En l'absence de l'empereur, le connétable passe les grandes revues de la garde impériale.

Lorsqu'un général d'armée est prévenu d'un délit spécifié au Code pénal militaire, le connétable peut présider le conseil de guerre qui doit juger.

Il présente les maréchaux de l'empire, les colonels-généraux, les inspecteurs-généraux, les officiers-généraux et les colonels de toutes les armes, au serment qu'ils prêtent entre les mains de l'empereur.

Il reçoit le serment des majors, chefs de bataillon et d'escadron de toutes armes.

Il installe les maréchaux de l'empire.

Il présente les officiers-généraux et les colonels, majors, chefs de bataillon et d'escadron de toutes les armes, lorsqu'ils sont admis à l'audience de l'empereur.

Il signe les brevets de l'armée et ceux des militaires pensionnaires de l'Etat.

44. Le grand-amiral est présent au travail annuel dans lequel le ministre de la marine rend compte à l'empereur de l'état des constructions navales, des arsenaux et des approvisionnemens.

Il reçoit annuellement et présente à l'empereur les comptes de la caisse des invalides de la marine.

Lorsqu'un amiral, vice-amiral ou contre-amiral commandant en chef une armée navale, est prévenu d'un délit spécifié au Code pénal maritime, le grand-amiral peut présider la cour martiale qui doit juger.

Il présente les amiraux, les vice-amiraux, les contre-amiraux et les capitaines de vaisseau, au serment qu'ils prêtent entre les mains de l'empereur.

Il reçoit le serment des membres du conseil des prises et des capitaines de frégate.

Il présente les amiraux, les vice-amiraux, les contre-amiraux, les capitaines de vaisseau et de frégate, et les membres du conseil des prises, lorsqu'ils sont admis à l'audience de l'empereur.

Il signe les brevets des officiers de l'armée navale et ceux des marins pensionnaires de l'Etat.

45. Chaque titulaire des grandes dignités de l'empire préside un collége électoral de département.

Le collége électoral séant à Bruxelles est présidé par le grand-électeur. Le collége électoral séant à Bordeaux est présidé par l'archi-chancelier de l'empire. Le collége électoral séant à Nantes est présidé par l'archi-chancelier d'Etat. Le collége électoral séant à Lyon est présidé par l'archi-trésorier de l'empire. Le collége électoral séant à Turin est présidé par le connétable. Le collége électoral séant à Marseille est présidé par le grand-amiral.

46. Chaque titulaire des grandes dignités de l'empire reçoit annuellement, à titre de traitement fixe, le tiers de la somme affectée aux princes, conformément au décret du 21 décembre 1790.

47. Un statut de l'empereur règle les fonctions des titu-

laires des grandes dignités de l'empire auprès de l'empereur et détermine leur costume dans les grandes cérémonies. Les successeurs de l'empereur ne peuvent déroger à ce statut que par un sénatus-consulte.

TITRE VI.

Des grands Officiers de l'Empire.

48. Les grands officiers de l'empire sont :

Premièrement, des maréchaux de l'empire, choisis parmi les généraux les plus distingués.

Leur nombre n'excède pas celui de seize.

Ne font point partie de ce nombre les maréchaux de l'empire qui sont sénateurs.

Secondement, huit inspecteurs et colonels-généraux de l'artillerie et du génie, des troupes à cheval et de la marine.

Troisièmement, des grands officiers civils de la couronne, tels qu'ils seront institués par les statuts de l'empereur.

49. Les places de grands officiers sont inamovibles.

50. Chacun des grands officiers de l'empire préside un collége électoral qui lui est spécialement affecté au moment de sa nomination.

51. Si, par un ordre de l'empereur, ou par tout autre cause que ce puisse être, un titulaire d'une grande dignité de l'empire ou un grand officier vient à cesser ses fonctions, il conserve son titre, son rang, ses prérogatives, et la moitié de son traitement : il ne les perd que par un jugement de la cour impériale.

TITRE VII.

Des Sermens.

52. Dans les deux ans qui suivent son avénement, ou sa majorité, l'empereur, accompagné

Des titulaires des grandes dignités de l'empire, des ministres, des grands officiers de l'empire,

Prête serment au Peuple français sur l'Evangile, et en présence

Du sénat, du conseil d'Etat, du corps législatif, du tribunat, de la cour de cassation, des archevêques, des évêques, des grands officiers de la légion d'honneur, de la comptabilité nationale, des présidens des cours d'appel, des présidens des colléges électoraux, des présidens des assemblées de canton, des présidens des consistoires, et des maires des trente-six principales villes de l'empire.

Le secrétaire d'Etat dresse procès-verbal de la prestation du serment.

53. Le serment de l'empereur est ainsi conçu :

« Je jure de maintenir l'intégrité du territoire de la république ; de respecter et de faire respecter les lois du concordat et la liberté des cultes ; de respecter et de faire respecter l'égalité des droits, la liberté politique et civile, l'irrévocabilité des ventes des biens nationaux ; de ne lever aucun impôt, de n'établir aucune taxe qu'en vertu de la loi ; de maintenir l'institution de la légion d'honneur ; de gouverner dans la seule vue de l'intérêt, du bonheur et de la gloire du peuple français. »

54. Avant de commencer l'exercice de ses fonctions, le régent, accompagné

Des titulaires des grandes dignités de l'empire, des ministres, des grands officiers de l'empire, prête serment sur l'Evangile, et en présence

Du sénat, du conseil d'Etat, du président et des questeurs du corps législatif, du président et des questeurs du tribunat, et des grands officiers de la légion d'honneur.

Le secrétaire d'Etat dresse procès-verbal de la prestation du serment.

55. Le serment du régent est conçu en ces termes :

« Je jure d'administrer les affaires de l'Etat, conformément aux constitutions de l'empire, aux sénatus-consultes et aux lois ; de maintenir dans toute leur intégrité le territoire de la république, les droits de la Nation et ceux de la dignité impériale, et de remettre fidèlement à l'empereur, au moment de sa majorité, le pouvoir dont l'exercice m'est confié. »

56. Les titulaires des grandes dignités de l'empire, les ministres et le secrétaire d'Etat, les grands officiers, les membres du sénat, du conseil d'Etat, du corps législatif, du tribunat, des colléges électoraux et des assemblées de canton, prêtent serment en ces termes :

« Je jure obéissance aux constitutions de l'empire et fidélité à l'empereur ».

Les fonctionnaires publics, civils et judiciaires, et les officiers et soldats de l'armée de terre et de mer, prêtent le même serment.

TITRE VIII.

Du Sénat.

57. Le sénat se compose,

1°. Des princes français ayant atteint leur dix-huitième année;

2°. Des titulaires des grandes dignités de l'empire;

3°. Des quatre-vingts membres nommés sur la présentation de candidats choisis par l'empereur sur les listes formées par les colléges électoraux de département;

4°. Des citoyens que l'empereur juge convenable d'élever à la dignité de sénateur.

Dans la cas où le nombre de sénateurs excédera celui qui a été fixé par l'article 63 du sénatus-consulte organique du 16 thermidor an 10, il sera à cet égard, pourvu par une loi à l'exécution de l'article 17 du sénatus-consulte du 14 nivôse an 11.

58. Le président du sénat est nommé par l'empereur, et choisi parmi les sénateurs.

Ses fonctions durent un an.

59. Il convoque le sénat sur un ordre du propre mouvement de l'empereur, et sur la demande, ou des commissions dont il sera parlé ci-après, art. 60 et 64, ou d'un sénateur, conformément aux dispositions de l'art. 70, ou d'un officier du sénat, pour les affaires intérieures du corps.

Il rend compte à l'empereur des convocations faites sur la demande des commissions ou d'un sénateur, de leur objet, et des résultats des délibérations du sénat.

60. Une commission de sept membres nommés par le sénat et choisis dans son sein, prend connaissance, sur la communication qui lui en est donnee par les ministres, des arrestations effectuées conformément à l'art. 46 de la constitution; lorsque les personnes arrêtées n'ont pas été traduites devant les tribunaux dans les dix jours de leur arrestation.

Cette commission est appelée *commission sénatoriale de la liberté individuelle.*

61. Toutes les personnes arrêtées et non mises en jugement après les dix jours de leur arrestation, peuvent recourir directement, par elles, leurs parens ou leurs représentans, et par voie de pétition, à la commission sénatoriale de la liberté individuelle.

62. Lorsque la commission estime que la détention prolongée au delà des dix jours de l'arrestation n'est pas justifiée par l'intérêt de l'Etat, elle invite le ministre qui a ordonné l'arrestation à faire mettre en liberté la personne détenue, ou à la renvoyer devant les tribunaux ordinaires.

63. Si, après trois invitations consécutives, renouvelées dans l'espace d'un mois, la personne détenue n'est pas mise en liberté ou renvoyée devant les tribunaux ordinaires, la commission demande une assemblée du sénat, qui est convoqué par le président, et qui rend, s'il y a lieu, la déclaration suivante :

« Il y a de fortes présomptions que N. est détenu arbitrai-» rement. »

On procède ensuite conformément aux dispositions de l'article 112, titre XIII : *De la haute cour impériale.*

64. Une commission de sept membres nommés par le sénat et choisis dans son sein, est chargée de veiller à la liberté de la presse.

Ne sont point compris dans son attribution les ouvrages qui s'impriment et se distribuent par abonnement et à des époques périodiques.

Cette commission est appelée *commission sénatoriale de la liberté de la presse.*

65. Les auteurs, imprimeurs ou libraires qui se croient fondés à se plaindre d'empêchement mis à l'impression ou à la circulation d'un ouvrage, peuvent recourir directement et par voie de pétition à la commission sénatoriale de la liberté de la presse.

66. Lorsque la commission estime que les empêchemens ne sont pas justifiés par l'intérêt de l'Etat, elle invite le ministre qui a donné l'ordre, à le révoquer.

67. Si, après trois invitations consécutives, renouvelées dans l'espace d'un mois, les empêchemens subsistent, la commission demande une assemblée du sénat, qui est convoqué par le président, et qui rend, s'il y a lieu, la déclaration suivante :

« Il y a de fortes présomptions que la liberté de la presse a » été violée. »

On procède ensuite conformément à la disposition de l'article 112 : titre XIII, *De la haute cour impériale.*

68. Un membre de chacune des commissions sénatoriales cesse ses fonctions tous les quatre mois.

69. Les projets de lois décrétés par le corps législatif sont transmis, le jour même de leur adoption, au sénat, et déposés dans ses archives.

70. Tout décret rendu par le corps législatif peut être dénoncé au sénat par un sénateur, 1° comme tendant au rétablissement du régime féodal; 2° comme contraire à l'irrévocabilité des ventes des domaines nationaux; 3° comme n'ayant pas été délibéré dans les formes prescrites par les constitutions de l'empire, les réglemens et les lois; 4° comme portant atteinte aux prérogatives de la dignité impériale et à celles du sénat : sans préjudice de l'exécution des art. 21 et 37 de l'acte des constitutions de l'empire, en date du 22 frimaire an 8.

71. Le sénat, dans les six jours qui suivent l'adoption du projet de loi, délibérant sur le rapport d'une commission spéciale, et après avoir entendu trois lectures du décret dans trois séances tenues à des jours différens, peut exprimer l'opinion *qu'il n'y a pas lieu à promulguer la loi.*

Le président porte à l'empereur la délibération motivée du sénat.

72. L'empereur, après avoir entendu le conseil d'Etat, ou déclare par un décret son adhésion à la délibération du sénat, ou fait promulguer la loi.

73. Toute loi dont la promulgation, dans cette circonstance, n'a pas été faite avant l'expiration du délai de dix jours, ne peut plus être promulguée si elle n'a pas été de nouveau délibérée et adoptée par le corps législatif.

74. Les opérations entières d'un collége électoral, et les opérations partielles qui sont relatives à la présentation des candidats au sénat, au corps législatif et au tribunat, ne peuvent être annulées pour cause d'inconstitutionnalité, que par un sénatus-consulte.

TITRE IX.

Du Conseil d'Etat.

75. Lorsque le conseil d'Etat délibère sur les projets de lois ou sur les réglemens d'administration publique, les deux tiers des membres du conseil en service ordinaire doivent être présens.

Le nombre des conseillers d'Etat présens ne peut être moindre de vingt-cinq.

76. Le conseil d'Etat se divise en six sections; savoir : Section de la législation, section de l'intérieur, section des finances, section de la guerre, section de la marine, et section du commerce.

77. Lorsqu'un membre du conseil d'Etat a été porté pendant cinq années sur la liste du conseil des membres du conseil en service ordinaire, il reçoit un brevet de conseiller d'Etat à vie.

Lorsqu'il cesse d'être porté sur la liste du conseil d'état en service ordinaire ou extraordinaire, il n'a droit qu'au tiers du traitement de conseiller d'Etat.

Il ne perd son titre et ses droits que par un jugement de la haute cour impériale, emportant peine afflictive ou infamante.

TITRE X.

Du Corps législatif.

78. Les membres sortant du corps législatif peuvent être réélus sans intervalle.

79. Les projets de lois présentés au corps législatif sont renvoyés aux trois sections du tribunat.

80. Les séances du corps législatif se distinguent en séances ordinaires et en comités généraux.

81. Les séances ordinaires sont composées des membres du corps législatif, des orateurs du conseil d'Etat, des orateurs des trois sections du tribunat.

Les comités généraux ne sont composés que des membres du corps législatif.

Le président du corps législatif préside les séances ordinaires et les comités généraux.

82. En séance ordinaire, le corps législatif entend les orateurs du conseil d'Etat et ceux des trois sections du tribunat, et vote sur le projet de loi.

En comité général, les membres du corps législatif discutent entre eux les avantages et les inconvéniens du projet de loi.

83. Le corps législatif se forme en comité général,

1°. Sur l'invitation du président pour les affaires intérieures du corps; 2° sur une demande faite au président et signée par cinquante membres présens; dans ces deux cas, le comité général est secret, et les discussions ne doivent être ni imprimées ni divulguées ; 3° sur la demande des orateurs du conseil d'Etat, spécialement autorisés à cet effet : dans ce cas, le comité général est nécessairement public.

Aucune délibération ne peut être prise dans les comités généraux.

84. Lorsque la discussion en comité général est fermée, la délibération est ajournée au lendemain en séance ordinaire.

85. Le corps législatif, le jour où il doit voter sur le projet de loi, entend dans la même séance, le résumé que font les orateurs du conseil d'Etat.

86. La délibération d'un projet de loi ne peut, dans aucun cas, être différée de plus de trois jours au-delà de celui qui avait été fixé pour la clôture de la discussion.

87. Les sections du tribunat constituent les seules commissions du corps législatif, qui ne peut en former d'autres que dans le cas énoncé art. 113, titre XIII : *De la haute cour impériale.*

TITRE XI.

Du Tribunat.

88. Les fonctions des membres du tribunat durent dix ans.

89. Le tribunat est renouvelé par moitié tous les cinq ans.

Le premier renouvellement aura lieu, pour la session de l'an 17, conformément au sénatus-consulte organique du 16 thermidor an 10.

90. Le président du tribunat est nommé par l'empereur, sur une présentation de trois candidats faite par le tribunat au scrutin secret et à la majorité absolue.

91. Les fonctions du président du tribunat durent deux ans.

92. Le tribunat a deux questeurs.

Ils sont nommés par l'empereur, sur une liste triple de candidats choisis par le tribunat au scrutin secret et à la majorité absolue.

Leurs fonctions sont les mêmes que celles attribuées aux questeurs du corps législatif, par les articles 19, 20, 21, 22, 23, 24 et 25 du sénatus-consulte organique du 24 frimaire an 12.

Un des questeurs est renouvelé chaque année.

93. Le tribunat est divisé en trois sections; savoir :

Section de la législation, section de l'intérieur, section des finances.

94. Chaque section forme une liste de trois de ses membres, parmi lesquels le président du tribunat désigne le président de la section.

Les fonctions de président de section durent un an.

95. Lorsque les sections respectives du conseil d'Etat et du tribunat demandent à se réunir, les conférences ont lieu sous la présidence de l'archi-chancelier de l'empire, ou de l'archi-trésorier, suivant la nature des objets à examiner.

96. Chaque section discute séparément et en assemblée de section, les projets de lois qui lui sont transmis par le corps législatif.

Deux orateurs de chacune des trois sections portent au corps législatif le vœu de leur section, et en développent les motifs.

97. En aucun cas, les projets de lois ne peuvent être discutés par le tribunat en assemblée générale.

Il se réunit en assemblée générale, sous la présidence de son président, pour l'exercice de ses autres attributions.

TITRE XII.

Des Colléges électoraux.

98. Toutes les fois qu'un collége électoral de département est réuni pour la formation de la liste des candidats au corps législatif, les listes de candidats pour le sénat sont renouvelées.

Chaque renouvellement rend les présentations antérieures de nul effet.

99. Les grands officiers, les commandans et les officiers de la légion d'honneur, sont membres du collége électoral du département dans lequel ils ont leur domicile, ou de l'un des départemens de la cohorte à laquelle ils appartiennent.

Les légionnaires sont membres du collége électoral de leur arrondissement.

Les membres de la légion d'honneur sont admis au collége électoral dont ils doivent faire partie, sur la présentation d'un brevet qui leur est délivré à cet effet par le grand électeur.

100. Les préfets et les commandans militaires des départemens ne peuvent être élus candidats au sénat par les col-

léges électoraux des départemens dans lesquels ils exercent leurs fonctions.

TITRE XIII.

De la Haute Cour impériale.

101. Une haute cour impériale connaît,

1° Des délits personnels commis par des membres de la famille impériale, par des titulaires des grandes dignités de l'empire, par des ministres et par le secrétaire d'Etat, par de grands officiers, par des sénateurs, par des conseillers d'Etat; 2° des crimes, attentats et complots contre la sûreté intérieure et extérieure de l'Etat, la personne de l'empereur et celle de l'héritier présomptif de l'empire; 3° des *délits de responsabilité d'office* commis par les ministres et les conseillers d'Etat chargés spécialement d'une partie d'administration publique; 4° des prévarications et abus de pouvoir, commis, soit par des capitaines généraux des colonies, des préfets coloniaux et des commandans des établissemens français hors du continent, soit par des administrateurs généraux employés extraordinairement, soit par des généraux de terre ou de mer, sans préjudice, à l'égard de ceux-ci, des poursuites de la juridiction militaire, dans les cas déterminés par les lois; 5° du fait de désobéissance des généraux de terre ou de mer qui contreviennent à leurs instructions; 6° des concussions et dilapidations dont les préfets de l'intérieur se rendent coupables dans l'exercice de leurs fonctions; 7° des forfaitures ou prises à partie qui peuvent être encourues par une cour d'appel, ou par une cour de justice criminelle, ou par des membres de la cour de cassation; 8° des dénonciations pour cause de détention arbitraire et de violation de la liberté de la presse.

102. Le siége de la haute cour impériale est dans le sénat.

103. Elle est présidée par l'archi-chancelier de l'empire.

S'il est malade, absent ou légitimement empêché, elle est présidée par un autre titulaire d'une grande dignité de l'empire.

104. La haute cour impériale est composée des princes, des titulaires des grandes dignités et grands officiers de l'empire, du grand juge ministre de la justice, de soixante sénateurs, des six présidens des sections du conseil d'Etat, de quatorze conseillers d'Etat et de vingt membres de la cour de cassation.

Les sénateurs, les conseillers d'Etat et les membres de la cour de cassation, sont appelés par ordre d'ancienneté.

105. Il y a auprès de la haute cour impériale, un procureur-général, nommé à vie par l'empereur.

Il exerce le ministère public, étant assisté de trois tribuns, nommés, chaque année, par le corps législatif, sur une liste de neuf candidats présentés par le tribunat, et de trois magistrats que l'empereur nomme aussi, chaque année, parmi les officiers des cours d'appel ou de justice criminelle.

106. Il y a auprès de la haute cour impériale, un greffier en chef, nommé à vie par l'empereur.

107. Le président de la haute cour impériale ne peut jamais être récusé; il peut s'abstenir pour des causes légitimes.

108. La haute cour impériale ne peut agir que sur les poursuites du ministère public, dans les délits commis par ceux que leur qualité rend justiciables de la cour impériale; s'il y a un plaignant, le ministère public devient nécessairement partie jointe et poursuivante, et procède ainsi qu'il est réglé ci-après.

Le ministère public est également partie jointe et poursuivante, dans les cas de forfaiture ou de prise à partie.

109. Les magistrats de sûreté et les directeurs de jury sont tenus de s'arrêter et de renvoyer, dans le délai de huitaine, au procureur-général près la haute cour impériale, toutes les pièces de la procédure, lorsque, dans les délits dont ils poursuivent la réparation, il résulte, soit de la qualité des personnes, soit du titre de l'accusation, soit des circonstances, que le fait est de la compétence de la haute cour impériale.

Néanmoins les magistrats de sûreté continuent à recueillir les preuves et les traces du délit.

110. Les ministres ou les conseillers d'Etat chargés d'une partie quelconque d'administration publique, peuvent être dénoncés par le corps législatif, s'ils ont donné des ordres contraires aux constitutions et aux lois de l'empire.

111. Peuvent être également dénoncés par le corps législatif,

Les capitaines généraux des colonies, les préfets coloniaux, les commandans des établissemens français hors du continent, les administrateurs généraux, lorsqu'ils ont prévariqué ou abusé de leur pouvoir;

Les généraux de terre ou de mer qui ont désobéi à leurs instructions;

Les préfets de l'intérieur qui se sont rendus coupables de dilapidation ou de concussion.

112. Le corps législatif dénonce pareillement les ministres ou agens de l'autorité, lorsqu'il y a eu, de la part du sénat, déclaration de *fortes présomptions de détention arbitraire* ou *de violation de la liberté de la presse.*

113. La dénonciation du corps législatif ne peut être arrêtée que sur la demande du tribunat, ou sur la réclamation de cinquante membres du corps législatif, qui requièrent un comité secret à l'effet de faire désigner, par la voie du scrutin, dix d'entre eux pour rédiger le projet de dénonciation.

114. Dans l'un et l'autre cas, la demande ou la réclamation doit être faite par écrit, signée par le président et les secrétaires du tribunat, ou par les dix membres du corps législatif.

Si elle est dirigée contre un ministre, ou contre un conseiller d'Etat chargé d'une partie d'administration publique, elle leur est communiquée dans le délai d'un mois.

115. Le ministre ou le conseiller d'Etat dénoncé ne comparaît point pour y répondre.

L'empereur nomme trois conseillers d'Etat pour se rendre au corps législatif le jour qui est indiqué, et donner des éclaircissemens sur les faits de la dénonciation.

116. Le corps législatif discute en comité secret les faits compris dans la demande ou dans la réclamation, et il délibère par la voie du scrutin.

117. L'acte de dénonciation doit être circonstancié, signé par le président et par les secrétaires du corps législatif.

Il est adressé, par un message, à l'archi-chancelier de l'empire, qui le transmet au procureur-général près la haute cour impériale.

118. Les prévarications ou abus de pouvoir des capitaines généraux des colonies, des préfets coloniaux, des commandans des établissemens hors du continent, des administrateurs généraux; les faits de désobéissance de la part des généraux de terre ou de mer aux instructions qui leur ont été données; les dilapidations et concussions des préfets, sont aussi dénoncés par les ministres, chacun dans ses attributions, aux officiers chargés du ministère public.

Si la dénonciation est faite par le grand-juge ministre de la justice, il ne peut point assister ni prendre part aux jugemens qui interviennent sur sa dénonciation.

119. Dans les cas déterminés par les articles 110, 111, 112 et 118, le procureur-général informe, sous trois jours, l'archi-chancelier de l'empire, qu'il y a lieu de réunir la haute cour impériale.

L'archi-chancelier, après avoir pris les ordres de l'empereur, fixe dans la huitaine l'ouverture des séances.

120. Dans la première séance de la haute cour impériale, elle doit juger sa compétence.

121. Lorsqu'il y a dénonciation ou plainte, le procureur-général, de concert avec les tribuns et les trois magistrats officiers du parquet, examine s'il y a lieu à poursuites.

La décision lui appartient; l'un des magistrats du parquet peut être chargé, par le procureur-général, de diriger les poursuites.

Si le ministère public estime que la plainte ou la dénonciation ne doit pas être admise, il motive les conclusions sur lesquelles la haute cour impériale prononce, après avoir entendu le magistrat chargé du rapport.

122. Lorsque les conclusions sont adoptées, la haute cour impériale termine l'affaire par un jugement définitif.

Lorsqu'elles sont rejetées, le ministère public est tenu de continuer les poursuites.

123. Dans le second cas prévu par l'article précédent, et aussi lorsque le ministère public estime que la plainte ou la dénonciation doit être admise, il est tenu de dresser l'acte d'accusation dans la huitaine, et de le communiquer au commissaire et au suppléant que l'archi-chancelier de l'empire nomme parmi les juges de la cour de cassation qui sont membres de la haute cour impériale. Les fonctions de ce commissaire, et, à son défaut, du suppléant, consistent à faire l'instruction et le rapport.

124. Le rapporteur ou son suppléant soumet l'acte d'accusation à douze commissaires de la haute cour impériale, choisis par l'archi-chancelier de l'empire; six parmi les sénateurs, et six parmi les autres membres de la haute cour impériale. Les membres choisis ne concourent point au jugement de la haute cour impériale.

125. Si les douze commissaires jugent qu'il y a lieu à accusation, le commissaire rapporteur rend une ordonnance

conforme, décerne les mandats d'arrêt et procède à l'instruction.

126. Si les commissaires estiment, au contraire, qu'il n'y a pas lieu à accusation, il en est référé par le rapporteur à la haute cour impériale, qui prononce définitivement.

127. La haute cour impériale ne peut juger à moins de soixante membres. Dix de la totalité des membres qui sont appelés à la composer, peuvent être récusés sans motifs déterminés pas l'accusé, et dix par la partie publique. L'arrêt est rendu à la majorité absolue des voix.

128. Les débats et le jugement ont lieu en public.

129. Les accusés ont des défenseurs; s'ils n'en présentent point, l'archi-chancelier de l'empire leur en donne d'office.

130. La haute cour impériale ne peut prononcer que des peines portées par le Code pénal. Elle prononce, s'il y a lieu, la condamnation aux dommages et intérêts civils.

131. Lorsqu'elle acquitte, elle peut mettre ceux qui sont absous, sous la surveillance ou à la disposition de la haute police de l'Etat, pour le temps qu'elle détermine.

132. Les arrêts rendus par la haute cour impériale ne sont soumis à aucun recours.

Ceux qui prononcent une condamnation à une peine afflictive ou infamante, ne peuvent être exécutés que lorsqu'ils ont été signés par l'empereur.

133. Un sénatus-consulte particulier contient le surplus des dispositions relatives à l'organisation et à l'action de la haute cour impériale.

TITRE XIV.

De l'Ordre judiciaire.

134. Les jugemens des cours de justice sont intitulés *Arrêts.*

135. Les présidens de la cour de cassation, des cours d'appel et de justice criminelle, sont nommés à vie par l'empereur, et peuvent être choisis hors des cours qu'ils doivent présider.

136. Le tribunal de cassation prend la dénomination de *cour de cassation.*

Les tribunaux d'appel prennent celle de *cours d'appel.*

Les tribunaux criminels, celle de *cours de justice criminelle.*

Le président de la cour de cassation, et celui des cours d'appel divisées en sections, prennent le titre de *premier président.*

Les vice-présidens prennent celui de *présidens.*

Les commissaires du gouvernement près de la cour de cassation, des cours d'appel et des cours de justice criminelle, prennent le titre de *procureurs-généraux impériaux.*

Les commissaires du gouvernement auprès des autres tribunaux, prennent le titre de *procureurs impériaux.*

TITRE XV.

De la Promulgation.

137. L'empereur fait sceller et fait promulguer les sénatus-consultes organiques, les sénatus-consultes, les actes du sénat, les lois.

Les sénatus-consultes organiques, les sénatus-consultes, les actes du sénat, sont promulgués au plus tard le dixième jour qui suit leur émission.

138. Il est fait deux expéditions originales de chacun des actes mentionnés en l'article précédent.

Toutes deux sont signées par l'empereur, visées par l'un des titulaires des grandes dignités, chacun suivant leurs droits et leurs attributions, contre-signées par le secrétaire d'Etat et le ministre de la justice, et scellées du grand sceau de l'Etat.

139. L'une de ces expéditions est déposée aux archives du sceau, et l'autre est remise aux archives de l'autorité publique de laquelle l'acte est émané.

140. La promulgation est ainsi conçue :

« N. (*le prénom de l'empereur*), par la grâce de Dieu et les » constitutions de la république, empereur des Français, à tous » présens et à venir, SALUT.

» LE SÉNAT, après avoir entendu les orateurs du conseil » d'Etat, a décrété *ou* arrêté, et nous Ordonnons ce qui » suit :

» (*Et s'il s'agit d'une loi*) le CORPS LÉGISLATIF a rendu, » le..... (*la date*) le décret suivant, conformément à la pro» position faite au nom de l'empereur, et après avoir entendu » les orateurs du conseil d'Etat et des sections du tribunat, » le.....

» MANDONS ET ORDONNONS que les présentes, revêtues des

» sceaux de l'Etat, insérées au Bulletin des lois, soient adres-» sées aux cours, aux tribunaux et aux autorités admi-» nistratives, pour qu'ils les inscrivent dans leurs registres, » les observent et les fassent observer ; et le grand juge » ministre de la justice, est chargé d'en surveiller la publi-» cation. »

141. Les expéditions exécutoires des jugemens sont rédigées ainsi qu'il suit :

» N. (*le prénom de l'empereur*), par la grâce de Dieu et les » constitutions de la république, empereur des Français, à tous » présens et à venir, SALUT.

» La COUR de.... *ou* le TRIBUNAL de.... (*si c'est un tribunal de » première instance*) a rendu le jugement suivant :

(*Ici copier l'arrêt* ou *le jugement.*)

» MANDONS ET ORDONNONS à tous huissiers sur ce requis, de » mettre ledit jugement à exécution ; à nos procureurs géné-» raux, et à nos procureurs près les tribunaux de première » instance, d'y tenir la main ; à tous commandans et officiers » de la force publique, de prêter main-forte lorsqu'ils en » seront légalement requis.

» En foi de quoi le présent jugement a été signé par » le président de la cour *ou* du tribunal, et par le gref-» fier. »

TITRE XVI.

142. La proposition suivante sera présentée à l'acceptation du peuple, dans les formes déterminées par l'arrêté du 20 floréal an 10 :

« Le peuple veut l'hérédité de la dignité impériale dans la descendance directe, naturelle, légitime et adoptive de *Napoléon Bonaparte*, et dans la descendance directe, naturelle et légitime de *Joseph Bonaparte* et de *Louis Bonaparte*, ainsi qu'il est réglé par le sénatus-consulte organique de ce jour. »

ACTE ADDITIONNEL
AUX CONSTITUTIONS DE L'EMPIRE,
DONNÉ PAR L'EMPEREUR NAPOLÉON BONAPARTE (1).

22 avril 1815.

NAPOLÉON, par la grâce de Dieu et les constitutions, *empereur des Français*, à tous présens et à venir, SALUT.

Depuis que nous avons été appelés, il y a quinze années, par le vœu de la France, au gouvernement de l'Etat, nous avons cherché à perfectionner, à diverses époques, les formes constitutionnelles, suivant les besoins et les désirs de la nation, et en profitant des leçons de l'expérience. Les constitutions de l'empire se sont ainsi formées d'une série d'actes qui ont été revêtus de l'acceptation du peuple. Nous avions alors pour but d'organiser un grand système fédératif européen, que nous avions adopté, comme conforme à l'esprit du siècle, et favorable aux progrès de la civilisation. Pour parvenir à le compléter et à lui donner toute l'étendue et toute la stabilité dont il était susceptible, nous avions ajourné l'établissement de plusieurs institutions intérieures, plus spécialement destinées à protéger la liberté des citoyens. Notre but n'est plus désormais que d'accroître la prospérité de la France par l'affermissement de la liberté publique. De là résulte la nécessité de plusieurs modifications importantes dans les constitutions, sénatus-consultes et autres actes qui régissent cet empire. A CES CAUSES, voulant, d'un côté, conserver du passé ce qu'il y a de bon et de salutaire, et, de l'autre, rendre les constitutions de notre empire conformes en tout aux vœux et aux besoins nationaux, ainsi qu'à l'état de paix que nous désirons maintenir avec l'Europe, nous avons résolu de proposer au peuple une suite de dispositions tendant à modifier et perfectionner ses actes constitutionnels, à entourer les droits des citoyens de toutes leurs garanties, à donner au système représentatif toute son extension, à investir les corps intermédiaires de la considération et du pouvoir désirables; en

---

(1) Nous plaçons ici cet acte qui, dans l'ordre des dates, ne devrait se trouver qu'après la charte, afin de présenter de suite tous les actes formant les constitutions de l'empire.

un mot, à combiner le plus haut point de liberté politique et de sûreté individuelle avec la force et la centralisation nécessaires pour faire respecter par l'étranger l'indépendance du peuple français et la dignité de notre couronne. En conséquence, les articles suivans, formant un acte supplémentaire aux constitutions de l'empire, seront soumis à l'acceptation libre et solennelle de tous les citoyens, dans toute l'étendue de la France.

TITRE PREMIER.

Dispositions générales.

Art. 1er. Les constitutions de l'empire, nommément l'acte constitutionnel du 22 frimaire an 8, les sénatus-consultes des 14 et 16 thermidor an 10, et celui du 28 floréal an 12, seront modifiés par les dispositions qui suivent. Toutes leurs autres dispositions sont confirmées et maintenues.

2. Le pouvoir législatif est exercé par l'empereur et par les deux chambres.

3. La première chambre, nommée chambre des pairs, est héréditaire.

4. L'empereur en nomme les membres, qui sont irrévocables, eux et leurs descendans mâles, d'aîné en aîné, en ligne directe. Le nombre des pairs est illimité. L'adoption ne transmet point la dignité de pair à celui qui en est l'objet.

Les pairs prennent séance à vingt-un ans, mais n'ont voix délibérative qu'à vingt-cinq.

5. La chambre des pairs est présidée par l'archi-chancelier de l'empire, ou, dans le cas prévu par l'art. 51 du sénatus-consulte du 28 floréal an 12, par un des membres de cette chambre désigné spécialement par l'empereur.

6. Les membres de la famille impériale, dans l'ordre de l'hérédité, sont pairs de droit. Ils siégent après le président. Ils prennent séance à dix-huit ans, mais n'ont voix délibérative qu'à vingt-un.

7. La seconde chambre, nommée chambre des représentans, est élue par le peuple.

8. Les membres de cette chambre sont au nombre de six cent ving-neuf. Ils doivent être âgés de vingt-cinq ans au moins.

9. Le président de la chambre des représentans est nommé par la chambre, à l'ouverture de la première session. Il reste en fonctions jusqu'au renouvellement de la chambre. Sa nomination est soumise à l'approbation de l'empereur.

10. La chambre des représentans vérifie les pouvoirs de ses

membres, et prononce sur la validité des élections contestées.

11. Les membres de la chambre des représentans reçoivent, pour frais de voyage, et durant la session, l'indemnité décrétée par l'assemblée constituante.

12. Ils sont indéfiniment rééligibles.

13. La chambre des représentans est renouvelée de droit en entier tous les cinq ans.

14. Aucun membre de l'une ou de l'autre chambre ne peut être arrêté, sauf le cas de flagrant délit, ni poursuivi en matière criminelle et correctionnelle, pendant les sessions, qu'en vertu d'une résolution de la chambre dont il fait partie.

15. Aucun ne peut être arrêté ni détenu pour dettes, à partir de la convocation, ni quarante jours après la session.

16. Les pairs sont jugés par leur chambre, en matière criminelle et correctionnelle, dans les formes qui seront réglées par la loi.

17. La qualité de pair et de représentant est compatible avec toute fonction publique, hors celle des comptables.

Toutefois les préfets et sous-préfets ne sont pas éligibles par le collége électoral du département ou de l'arrondissement qu'ils administrent.

18. L'empereur envoie dans les chambres des ministres d'état et des conseillers d'état, qui y siégent et prennent part aux discussions, mais qui n'ont voix délibérative que dans le cas où ils sont membres de la chambre comme pairs ou élus du peuple.

19. Les ministres qui sont membres de la chambre des pairs ou de celle des représentans, ou qui siégent par mission du gouvernement, donnent aux chambres les éclaircissemens qui sont jugés nécessaires, quand leur publicité ne compromet pas l'intérêt de l'Etat.

20. Les séances des deux chambres sont publiques. Elles peuvent néanmoins se former en comité secret, la chambre des pairs, sur la demande de dix membres; celle des représentans, sur la demande de vingt-cinq. Le gouvernement peut également requérir des comités secrets pour des communications à faire. Dans tous les cas, les délibérations et les votes ne peuvent avoir lieu qu'en séance publique.

21. L'empereur peut proroger, ajourner et dissoudre la chambre des représentans. La proclamation qui prononce la dissolution convoque les colléges électoraux pour une élection nouvelle, et indique la réunion des représentans dans six mois au plus tard.

22. Durant l'intervalle des sessions de la chambre des représentans, ou en cas de dissolution de cette chambre, la chambre des pairs ne peut s'assembler.

23. Le gouvernement a la proposition de la loi ; les chambres peuvent proposer des amendemens : si ces amendemens ne sont pas adoptés par le gouvernement, les chambres sont tenues de voter sur la loi, telle qu'elle a été proposée.

24 Les chambres ont la faculté d'inviter le gouvernement à proposer une loi sur un objet déterminé, et de rédiger ce qu'il leur paraît convenable d'insérer dans la loi. Cette demande peut être faite par chacune des deux chambres.

25. Lorsqu'une rédaction est adoptée dans l'une des deux chambres, elle est portée à l'autre ; et si elle y est approuvée, elle est portée à l'empereur.

26. Aucun discours écrit, excepté les rapports des commissions, les rapports des ministres sur les lois qui sont présentées, et les comptes qui sont rendus, ne peut être lu dans l'une ou l'autre des chambres.

TITRE II.

Des Colléges électoraux et du Mode d'élection.

27. Les colléges électoraux de département et d'arrondissement sont maintenus, conformément au sénatus-consulte du 16 thermidor an 10, sauf les modifications qui suivent.

28. Les assemblées de canton rempliront, chaque année, par des élections annuelles, toutes les vacances dans les colléges électoraux.

29. A dater de l'an 1816, un membre de la chambre des pairs, désigné par l'empereur, sera président à vie et inamovible de chaque collége électoral de département.

30. A dater de la même époque, le collége électoral de chaque département nommera, parmi les membres de chaque collége d'arrondissement, le président et deux vice-présidens. A cet effet, l'assemblée du collége de département précédera de quinze jours celle du collége d'arrondissement.

31. Les colléges de département et d'arrondissement nommeront le nombre de représentans établi pour chacun par l'acte et le tableau ci-annexés (1).

32. Les représentans peuvent être choisis indifféremment dans toute l'étendue de la France.

Chaque collége de département ou d'arrondissement qui

(1) *Voyez* le tableau placé après la charte constitutionnelle.

choisira un représentant hors du département ou de l'arrondissement nommera un suppléant, qui sera pris nécessairement dans le département ou l'arrondissement.

33. L'industrie et la propriété manufacturière et commerciale auront une représentation spéciale.

L'élection des représentans commerciaux et manufacturiers sera faite par le collége électoral de département, sur une liste d'éligibles dressée par les chambres de commerce et les chambres consultatives réunies, suivant l'acte ci-annexé (1).

TITRE III.

De la Loi de l'impôt.

34. L'impôt général direct, soit foncier, soit mobilier, n'est voté que pour un an. Les impôts indirects peuvent être votés pour plusieurs années.

Dans le cas de la dissolution de la chambre des représentans, les impositions votées dans la session précédente sont continuées jusqu'à la nouvelle réunion de la chambre.

35. Aucun impôt direct ou indirect, en argent ou en nature, ne peut être perçu; aucun emprunt ne peut avoir lieu; aucune inscription de créance au grand-livre de la dette publique ne peut être faite; aucun domaine ne peut être aliéné ni échangé; aucune levée d'hommes pour l'armée ne peut être ordonnée; aucune portion du territoire ne peut être échangée qu'en vertu d'une loi.

36. Toute proposition d'impôt, d'emprunt, ou de levée d'hommes, ne peut être faite qu'à la chambre des représentans.

37. C'est aussi à la chambre des représentans qu'est porté d'abord, 1°. le budjet général de l'état, contenant l'aperçu des recettes et la proposition des fonds assignés pour l'année à chaque département du ministère; 2°. le compte des recettes et dépenses de l'année ou des années précédentes.

TITRE IV.

Des Ministres, et de la Responsabilité.

38. Tous les actes du gouvernement doivent être contresignés par un ministre ayant département.

---

(1) *Voyez* page 248.

39. Les ministres sont responsables des actes du gouvernement signés par eux, ainsi que de l'exécution des lois.

40. Ils peuvent être accusés par la chambre des représentans, et sont jugés par celle des pairs.

41. Tout ministre, tout commandant d'armée de terre ou de mer, peut être accusé par la chambre des représentans et jugé par la chambre des pairs, pour avoir compromis la sûreté ou l'honneur de la nation.

42. La chambre des pairs, en ce cas, exerce, soit pour caractériser le délit, soit pour infliger la peine, un pouvoir discrétionnaire.

43. Avant de prononcer la mise en accusation d'un ministre, la chambre des représentans doit declarer qu'il y a lieu à examiner la proposition d'accusation.

44. Cette déclaration ne peut se faire qu'après le rapport d'une commission de soixante membres tirés au sort. Cette commission ne fait son rapport que dix jours au plus tôt après sa nomination.

45. Quand la chambre a déclaré qu'il y a lieu à examen, elle peut appeler le ministre dans son sein pour lui demander des explications. Cet appel ne peut avoir lieu que dix jours après le rapport de la commission.

46. Dans tout autre cas, les ministres ayant département ne peuvent être appelés ni mandés par les chambres.

47. Lorsque la chambre des représentans a déclaré qu'il y a lieu à examen contre un ministre, il est formé une nouvelle commission de soixante membres tirés au sort, comme la première; il est fait, par cette commission, un nouveau rapport sur la mise en accusation. Cette commission ne fait son rapport que dix jours après sa nomination.

48. La mise en accusation ne peut être prononcée que dix jours après la lecture et la distribution du rapport.

49. L'accusation étant prononcée, la chambre des représentans nomme cinq commissaires pris dans son sein, pour poursuivre l'accusation devant la chambre des pairs.

50. L'article 75 du titre VIII de l'acte constitutionnel du 22 frimaire an 8, portant que les agens du gouvernement ne peuvent être poursuivis qu'en vertu d'une décision du conseil d'Etat sera modifié par une loi.

TITRE V.

Du Pouvoir judiciaire.

51. L'empereur nomme tous les juges. Ils sont inamovibles et à vie dès l'instant de leur nomination, sauf la nomination des juges de paix et des juges de commerce, qui aura lieu comme par le passé. Les juges actuels nommés par l'empereur, aux termes du sénatus-consulte du 12 octobre 1807, et qu'il jugera convenable de conserver, recevront des provisions à vie avant le 1er janvier prochain.

52. L'institution des jurés est maintenue.

53. Les débats en matière criminelle sont publics.

54. Les délits militaires seuls sont du ressort des tribunaux militaires.

55. Tous les autres délits, même commis par des militaires, sont de la compétence des tribunaux civils.

56. Tous les crimes et délits qui étaient attribués à la haute cour impériale, et dont le jugement n'est pas réservé par le présent acte à la chambre des pairs, seront portés devant les tribunaux ordinaires.

57. L'empereur a le droit de faire grâce, même en matière correctionnelle, et d'accorder des amnisties.

58. Les interprétations des lois, demandées par la cour de cassation, seront données dans la forme d'une loi.

TITRE VI.

Droit des Citoyens.

59. Les Français sont égaux devant la loi, soit pour la contribution aux impôts et charges publiques, soit pour l'admission aux emplois civils et militaires.

60. Nul ne peut, sous aucun prétexte, être distrait des juges qui lui sont assignés par la loi.

61. Nul ne peut être poursuivi, arrêté, détenu ni exilé que dans les cas prévus par la loi, et suivant les formes prescrites.

62. La liberté des cultes est garantie à tous.

63. Toutes les propriétés possédées ou acquises en vertu des lois, et toutes les créances sur l'Etat sont inviolables.

64. Tout citoyen a le droit d'imprimer et de publier ses pensées, en les signant, sans aucune censure préalable, sauf la responsabilité légale, après la publication, par jugement par

jurés, quand même il n'y aurait lieu qu'à l'application d'une peine correctionnelle.

65. Le droit de pétition est assuré à tous les citoyens. Toute pétition est individuelle. Ces pétitions peuvent être adressées, soit au gouvernement, soit aux deux chambres; néanmoins ces dernières mêmes doivent porter l'intitulé : *A S. M. l'Empereur*. Elles seront présentées aux chambres sous la garantie d'un membre qui recommande la pétition. Elles sont lues publiquement; et si la chambre les prend en considération, elles sont portées à l'empereur par le président.

66. Aucune place, aucune partie du territoire ne peut être déclarée en état de siége que dans le cas d'invasion de la part d'une force étrangère ou de troubles civils.

Dans le premier cas, la déclaration est faite par un acte du gouvernement.

Dans le second cas, elle ne peut l'être que par la loi. Toutefois, si, le cas arrivant, les chambres ne sont pas assemblées, l'acte du gouvernement déclarant l'état de siége doit être converti en une proposition de loi dans les quinze premiers jours de la réunion des chambres.

67. Le peuple français déclare en outre que, dans la délégation qu'il a faite et qu'il fait de ses pouvoirs, il n'a pas entendu et n'entend pas donner le droit de proposer le rétablissement des Bourbons ou d'aucun prince de cette famille sur le trône, même en cas d'extinction de la dynastie impériale, ni le droit de rétablir soit l'ancienne noblesse féodale, soit les droits féodaux et seigneuriaux, soit les dîmes, soit aucun culte privilégié et dominant, ni la faculté de porter aucune atteinte à l'irrévocabilité de la vente des domaines nationaux; il interdit formellement au gouvernement, aux chambres et aux citoyens toute proposition à cet égard.

NAPOLÉON.

Acte pour régler le nombre de Députés pour représenter la Propriété et l'Industrie commerciale et manufacturière.

22 avril 1815.

ART. 1. Pour l'exécution de l'art. 33 de l'acte des constitutions, relatif à la représentation de l'industrie et de la propriété commerciale et manufacturière, la France sera divisée en treize arrondissemens (1).

(1) Chefs-lieux d'arrondissemens commerciaux : Lille, Rouen, Nantes,

2. Il sera nommé, pour tous les arrondissemens, vingt-trois députés, choisis, 1° parmi les négocians, armateurs ou banquiers; 2° parmi les manufacturiers ou fabricans (1).

3. Les députés seront nommés au chef-lieu, et par les électeurs du département (2).

4. Les députés seront pris nécessairement sur une liste d'éligibles formée par les membres réunis des chambres de commerce et des chambres consultatives de commerce de tout l'arrondissement commercial, lesquels nommeront, au scrutin et à la majorité, un président, un vice-président et un secrétaire.

5. L'assemblée, chargée de la formation de cette liste, y portera les commerçans qui se sont le plus distingués par leur probité et leurs talens, et qui payent le plus de contributions, qui font les opérations les plus considérables en France ou à l'étranger, ou qui emploient le plus d'ouvriers, et en les distinguant par la nature des opérations commerciales auxquels ils se livrent.

6. Cette liste sera de soixante pour chaque arrondissement commercial, et de cent-vingt pour l'arrondissement de Paris. Il y aura sur chacune au moins un tiers de manufacturiers et un tiers de négocians.

7. Elle sera renouvelée en entier, tous les cinq ans, à la fin de chaque législature, ou en cas de dissolution de la chambre des représentans.

8. Le présent acte sera joint à l'acte additionnel aux constitutions en date de ce jour.

Bordeaux, Toulouse, Nîmes, Marseille, Lyon, Strasbourg, Troyes, Paris, Orléans, Tours, comprenant les 87 départemens.

(1) Au nombre de onze députés parmi les premiers, et de douze parmi les seconds.

(2) Dans les treize villes, chefs-lieux d'arrondissemens commerciaux, dénommées dans la note de la page précédente.

Par suite du désastre de Leipsick, les armées coalisées avaient mis le pied sur le sol de la France; les ministres des cours étrangères avaient signé, le 1er mars 1814, à Chaumont, un traité de ligue, dans le but de forcer la France à souscrire à une paix qui assurât l'indépendance de l'Europe; les bataillons étrangers s'approchaient tous les jours de la Capitale. Enfin, le 30e mars, les hauteurs de Paris furent attaquées; et le lendemain une capitulation livra la ville aux souverains alliés.

Le 1er avril, le sénat nomma un gouvernement provisoire, et le conseil général du département de la Seine publia, conjointement avec le conseil municipal de Paris, une proclamation, dans laquelle il déclarait qu'il s'affranchissait de toute obéissance envers Napoléon, et manifestait le vœu de voir le rétablissement du gouvernement monarchique dans la personne de Louis XVIII.

Le 3, un décret du sénat prononça la déchéance de l'empereur, abolit le droit d'hérédité établi dans sa famille, et délia de leur serment les Français qui l'avaient prêté.

Tout cela avait lieu pendant que Napoléon, peu instruit de ce qui se passait à Paris, abdiquait à Fontainebleau en faveur de son fils; mais il apprit peu après les mesures prises envers toute sa famille; et, après avoir refusé naguères une paix avantageuse, il consentit à profiter de la dernière grâce qui lui fut accordée.

Cependant l'empereur de Russie avait, dans une proclamation, invité le sénat à travailler à une constitution, dont *la France ne pouvait plus se passer* (1). Cette constitution, rédigée à la hâte, fut présentée par le gouvernement provisoire à l'acceptation du sénat le 6 avril.

Par cet acte, la dynastie des Bourbons était *rétablie*; mais le roi ne devait être *proclamé* qu'après avoir prêté, par écrit, le serment constitutionnel.

D'ailleurs la constitution du sénat reposait à peu près sur les mêmes bases générales que celles de 1791; elle portait, en substance, que le peuple français appelait librement au trône *Louis-Stanislas-Xavier de France,* frère du dernier roi; l'inviolabilité de la personne royale; la liberté des cultes, la liberté de la presse étaient reconnues; la dette publique, la vente des biens nationaux

(1) *Voyez* le Moniteur du 31 mars 1814.

garantis; la confiscation abolie; la noblesse ancienne et nouvelle conservées.

Le pouvoir législatif résidait dans deux chambres et dans le monarque, qui concourait avec elles, et avait la *sanction* : l'initiative appartenait également aux trois branches du pouvoir législatif. Il suffisait d'avoir vingt-cinq ans pour siéger dans l'une et l'autre chambres; la dignité de sénateur était inamovible et héréditaire de mâle en mâle, par ordre de primogéniture; la dotation du sénat appartenait aux sénateurs, et les revenus passaient à leurs successeurs.

Des articles transitoires réglaient des intérêts particuliers : c'est ainsi que les grades, honneurs et pensions des militaires étaient garantis; qu'aucun Français ne pouvait être recherché ni pour les opinions ni pour les votes qu'il avait pu émettre; principes également consacrés par la charte.

La constitution décrétée par le sénat n'eut aucune suite. Par la déclaration royale de Saint-Ouen, publiée le 2 mai, le roi donna aux Français l'assurance de consigner dans un acte solennel les règles de leurs droits; des commissaires du sénat et du corps législatif durent travailler à sa rédaction; enfin, au commencement du mois suivant, eut lieu la séance royale, qui commença la session des chambres. La charte constitutionnelle fut lue dans l'assemblée; les pairs et les députés jurèrent *fidélité au roi et aux lois du royaume*. L'empire de la charte fut établi.

Décret du sénat, qui défère le gouvernement provisoire de la France à S. A. R. Mgr le comte d'Artois, sous le titre de Lieutenant-général du royaume.

Paris, le 14 avril 1814.

Le sénat, délibérant sur la proposition du gouvernement provisoire, après avoir entendu le rapport d'une commission spéciale de sept membres,

DÉCRÈTE ce qui suit :

Le sénat défère le gouvernement provisoire de la France à S. A. R. Mgr le comte d'Artois, sous le titre de Lieutenant-général du royaume, en attendant que LOUIS-STANISLAS-XAVIER DE FRANCE, appelé au trône des Français, ait accepté la charte constitutionnelle.

Le sénat arrête que le décret de ce jour, concernant le gouvernement provisoire de la France, sera présenté ce soir, par le sénat en corps, à S. A. R. Mgr le comte d'Artois.

Réponse de S. A. R. Mgr le comte d'Artois au decret du sénat.

14 avril 1814.

J'ai pris connaissance de l'acte constitutionnel qui rappelle au trône de France le roi, mon auguste frère. Je n'ai point reçu de lui le pouvoir d'accepter la constitution ; mais je connais ses sentimens et ses principes, et je ne crains pas d'être désavoué en assurant, en son nom, qu'il en admettra les bases.

Le roi, en déclarant qu'il maintiendrait la forme actuelle du gouvernement, a donc reconnu que la monarchie devait être pondérée par un gouvernement représentatif divisé en deux chambres : ces deux chambres sont le sénat et la chambre des députés des départemens ; que l'impôt sera librement consenti par les représentans de la nation ; la liberté publique et individuelle assurée ; la liberté de la presse respectée, sauf les restrictions nécessaires à l'ordre et à la tranquillité publique ; la liberté des cultes garantie ; que les propriétés seront inviolables et sacrées ; les ministres responsables, pouvant être accusés et poursuivis par les représentans de la nation ; que les juges seront inamovibles ; le pouvoir judiciaire indépendant, nul ne pouvant être distrait de ses juges naturels ; que la dette publique sera garantie ; les pensions, grades, honneurs militaires seront conservés, ainsi que l'ancienne et la nouvelle noblesse ; la légion d'honneur maintenue. Le roi en déterminera la décoration ; que tout Français sera admissible aux emplois civils et militaires ; qu'aucun individu ne pourra être inquiété pour ses opinions et votes, et que la vente des biens nationaux sera irrévocable. Voilà, ce me semble, Messieurs, les bases essentielles et nécessaires pour consacrer tous les droits, tracer tous les devoirs, assurer toutes les existences, et garantir notre avenir.

Je vous remercie, au nom du roi mon frère, de la part que vous avez eue au retour de notre souverain légitime, et de ce que vous avez assuré par là le bonheur de la France, pour lequel le roi et toute sa famille sont prêts à sacrifier leur sang. Il ne peut plus y avoir, parmi nous, qu'un sentiment ; il ne faut plus se rappeler le passé ; nous ne devons plus former qu'un peuple de frères. Pendant le temps que j'aurai entre les mains le pouvoir, temps qui, je je l'espère, sera très-court, j'emploierai tous mes moyens à travailler au bonheur public.

Déclaration du Roi, du 2 mai 1814.

Louis, par la grâce de Dieu, roi de France et de Navarre; à tous ceux qui ces présentes verront; SALUT.

Rappelé par l'amour de notre peuple au trône de nos pères, éclairés par les malheurs de la nation que nous sommes destinés à gouverner, notre première pensée est d'invoquer cette confiance mutuelle, si nécessaire à notre repos, à son bonheur.

Après avoir lu attentivement le plan de constitution proposé par le sénat dans sa séance du 6 avril dernier, nous avons reconnu que les bases en étaient bonnes, mais qu'un grand nombre d'articles portant l'empreinte de la précipitation avec laquelle ils ont été rédigés, ils ne peuvent, dans leur forme actuelle, devenir loi fondamentale de l'Etat.

Résolu d'adopter une constitution libérale, nous voulons qu'elle soit sagement combinée; et, ne pouvant en accepter une qu'il est indispensable de rectifier, nous convoquons, pour le 10 du mois de juin de la présente année, le sénat et le corps législatif, nous engageant à mettre sous leurs yeux le travail que nous aurons fait avec une commission choisie dans le sein de ces deux corps, et à donner pour bases, à cette constitution, les garanties suivantes :

Le gouvernement représentatif sera maintenu tel qu'il existe aujourd'hui, divisé en deux corps, savoir : le sénat et la chambre composée des députés des départemens.

L'impôt sera librement consenti;

La liberté publique et individuelle assurée;

La liberté de la presse respectée, sauf les précautions nécessaires à la tranquillité publique;

La liberté des cultes garantie;

Les propriétés seront inviolables et sacrées; la vente des biens nationaux sera irrévocable;

Les ministres, responsables, pourront être poursuivis par une des chambres législatives, et jugés par l'autre;

Les juges seront inamovibles, et le pouvoir judiciaire indépendant;

La dette publique sera garantie; les pensions, grades, honneurs militaires seront conservés, ainsi que l'ancienne et la nouvelle noblesse;

La légion d'honneur, dont nous déterminerons la décoration, sera maintenue;

Tout Français sera admissible aux emplois civils et militaires;

Enfin, nul individu ne pourra être inquiété pour ses opinions et ses votes.

Fait à Saint-Ouen, le 2 mai 1814.

Signé Louis.

CHARTE CONSTITUTIONNELLE.

4 juin 1814.

Louis, par la grâce de Dieu, roi de France et de Navarre,
A tous ceux qui ces présentes verront, SALUT.

La divine Providence, en nous rappelant dans nos Etats après une longue absence, nous a imposé de grandes obligations. La paix était le premier besoin de nos sujets; nous nous en sommes occupés sans relâche; et cette paix, si nécessaire à la France comme au reste de l'Europe, est signée. Une charte constitutionnelle était sollicitée par l'état actuel du royaume; nous l'avons promise, et nous la publions. Nous avons considéré que, bien que l'autorité toute entière résidât en France dans la personne du roi, nos prédécesseurs n'avaient point hésité à en modifier l'exercice, suivant la différence des temps; que c'est ainsi que les communes ont dû leur affranchissement à Louis-le-Gros, la confirmation et l'extension de leurs droits à saint Louis et à Philippe-le-Bel; que l'ordre judiciaire a été établi et développé par les lois de Louis XI, de Henri II et de Charles IX; enfin, que Louis XIV a réglé presque toutes les parties de l'administration publique par différentes ordonnances dont rien encore n'avait surpassé la sagesse.

Nous avons dû, à l'exemple des rois nos prédécesseurs, apprécier les effets des progrès toujours croissans des lumières, les rapports nouveaux que ces progrès ont introduits dans la société, la direction imprimée aux esprits depuis un demi-siècle, et les graves altérations qui en sont résultées : nous avons reconnu que le vœu de nos sujets pour une charte constitutionnelle était l'expression d'un besoin réel; mais, en cédant à ce vœu, nous avons pris toutes les précautions pour que cette charte fût digne de nous et du peuple auquel nous sommes fiers de commander. Des hommes sages, pris dans les premiers corps de l'Etat, se sont réunis à des commissaires de notre conseil pour travailler à cet important ouvrage.

En même temps que nous reconnaissions qu'une constitution libre et monarchique devait remplir l'attente de l'Europe éclairée, nous avons dû nous souvenir aussi que notre premier devoir envers nos peuples était de conserver, pour leur propre intérêt, les droits et les prérogatives de notre couronne. Nous avons espéré qu'instruits par l'expérience, ils seraient convaincus que l'autorité suprême peut seule donner aux institutions qu'elle établit la force, la permanence et la majesté dont elle est elle-même revêtue; qu'ainsi, lorsque la sagesse des rois s'accorde librement avec le vœu des peuples, une charte constitutionnelle peut être de longue durée; mais que, quand la violence arrache des concessions à la faiblesse du gouvernement, la liberté publique n'est pas moins en danger que le trône même. Nous avons enfin cherché les principes de la charte constitutionnelle dans le caractère français et dans les monumens vénérables des siècles passés. Ainsi nous avons vu, dans le renouvellement de la pairie, une institution vraiment nationale, et qui doit lier tous les souvenirs à toutes les espérances, en réunissant les temps anciens et les temps modernes.

Nous avons remplacé, par la chambre des députés, ces anciennes assemblées des Champs-de-Mars et de Mai, et ces chambres du tiers-état, qui ont si souvent donné tout à la fois des preuves de zèle pour les intérêts du peuple, de fidélité et de respect pour l'autorité des rois. En cherchant ainsi à renouer la chaîne des temps, que de funestes écarts avaient interrompue, nous avons effacé de notre souvenir, comme nous voudrions qu'on pût les effacer de l'histoire, tous les maux qui ont affligé la patrie durant notre absence. Heureux de nous retrouver au sein de la grande famille, nous n'avons su répondre à l'amour dont nous recevons tant de témoignages qu'en prononçant des paroles de paix et de consolation. Le vœu le plus cher à notre cœur, c'est que tous les Français vivent en frères, et que jamais aucun souvenir amer ne trouble la sécurité qui doit suivre l'acte solennel que nous leur accordons aujourd'hui.

Sûrs de nos intentions, forts de notre conscience, nous nous engageons, devant l'assemblée qui nous écoute, à être fidèles à cette charte constitutionnelle, nous réservant d'en jurer le maintien, avec une nouvelle solennité, devant les autels de celui qui pèse dans la même balance les rois et les nations.

A ces causes,

Nous avons volontairement, et par le libre exercice de

notre autorité royale, accordé et accordons, fait concession et octroi à nos sujets, tant pour nous que pour nos successeurs, et à toujours, de la charte constitutionnelle qui suit :

Droit public des Français.

Art 1er Les Français sont égaux devant la loi, quels que soient d'ailleurs leurs titres et leurs rangs.

2. Ils contribuent indistinctement, dans la proportion de leur fortune, aux charges de l'Etat.

3. Ils sont tous également admissibles aux emplois civils et militaires.

4. Leur liberté individuelle est également garantie, personne ne pouvant être poursuivi ni arrêté que dans les cas prévus par la loi, et dans la forme qu'elle prescrit.

5. Chacun professe sa religion avec une égale liberté, et obtient pour son culte la même protection.

6. Cependant la religion catholique, apostolique et romaine, est la religion de l'Etat.

7. Les ministres de la religion catholique, apostolique et romaine, et ceux des autres cultes chrétiens, reçoivent seuls des traitemens du trésor royal.

8. Les Français ont le droit de publier et de faire imprimer leurs opinions, en se conformant aux lois qui doivent réprimer les abus de cette liberté.

9. Toutes les propriétés sont inviolables, sans aucune exception de celles qu'on appelle *nationales*, la loi ne mettant aucune différence entre elles.

10. L'état peut exiger le sacrifice d'une propriété, pour cause d'intérêt public légalement constaté, mais avec une indemnité préalable.

11. Toutes recherches des opinions et votes émis jusques à la restauration sont interdites. Le même oubli est commandé aux tribunaux et aux citoyens.

13. La conscription est abolie. Le mode de recrutement de l'armée de terre et de mer est déterminé par une loi.

Formes du Gouvernement du Roi.

13. La personne du roi est inviolable et sacrée. Ses ministres sont responsables. Au roi seul appartient la puissance exécutive.

14. Le roi est le chef suprême de l'Etat, commande les forces de terre et de mer, déclare la guerre, fait les traités de

paix, d'alliance et de commerce, nomme à tous les emplois d'administration publique, et fait les réglemens et ordonnances nécessaires pour l'exécution des lois et la sûreté de l'Etat.

15. La puissance législative s'exerce collectivement par le roi, la chambre des pairs, et la chambre des députés des départemens.

16. Le roi propose la loi.

17. La proposition de la loi est portée, au gré du roi, à la chambre des pairs ou à celle des députés, excepté la loi de l'impôt, qui doit être adressée d'abord à la chambre des députés.

18. Toute loi doit être discutée et votée librement par la majorité de chacune des deux chambres.

19. Les chambres ont la faculté de supplier le roi de proposer une loi sur quelque objet que ce soit, et d'indiquer ce qui leur paraît convenable que la loi contienne.

20. Cette demande pourra être faite par chacune des deux chambres, mais après avoir été discutée en comité secret : elle ne sera envoyée à l'autre chambre, par celle qui l'aura proposée, qu'après un délai de dix jours.

21. Si la proposition est adoptée par l'autre chambre, elle sera mise sous les yeux du roi; si elle est rejetée, elle ne pourra être représentée dans la même session.

22. Le roi seul sanctionne et promulgue les lois.

23. La liste civile est fixée pour toute la durée du règne, par la première législature assemblée depuis l'avènement du roi.

De la Chambre des Pairs.

24. La chambre des pairs est une portion essentielle de la puissance législative.

25. Elle est convoquée par le roi en même temps que la chambre des députés des départemens. La session de l'une commence et finit en même temps que celle de l'autre.

26. Toute assemblée de la chambre des pairs, qui serait tenue hors du temps de la session de la chambre des députés, ou qui ne serait pas ordonnée par le roi, est illicite et nulle de plein droit.

27. La nomination des pairs de France appartient au roi. Leur nombre est illimité : il peut en varier les dignités, les nommer à vie ou les rendre héréditaires, selon sa volonté (1).

---

(1) Nous devons rappeler ici l'ordonnance du roi du 19 août 1815, portant : Art. 1er La dignité de pair est et demeurera héréditaire de mâle en mâle,

28. Les pairs ont entrée dans la chambre à vingt-cinq ans, et voix délibérative à trente ans seulement.

29. La chambre des pairs est présidée par le chancelier de France, et, en son absence, par un pair nommé par le roi.

30. Les membres de la famille royale et les princes du sang sont pairs par le droit de leur naissance. Ils siégent immédiatement après le président; mais ils n'ont voix délibérative qu'à vingt-cinq ans.

31. Les princes ne peuvent prendre séance à la chambre que de l'ordre du roi, exprimé, pour chaque session, par un message, à peine de nullité de tout ce qui aurait été fait en leur présence.

32. Toutes les délibérations de la chambre des pairs sont secrètes.

33. La chambre des pairs connaît des crimes de haute trahison et des attentats à la sûreté de l'Etat, qui seront définis par la loi.

34. Aucun pair ne peut être arrêté que de l'autorité de la chambre, et jugé que par elle en matière criminelle.

De la Chambre des Députés des départemens.

35. La chambre des députés sera composée des députés élus par les colléges électoraux dont l'organisation sera déterminée par des lois.

36. Chaque département aura le même nombre de députés qu'il a eu jusqu'à présent.

37. Les députés seront élus pour cinq ans, et de manière que la chambre soit renouvelée, chaque année, par cinquième.

38. Aucun député ne peut être admis dans la chambre, s'il n'est âgé de quarante ans; et s'il ne paie une contribution directe de mille francs.

39. Si néanmoins il ne se trouvait pas dans le département cinquante personnes de l'âge indiqué, payant au moins mille francs de contributions directes, leur nombre sera complété

---

par ordre de primogéniture dans la famille des pairs qui composent actuellement notre chambre des pairs.

2. La même prérogative est accordée aux pairs que nous nommerons à l'avenir.

40. Les électeurs qui concourent à la nomination des députés, ne peuvent avoir droit de suffrage, s'ils ne paient une contribution directe de trois cents francs, et s'ils ont moins de trente ans.

par les plus imposés au-dessous de mille francs; et ceux-ci pourront être élus concurremment avec les premiers.

41. Les présidens des colléges électoraux seront nommés par le roi, et de droit membres du collége.

42. La moitié au moins des députés sera choisie parmi des éligibles qui ont leur domicile politique dans le département.

43. Le président de la chambre des députés est nommé par le roi, sur une liste de cinq membres présentée par la chambre.

44. Les séances de la chambre sont publiques; mais la demande de cinq membres suffit pour qu'elle se forme en comité secret.

45. La chambre se partage en bureaux pour discuter les projets qui lui ont été présentés de la part du roi.

46. Aucun amendement ne peut être fait à une loi, s'il n'a été proposé ou consenti par le roi, et s'il n'a été renvoyé et discuté dans les bureaux.

47. La chambre des députés reçoit toutes les propositions d'impôts : ce n'est qu'après que ces propositions ont eté admises, qu'elles peuvent être portées à la chambre des pairs.

48. Aucun impôt ne peut être établi ni perçu, s'il n'a été consenti par les deux chambres et sanctionné par le roi.

49. L'impôt foncier n'est consenti que pour un an. Les impositions indirectes peuvent l'être pour plusieurs années.

50. Le roi convoque chaque année les deux chambres : il les proroge, et peut dissoudre celle des députés des départemens; mais, dans ce cas, il doit en convoquer une nouvelle dans le délai de trois mois.

51. Aucune contrainte par corps ne peut être exercée contre un membre de la chambre, durant la session, et dans les six semaines qui l'auront précédée ou suivie.

52. Aucun membre de la chambre ne peut, pendant la durée de la session, être poursuivi ni arrêté en matière criminelle, sauf le cas de flagrant délit, qu'après que la chambre a permis sa poursuite.

53. Toute pétition à l'une ou à l'autre des chambres ne peut être faite et présentée que par écrit. La loi interdit d'en apporter en personne et à la barre.

Des Ministres.

54. Les ministres peuvent être membres de la chambre des pairs, ou de la chambre des députés. Ils ont en outre leur entrée dans l'une ou l'autre chambre, et doivent être entendus quand ils le demandent.

55. La chambre des députés a le droit d'accuser les ministres, et de les traduire devant la chambre des pairs, qui seule a celui de les juger.

56. Ils ne peuvent être accusés que pour fait de trahison ou de concussion. Des lois particulières spécifieront cette nature de délits, et en détermineront la poursuite.

De l'Ordre judiciaire.

57. Toute justice émane du roi. Elle s'administre en son nom par des juges qu'il nomme et qu'il institue.

58. Les juges nommés par le roi sont inamovibles.

59. Les cours et tribunaux ordinaires, actuellement existans, sont maintenus. Il n'y sera rien changé qu'en vertu d'une loi.

60. L'institution actuelle des juges de commerce est conservée.

61. La justice de paix est également conservée. Les juges de paix, quoique nommés par le roi, ne sont point inamovibles.

62. Nul ne pourra être distrait de ses juges naturels.

63. Il ne pourra, en conséquence, être créé de commissions et tribunaux extraordinaires. Ne sont pas comprises sous cette dénomination, les juridictions prévôtales, si leur rétablissement est jugé nécessaire.

64. Les débats seront publics en matière criminelle à moins que cette publicité ne soit dangereuse pour l'ordre et les mœurs; et, dans ce cas, le tribunal le déclare par un jugement.

L'institution des Jurés est conservée. Les changements qu'une plus longue expérience ferait juger nécessaires, ne peuvent être effectués que par une loi (1).

66. La peine de la confiscation des biens est abolie, et ne pourra pas être rétablie.

67. Le roi a le droit de faire grâce et celui de commuer les peines.

---

(1) *Voyez* liv. II, tit. II, chap. 4, et spécialement chap. 5 du Code d'instruction criminelle.

68. Le code civil et les lois actuellement existantes qui ne sont pas contraires à la présente Charte, restent en vigueur jusqu'à ce qu'il y soit légalement dérogé.

Droits particuliers garantis par l'État.

69. Les militaires en activité de service, les officiers et soldats en retraite, les veuves, les officiers et soldats pensionnés conserveront leurs grades, honneurs et pensions.

70. La dette publique est garantie. Toute espèce d'engagement pris par l'État avec ses créanciers est inviolable.

71. La noblesse ancienne reprend ses titres. La nouvelle conserve les siens. Le roi fait des nobles à volonté; mais il ne leur accorde que des rangs et des honneurs, sans aucune exemption des charges et des devoirs de la société.

La Légion d'honneur est maintenue. Le roi déterminera les réglements intérieurs et la décoration.

73. Les colonies seront régies par des lois et des réglements particuliers.

74. Le roi et ses successeurs jureront, dans la solennité de leur sacre, d'observer fidèlement la présente Charte constitutionnelle.

Articles transitoires.

75. Les députés des départements de France qui siégeaient au corps-législatif, lors du dernier ajournement, continueront de siéger à la chambre des députés jusqu'à remplacement.

76. Le premier renouvellement d'un cinquième de la chambre des députés aura lieu, au plus tard, en l'année 1816, suivant l'ordre établi entre les séries.

Nous Ordonnons que la présente Charte constitutionnelle, mise sous les yeux du sénat et du corps-législatif, conformément à notre proclamation du 2 mai, sera envoyée incontinent à la chambre des pairs et à celle des députés.

Donné à Paris, l'an de grâce dix-huit cent quatorze, et de notre règne le dix-neuvième.

Signé LOUIS.

Et plus bas, l'abbé DE MONTESQUIOU.

LOIS ORGANIQUES.

ÉLECTIONS (1).

Loi du 5 février 1820.

ART. 1er. Tout Français jouissant des droits civils et politiques, âgé de trente ans accomplis, et payant 300 francs de contributions directes, est appelé à concourir à l'élection des députés du département où il a son domicile politique.

2. Pour former la masse des contributions nécessaires à la qualité d'électeur ou d'éligible, on comptera à chaque Français les contributions directes qu'il paie dans tout le royaume;

Au mari, celles de sa femme, même non commune en biens; et au père, celles des biens de ses enfans mineurs, dont il aura la jouissance.

3. Le domicile politique de tout Français est dans le département où il a son domicile réel. Néanmoins il pourra le transférer dans tout autre département où il paiera des contributions directes, à la charge par lui d'en faire, six mois d'avance, une déclaration expresse devant le préfet du département où il aura son domicile politique actuel, et devant le préfet du département où il voudra le transférer.

La translation du domicile réel ou politique ne donnera l'exercice du droit politique, relativement à l'élection des députés, qu'à celui qui, dans les quatre ans antérieurs, ne l'aura point exercé dans un autre département. Cette exception n'a pas lieu dans le cas de dissolution de la chambre.

4. Nul ne peut exercer les droits d'électeur dans deux départemens.

5. Le préfet dressera, dans chaque département, la liste des électeurs, qui sera imprimée et affichée.

Il statuera provisoirement, en conseil de préfecture, sur les réclamations qui s'élèveraient contre la teneur de cette liste, sans préjudice du recours de droit, lequel ne pourra néanmoins suspendre les élections.

6. Les difficultés relatives à la jouissance des droits civils ou politiques du réclamant, seront définitivement jugées par les cours royales : celles qui concerneraient ses contributions ou son domicile politique, le seront par le conseil d'Etat.

(1) *Voyez* l'art. 35 de la Charte.

7. Il n'y a, dans chaque département, qu'un seul collége électoral : il est composé de tous les électeurs du département dont il nomme directement les députés à la chambre.

8. Les colléges électoraux sont convoqués par le roi : ils se réunissent au chef-lieu du département, ou dans telle autre ville du département que le roi désigne. Ils ne peuvent s'occuper d'autres objets que de l'élection des députés ; toute discussion, toute délibération leur sont interdites.

9. Les électeurs se réunissent en une seule assemblée, dans les départemens où leur nombre n'excède pas six cents.

Dans ceux où il y en a plus de six cents, le collége électoral est divisé en sections, dont chacune ne peut être moindre de trois cents électeurs.

Chaque section concourt directement à la nomination de tous les députés que le collége électoral doit élire.

10. Le bureau de chaque collége électoral se compose d'un président nommé par le roi, de quatre scrutateurs et d'un secrétaire.

Les quatre scrutateurs et le secrétaire sont nommés par le collége, à un seul tour de scrutin de liste pour les scrutateurs, et individuel pour le secrétaire, à la pluralité des voix.

Dans les colléges électoraux qui se divisent en sections, le bureau ainsi formé est attaché à la première section du collége.

Le bureau de chacune des autres sections se compose d'un vice-président nommé par le roi, de quatre scrutateurs et d'un secrétaire choisis de la manière ci-dessus prescrite.

A l'ouverture du collége et sections de collége, le président et les vice-présidens nomment le bureau provisoire, composé de quatre scutrateurs et d'un secrétaire.

11. Le président et les vice-présidens ont seuls la police du collége électoral ou des sections de collége qu'ils président.

Il y aura toujours présens dans chaque bureau, trois au moins des membres qui en font partie.

Le bureau juge provisoirement toutes les difficultés qui s'élèvent sur les opérations du collége ou de la section, sauf la décision définitive de la chambre des députés.

12. La session des colléges est de dix jours au plus. Chaque séance s'ouvre à huit heures du matin : il ne peut y en avoir qu'une par jour, qui est close après le dépouillement du scrutin.

13. Les électeurs votent par bulletin de liste, contenant, à chaque tour de scrutin, autant de noms qu'il y a de nominations à faire.

Le nom, la qualification, le domicile de chaque électeur qui déposera son bulletin, seront inscrits, par le secrétaire ou l'un des scrutateurs présens, sur une liste destinée à constater le nombre des votans.

Celui des membres du bureau qui aura inscrit le nom, la qualification, le domicile de l'électeur, inscrira en marge son propre nom.

Il n'y a que trois tours de scrutin.

Chaque scrutin est, après être resté ouvert au moins pendant six heures, clos à trois heures du soir et dépouillé séance tenante.

L'état de dépouillement du scrutin de chaque section est arrêté et signé par le bureau. Il est immédiatement porté par le vice-président au bureau du collége, qui fait en présence des vice-présidens de toutes les sections, le recensement général des votes.

Le résultat de chaque tour de scrutin est sur-le-champ rendu public.

14. Nul n'est élu à l'un des deux premiers tours de scrutin, s'il ne réunit au moins le quart plus une des voix de la totalité des membres qui composent le collége, et la moitié plus un des suffrages exprimés.

15. Après les deux premiers tours de scrutin, s'il reste des nominations à faire, le bureau du collége dresse et arrête une liste des personnes qui, au second tour, ont obtenu le plus de suffrages.

Elle contient deux fois autant de noms qu'il y a encore de députés à élire.

Les suffrages, au troisième tour de scrutin, ne peuvent être donnés qu'à ceux dont les noms sont portés sur cette liste.

Les nominations ont lieu à la pluralité des votes exprimés.

16. Dans tous les cas où il y aura concours par égalité de suffrages, l'âge décidera de la préférence.

17. Les préfets et les officiers généraux commandant les divisions militaires et les départemens ne peuvent être élus députés dans les départemens où ils exercent leurs fonctions.

18. Lorsque, pendant la durée ou dans l'intervalle des sessions des chambres, la députation d'un département devient incomplète, elle est complétée par le collége électoral du département auquel elle appartient.

19. Les députés à la chambre ne reçoivent ni traitemens ni indemnités.

20. Les lois, décrets et réglemens sur le mode des élections antérieurs à la présente loi sont abrogés.

21. Toutes les formalités relatives à l'exécution de la présente loi seront réglées par des ordonnances du roi.

Loi du 25 *mars* 1818.

Art. 1. Nul ne pourra être membre de la chambre des députés, si au jour de son élection il n'est âgé de quarante ans accomplis et ne paie mille francs de contribution directe, sauf le cas prévu par l'art. 39 de la charte.

2. Le député élu par plusieurs départemens, sera tenu de déclarer son option à la chambre, dans le mois de l'ouverture de la première session qui suivra la double élection ; et, à défaut d'option dans ce délai, il sera décidé, par la voie du sort, à quel département ce député appartiendra.

Loi du 29 *juin* 1820.

Art. 1. Il y a dans chaque département un collége électoral de département et des colléges électoraux d'arrondissement.

Néanmoins tous les électeurs se réuniront en un seul collége dans les départemens qui n'avaient, à l'époque du 5 février 1817, qu'un député à nommer; dans ceux où le nombre des électeurs n'excède pas trois cents, et dans ceux qui, divisés en cinq arrondissemens de sous-préfecture, n'auront pas au-delà de quatre cents électeurs.

2. Les colléges de département sont composés des électeurs les plus imposés, en nombre égal au quart de la totalité des électeurs du département.

Les colléges de département nomment cent soixante-douze nouveaux députés, conformément au tableau annexé à la présente loi. Ils procéderont à cette nomination pour la session de 1820.

La nomination des deux cent cinquante-huit députés actuels est attribuée aux colléges d'arrondissemens électoraux à former dans chaque département en vertu de l'article 1er, sauf les exceptions portées au paragraphe 2 du même article.

Ces colléges nomment chacun un député. Ils sont composés de tous les électeurs ayant leur domicile politique dans l'une des communes comprises dans la circonscription de chaque arrondissement électoral. Cette circonscription sera provisoirement déterminée, pour chaque département, sur l'avis du conseil général, par des ordonnances du roi, qui seront soumises à l'approbation législative dans la prochaine session.

Le cinquième des députés actuels qui doit être renouvelé, sera nommé par les colléges d'arrondissement.

Pour les sessions suivantes, les départemens qui auront à renouveler leur députation, la nommeront en entier d'après les bases établies par le présent article.

3. La liste des électeurs de chaque collége sera imprimée et affichée un mois avant l'ouverture des colléges électoraux. Cette liste contiendra la quotité et l'espèce des contributions de chaque électeur, avec l'indication des départemens où elles sont payées.

4. Les contributions directes ne seront comptées, pour être électeur ou éligible, que lorsque la propriété foncière aura été possédée, la location faite, la patente prise et l'industrie sujette à patente exercée une année avant l'époque de la convocation du collége électoral. Ceux qui ont des droits acquis avant la publication de la présente loi, et le possesseur à titre successif, sont seuls exceptés de cette condition.

5. Les contributions foncières payées par une veuve sont comptées à celui de ses fils, à défaut de fils à celui de ses petits-fils, et, à défaut de fils et petits-fils, à celui de ses gendres qu'elle désigne.

6. Pour procéder à l'élection des députés, chaque électeur écrit secrètement son vote sur le bureau, ou l'y fait écrire par un autre électeur de son choix, sur un bulletin, qu'il reçoit à cet effet, du président; il remet son bulletin écrit et fermé, au président, qui le dépose dans l'urne destinée à cet usage.

7. Nul ne peut être élu député aux deux premiers tours de scrutin, s'il ne réunit au moins le tiers plus une des voix de la totalité des membres qui composent le collége, et la moitié plus un des suffrages exprimés.

8. Les sous-préfets ne peuvent être élus députés par les colléges d'arrondissemens électoraux qui comprennent la totalité, ou une partie des électeurs de l'arrondissement de leur sous-préfecture.

9. Les députés décédés ou démissionnaires seront remplacés chacun par le collége qui l'aura nommé.

En cas de décès ou démission d'aucun des membres actuels de la chambre, avant que le département auquel il appartient soit en tour de renouveler sa députation, il sera remplacé par un des colléges d'arrondissement de ce département.

La chambre déterminera par la voie du sort, l'ordre dans

lequel les colléges électoraux d'arrondissement procéderont aux remplacemens éventuels jusqu'au premier renouvellement intégral de chaque députation.

10. En cas de vacance par option, décès, démission ou autrement, les colléges électoraux seront convoqués dans le délai de deux mois pour procéder à une nouvelle élection.

11. Les dispositions des lois des 5 février 1817 et 25 mars 1818 auxquelles il n'est pas dérogé par la présente, continueront d'être exécutées, et seront communes aux colléges électoraux de département et d'arrondissement.

TABLEAU du nombre des députés à élire par chaque département.

DÉPARTEMENS.	D'après le sénatus-consulte du 1 0 therm. an 10	D'après l'acte additionnel de 1815.	D'après l'ordonn. du 27 novembre 1816.	D'après la loi du 29 juin 1820.	OBSERVATIONS.
Ain	4	7	3	2	
Aisne	3	9	4	2	
Allier	2	6	2	2	
Alpes (Basses)	1	6	1	1	
Alpes (Hautes)	1	4	1	1	
Alpes maritimes	1	»	»	»	
Ardèche	2	5	2	1	
Ardennes	2	7	2	1	
Arriége	2	4	2	1	
Aube	2	7	2	1	
Aude	2	6	2	2	
Aveyron	3	7	3	2	
Bouches-du-Rhône	3	7	3	2	
Calvados	4	10	4	3	
Cantal	2	6	2	1	
Charente	3	7	3	2	
Charente-Inférieure	4	10	4	3	
Cher	2	5	2	2	
Corrèze	2	5	2	1	
Corse	»	6	2	»	
Côte-d'Or	3	7	3	2	
Côtes-du-Nord	4	9	4	2	
Creuse	2	6	2	1	
Dordogne	4	8	4	3	
Doubs	2	6	2	2	
Drôme	2	6	2	1	
Dyle	4	»	»	»	
Escaut	4	»	»	»	
Eure	4	8	4	3	
Eure-et-Loire	2	6	2	2	
Finistère	4	9	4	2	
Forêts	2	»	»	»	
Gard	3	7	3	2	
Garonne (Haute)	4	8	4	3	
Gers	3	7	3	2	
Gironde	5	10	5	3	
Golo	1	»	»	»	
Hérault	3	6	3	2	
Ille-et-Vilaine	4	10	4	3	
Indre	2	6	2	1	
Indre-et-Loire	2	5	2	2	
Isère	4	8	4	2	
Jemmapes	4	»	»	»	
Jura	2	7	2	1	
Landes	»	5	2	1	
Léman	2	»	»	»	
Liamone	1	»	»	»	
Loir-et-Cher	2	5	2	1	
Loire	3	6	3	2	
Loire (Haute)	2	5	2	1	
Loire-Inférieure	4	8	4	2	
Loiret	3	6	3	2	

1° Les départemens pour lesquels le nombre de députés n'est pas indiqué dans les 2e, 3e, et 4e colonnes, ont cessé d'appartenir à la France en 1814.

2° Pour avoir le nombre des députés nommés actuellement par chaque département, il faut réunir les nombres indiqués dans les 3e et 4e colonnes : il y a 172 députés nommés en vertu de la loi du 29 juin 1820, et 258, aux termes de l'ordonnance de 1816 ; en total, 430 siégent actuellement.

3° Pour les départemens du Golo et de Liamone, *voy.* Corse.

DÉPARTEMENS.	D'après le sénatus-consulte du 10 therm. an 10	D'après l'acte additionnel de 1815.	D'après l'ordonn. du 27 novembre 1816.	D'après la loi du 29 juin 1820.	OBSERVATIONS.
Lot	4	5	4	2	
Lot-et-Garonne	3	7	3	2	
Losère	1	4	1	1	
Lys	4	»	»	»	
Maine-et-Loire	4	8	4	3	
Manche	4	10	4	3	
Marne	3	8	3	2	
Marne (Haute)	2	5	2	2	
Mayenne	3	6	3	2	
Meurthe	3	8	3	2	
Meuse	2	6	2	2	
Meuse-Inférieure	2	»	»	»	
Mont-Blanc	3	5	»	»	
Mont-Tonnerre	3	»	»	»	
Morbihan	4	8	4	2	
Moselle	4	7	4	3	
Nèthes (Deux)	3	»	»	»	
Nièvre	2	6	2	2	
Nord	8	12	8	4	
Oise	3	7	3	2	
Orne	4	7	4	3	
Ourthe	3	»	»	»	
Pas-de-Calais	4	11	4	3	
Puy-de-Dôme	4	9	4	3	
Pyrénées (Basses)	2	8	3	2	
Pyrénées (Hautes)	2	5	2	1	
Pyrénées-Orientales	1	4	1	1	
Rhin (Bas)	4	8	4	2	
Rhin (Haut)	3	6	3	2	
Rhin-et-Moselle	2	»	»	»	
Rhône	3	5	3	2	
Roër	4	»	»	»	
Sambre-et-Meuse	2	»	»	»	
Saône (Haute)	2	6	2	1	
Saône-et-Loire	4	9	4	3	
Sarre	2	»	»	»	
Sarthe	4	7	4	3	
Seine	8	12	8	4	
Seine-Inférieure	6	10	6	4	
Seine-et-Marne	3	7	3	2	
Seine-et-Oise	4	10	4	3	
Sèvres (Deux)	2	6	2	1	
Somme	4	9	4	3	
Tarn	2	6	2	2	
Tarn-et-Garonne	»	5	2	2	
Var	3	6	3	2	
Vaucluse	2	6	2	1	
Vendée	3	5	3	2	
Vienne	2	7	2	2	
Vienne (Haute)	2	6	2	2	
Vosges	3	8	3	2	
Yonne	3	8	3	2	
	300	606	258	172	

LIBERTÉ DE LA PRESSE (1).

Loi sur la Répression des Crimes et Délits commis par la voie de la Presse, ou par tout autre moyen de publication.

17 mai 1819.

CHAPITRE PREMIER.

De la Provocation publique aux Crimes et Délits.

Art. 1. Quiconque, soit par des discours, des cris ou menaces proférés dans des lieux ou réunions publics, soit par des écrits, des imprimés, des dessins, des gravures, des peintures ou emblêmes vendus ou distribués, mis en vente ou exposés dans des lieux ou réunions publics, soit par des placards et affiches exposés aux regards du public, aura provoqué l'auteur ou les auteurs de toute action qualifiée crime ou délit à la commettre, sera réputé complice, et puni comme tel.

2. Quiconque aura, par l'un des moyens énoncés en l'article 1, provoqué à commettre un ou plusieurs crimes, sans que ladite provocation ait été suivie d'aucun effet, sera puni d'un emprisonnement qui ne pourra être de moins de trois mois, ni excéder cinq années, et d'une amende qui ne pourra être au-dessous de cinquante francs, ni excéder six mille francs.

3. Quiconque aura, par l'un des mêmes moyens, provoqué à commettre un ou plusieurs délits, sans que ladite provocation ait été suivie d'aucun effet, sera puni d'un emprisonnement de trois jours à deux années, et d'une amende de trente francs à quatre mille francs, ou de l'une de ces deux peines seulement, selon les circonstances; sauf les cas dans lesquels la loi prononcerait une peine moins grave contre l'auteur même du délit, laquelle sera alors appliquée au provocateur.

4. Sera réputée provocation au crime, et punie des peines portées par l'article 2, toute attaque formelle, par l'un des moyens énoncés en l'article 1er, soit contre l'inviolabilité de la personne du Roi, soit contre l'ordre de successibilité au trône, soit contre l'autorité constitutionnelle du roi et des chambres.

(1) *Voyez* l'art. 8 de la Charte.

5. Seront réputés provocation au délit, et punis des peines portées par l'article 3,

1° Tous cris séditieux publiquement proférés, autres que ceux qui rentreraient dans la disposition de l'article 4;

2° L'enlèvement ou la dégradation des signes publics de l'autorité royale, opérés par haine ou mépris de cette autorité;

3° Le port public de tous signes extérieurs de ralliement non autorisés par le roi ou par des réglemens de police;

4° L'attaque formelle, par l'un des moyens énoncés en l'article 1er, des droits garantis par les articles 5 et 9 de la Charte constitutionnelle.

6. La provocation, par l'un des mêmes moyens, à la désobéissance aux lois, sera également punie des peines portées en l'article 3.

7. Il n'est point dérogé aux lois qui punissent la provocation et la complicité résultant de tous actes autres que les faits de publication prévus par la présente loi.

CHAPITRE II.

Des Outrages à la Morale publique et religieuse, ou aux bonnes Mœurs.

8. Tout outrage à la morale publique et religieuse, ou aux bonnes mœurs, par l'un des moyens énoncés en l'article 1er, sera puni d'un emprisonnement d'un mois à un an, et d'une amende de seize francs à cinq cents francs.

CHAPITRE III.

Des offenses publiques envers la personne du Roi.

9. Quiconque, par l'un des moyens énoncés en l'article 1er de la présente loi, se sera rendu coupable d'offenses envers la personne du roi, sera puni d'un emprisonnement qui ne pourra être de moins de six mois, ni excéder cinq années, et d'une amende qui ne pourra être au-dessous de cinq cents francs, ni excéder dix mille francs.

Le coupable pourra, en outre, être interdit de tout ou partie des droits mentionnés en l'article 42 du Code pénal, pendant un temps égal à celui de l'emprisonnement auquel il aura été condamné : ce temps courra à compter du jour où le coupable aura subi sa peine.

CHAPITRE IV.

Des Offenses publiques envers les Membres de la Famille royale, les Chambres, les Souverains et les Chefs des Gouvernemens étrangers.

10. L'offense, par l'un des moyens énoncés en l'article 1er, envers les membres de la famille royale, sera punie d'un emprisonnement d'un mois à trois ans, et d'une amende de cent francs à cinq mille francs.

11. L'offense, par l'un des mêmes moyens, envers les chambres ou l'une d'elles, sera punie d'un emprisonnement d'un mois à trois ans, et d'une amende de cent francs à cinq mille francs.

12. L'offense, par l'un des mêmes moyens, envers la personne des souverains ou envers celle des chefs des gouvernemens étrangers, sera punie d'un emprisonnement d'un mois à trois ans, et d'une amende de cent francs à cinq mille francs.

CHAPITRE V.

De la Diffamation et de l'Injure publiques.

13. Toute allégation ou imputation d'un fait qui porte atteinte à l'honneur ou à la considération de la personne ou du corps auquel le fait est imputé, est une diffamation.

Toute expression outrageante, termes de mépris ou invective, qui ne renferme l'imputation d'aucun fait, est une injure.

14. La diffamation et l'injure commises par l'un des moyens énoncés en l'article 1er de la présente loi, seront punis d'après les distinctions suivantes.

15. La diffamation ou l'injure envers les cours, tribunaux ou autres corps constitués, sera punie d'un emprisonnement de quinze jours à deux ans, et d'une amende de cinquante francs à quatre mille francs.

16. La diffamation envers tout dépositaire ou agent de l'autorité publique, pour des faits relatifs à ses fonctions, sera punie d'un emprisonnement de huit jours à dix-huit mois, et d'une amende de cinquante francs à trois mille francs.

L'emprisonnement et l'amende pourront, dans ce cas, être infligés cumulativement ou séparément, selon les circonstances.

17. La diffamation envers les ambassadeurs, ministres plénipotentiaires, envoyés, chargés d'affaires, ou autres agens diplomatiques accrédités près du roi, sera punie d'un emprisonnement de huit jours à dix-huit mois, et d'une amende de cinquante francs à trois mille francs, ou de l'une de ces deux peines seulement, selon les circonstances.

18. La diffamation envers les particuliers sera punie d'un emprisonnement de cinq jours à un an et d'une amende de vingt-cinq francs à deux mille francs, ou de l'une de ces deux peines seulement, selon les circonstances.

19. L'injure contre les personnes désignées par les articles 16 et 17 de la présente loi, sera punie d'un emprisonnement de cinq jours à un an et d'une amende de vingt-cinq francs à deux mille francs, ou de l'une de ces deux peines seulement, selon les circonstances.

L'injure contre les particuliers sera punie d'une amende de seize francs à cinq cents francs.

20. Néanmoins, l'injure qui ne renfermerait pas l'imputation d'un vice déterminé, ou qui ne serait pas publique, continuera d'être punie des peines de simple police.

CHAPITRE VI
Dispositions générales.

21. Ne donneront ouverture à aucune action, les discours tenus dans le sein de l'une des deux chambres, ainsi que les rapports ou toutes autres pièces imprimés par ordre de l'une des deux chambres.

22. Ne donnera lieu à aucune action, le compte fidèle des séances publiques de la chambre des députés, rendu de bonne foi dans les journaux.

23. Ne donneront lieu à aucune action en diffamation ou injure, les discours prononcés ou les écrits produits devant les tribunaux : pourront, néanmoins, les juges saisis de la cause, en statuant sur le fond, prononcer la suppression des écrits injurieux ou diffamatoires, et condamner qui il appartiendra en des dommages-intérêts.

Les juges pourront aussi, dans le même cas, faire des injonctions aux avocats et officiers ministériels, ou même les suspendre de leurs fonctions.

La durée de cette suspension ne pourra excéder six mois ; en cas de récidive, elle sera d'un an au moins et de cinq au plus.

Pourront, toutefois, les faits diffamatoires étrangers à la cause, donner ouverture, soit à l'action publique, soit à l'action civile des parties, lorsqu'elle leur aura été réservée par les tribunaux, et dans tous les cas, à l'action civile des tiers.

24. Les imprimeurs d'écrits dont les auteurs seraient mis en jugement en vertu de la présente loi, et qui auraient rempli les obligations prescrites par le titre II de la loi du 21 octobre 1814, ne pourront être recherchés pour le simple fait d'impression de ces écrits, à moins qu'ils n'aient agi sciemment, ainsi qu'il est dit à l'article 60 du Code pénal, qui définit la complicité.

25. En cas de récidive des crimes et délits prévus par la présente loi, il pourra y avoir lieu à l'aggravation de peines prononcées par le chapitre IV, livre Ier du Code pénal.

26. Les articles 102, 217, 367, 368, 369, 370, 371, 372, 374, 375, 377 du Code pénal, et la loi du 9 novembre 1815, sont abrogés.

Loi Relative à la Poursuite et au Jugement des Crimes et Délits commis par la voie de la Presse, ou par tout autre moyen de publication.

26 mai 1819.

Art. Ier La poursuite des crimes et délits commis par la voie de la presse, ou par tout autre moyen de publication, aura lieu d'office et à la requête du ministère public, sous les modifications suivantes.

2. Dans le cas d'offense envers les chambres ou l'une d'elles, par voie de publication, la poursuite n'aura lieu qu'autant que la chambre qui se croira offensée l'aura autorisée.

3. Dans le cas du même délit contre la personne des souverains et celle des chefs des Gouvernemens étrangers, la poursuite n'aura lieu que sur la plainte ou à la requête du souverain ou du chef du Gouvernement qui se croira offensé.

4. Dans les cas de diffamation ou d'injure contre les cours, tribunaux, ou autres corps constitués, la poursuite n'aura lieu qu'après une délibération de ces corps, prise en assemblée générale et requérant les poursuites.

5. Dans le cas des mêmes délits contre tout dépositaire ou agent de l'autorité publique, contre tout agent diplomatique étranger, accrédité près du roi, ou contre tout particulier,

la poursuite n'aura lieu que sur la plainte de la partie qui se prétendra lésée.

6. La partie publique, dans son réquisitoire, si elle poursuit d'office, ou le plaignant, dans sa plainte, seront tenus d'articuler et de qualifier les provocations, attaques, offenses, outrages, faits diffamatoires ou injures, à raison desquels la poursuite est intentée, et ce, à peine de nullité de la poursuite.

7. Immédiatement après avoir reçu le réquisitoire ou la plainte, le juge d'instruction pourra ordonner la saisie des écrits, imprimés, placards, dessins, gravures, peintures, emblèmes ou autres instrumens de publication.

L'ordre de saisir et le procès-verbal de saisie seront notifiés, dans les trois jours de ladite saisie, à la personne entre les mains de laquelle la saisie aura été faite, à peine de nullité.

8. Dans les huit jours de ladite notification, le juge d'instruction est tenu de faire son rapport à la chambre du conseil qui procède, ainsi qu'il est dit au Code d'instruction criminelle, livre Ier, chapitre IX, sauf les dispositions ci-après.

9. Si la chambre du conseil est unanimement d'avis qu'il n'y a pas lieu à poursuivre, elle prononce la main-levée de la saisie.

10. Dans le cas contraire, ou dans le cas de pourvoi du procureur du roi ou de la partie civile contre la décision de la chambre du conseil, les pièces sont transmises, sans délai, au procureur général près la cour royale, qui est tenu, dans les cinq jours de la réception, de faire son rapport à la chambre des mises en accusation, laquelle est tenue de prononcer dans les trois jours dudit rapport

11. A défaut par la chambre du conseil du tribunal de première instance d'avoir prononcé dans les dix jours de la notification du procès-verbal de saisie, la saisie sera de plein droit périmée. Elle le sera également à défaut par la cour royale d'avoir prononcé sur cette même saisie dans les dix jours du dépôt en son greffe de la requête que la partie saisie est autorisée à présenter, à l'appui de son pourvoi, contre l'ordonnance de la chambre du conseil. Tous les dépositaires des objets saisis seront tenus de les rendre au propriétaire sur la simple exhibition du certificat des greffiers respectifs, constatant qu'il n'y a pas eu d'ordonnance ou d'arrêt dans les délais ci-dessus prescrits.

Les greffiers sont tenus de délivrer ce certificat à la première réquisition, sous peine d'une amende de trois cents francs, sans préjudice des dommages-intérêts, s'il y a lieu.

Toutes les fois qu'il ne s'agira que d'un simple délit, la péremption de la saisie entraînera celle de l'action publique.

12. Dans les cas où les formalités prescrites par les lois et réglemens concernant le dépôt auront été remplies, les poursuites à la requête du ministère public ne pourront être faites que devant les juges du lieu où le dépôt aura été opéré, ou de celui de la résidence du prévenu.

En cas de contravention aux dispositions ci-dessus rappelées concernant le dépôt, les poursuites pourront être faites soit devant le juge de la résidence du prévenu, soit dans les lieux où les écrits et autres instrumens de publication auront été saisis.

Dans tous les cas, la poursuite à la requête de la partie plaignante pourra être portée devant les juges de son domicile, lorsque la publication y aura été effectuée.

13. Les crimes et délits commis par la voie de la presse ou tout autre moyen de publication, à l'exception de ceux désignés dans l'article suivant, seront renvoyés par la chambre des mises en accusation de la cour royale devant la cour d'assises, pour être jugés à la plus prochaine session. L'arrêt de renvoi sera de suite notifié au prévenu.

14. Les délits de diffamation verbale ou d'injure verbale contre toute personne, et ceux de diffamation ou d'injure par une voie de publication quelconque contre des particuliers, seront jugés par les tribunaux de police correctionnelle, sauf les cas attribués aux tribunaux de simple police.

15. Sont tenues, la chambre du conseil du tribunal de première instance, dans le jugement de mise en prévention, et la chambre des mises en accusation de la cour royale, dans l'arrêt de renvoi devant la cour d'assises, d'articuler et de qualifier les faits à raison desquels lesdits prévention ou renvoi sont prononcés, à peine de nullité desdits jugement ou arrêt.

16. Lorsque la mise en accusation aura été prononcée pour crimes commis par voie de publication, et que l'accusé n'aura pu être saisi, ou qu'il ne se présentera pas, il sera procédé contre lui, ainsi qu'il est prescrit au livre II, titre IV, du Code d'instruction criminelle, chapitre *des Contumaces*.

17. Lorsque le renvoi à la cour d'assises aura été fait pour délits spécifiés dans la présente loi, le prévenu, s'il n'est pré-

sent au jour fixé pour le jugement par l'ordonnance du président, dûment notifiée audit prévenu ou à son domicile, dix jours au moins avant l'échéance, outre un jour par cinq myriamètres de distance, sera jugé par défaut. La cour statuera sans assistance ni intervention de jurés, tant sur l'action publique que sur l'action civile.

18. Le prévenu pourra former opposition à l'arrêt par défaut dans les dix jours de la notification qui lui en aura été faite ou à son domicile, outre un jour par cinq myriamètres de distance, à charge de notifier son opposition, tant au ministère public qu'à la partie civile.

Le prévenu supportera, sans recours, les frais de l'expédition et de la signification de l'arrêt par défaut et de l'opposition, ainsi que de l'assignation et de la taxe des témoins appelés à l'audience pour le jugement de l'opposition.

19. Dans les cinq jours de la notification de l'opposition, le prévenu devra déposer au greffe une requête tendant à obtenir du président de la cour d'assises une ordonnance fixant le jour du jugement de l'opposition : cette ordonnance fixera le jour aux plus prochaines assises; elle sera signifiée, à la requête du ministère public, tant au prévenu qu'au plaignant, avec assignation au jour fixé, dix jours au moins avant l'échéance. Faute par le prévenu de remplir les formalités mises à sa charge par le présent article, ou de comparaître par lui-même ou par un fondé de pouvoir au jour fixé par l'ordonnance, l'opposition sera réputée non avenue, et l'arrêt par défaut sera définitif.

20. Nul ne sera admis à prouver la vérité des faits diffamatoires, si ce n'est dans le cas d'imputation contre des dépositaires ou agens de l'autorité, ou contre toutes personnes ayant agi dans un caractère public, de faits relatifs à leurs fonctions. Dans ce cas, les faits pourront être prouvés pardevant la cour d'assises par toutes les voies ordinaires, sauf la preuve contraire par les mêmes voies.

La preuve des faits imputés met l'auteur de l'imputation à l'abri de toute peine, sans préjudice des peines prononcées contre toute injure qui ne serait pas nécessairement dépendante des mêmes faits.

21. Le prévenu qui voudra être admis à prouver la vérité des faits dans le cas prévu par le précédent article, devra, dans les huit jours qui suivront la notification de l'arrêt de

renvoi devant la cour d'assises, ou de l'opposition à l'arrêt par défaut rendu contre lui, faire signifier au plaignant,

1° Les faits articulés et qualifiés dans cet arrêt desquels il entend prouver la vérité;

2° La copie des pièces;

3° Les noms, professions et demeures des témoins par lesquels il entend faire sa preuve.

Cette signification contiendra élection de domicile près la cour d'assises; le tout à peine d'être déchu de la preuve.

22. Dans les huit jours suivans, le plaignant sera tenu de faire signifier au prévenu, au domicile par lui élu, la copie des pièces, et les noms, professions et demeures des témoins par lesquels il entend faire la preuve contraire; le tout également sous peine de déchéance.

23. Le plaignant en diffamation ou injure pourra faire entendre des témoins qui attesteront sa moralité: les noms, professions et demeures de ces témoins seront notifiés au prévenu ou à son domicile, un jour au moins avant l'audition.

Le prévenu ne sera point admis à faire entendre des témoins contre la moralité du plaignant.

24. Le plaignant sera tenu, immédiatement après l'arrêt de renvoi, d'élire domicile près la cour d'assises, et de notifier cette élection au prévenu et au ministère public; à défaut de quoi toutes significations seront faites valablement au plaignant au greffe de la cour.

Lorsque le prévenu sera en état d'arrestation, toutes notifications, pour être valables, devront lui être faites à personne.

25. Lorsque les faits imputés seront punissables selon la loi, et qu'il y aura des poursuites commencées à la requête du ministère public, ou que l'auteur de l'imputation aura dénoncé ces faits, il sera, durant l'instruction, sursis à la poursuite et au jugement du délit de diffamation.

26. Tout arrêt de condamnation contre les auteurs ou complices de crimes et délits commis par voie de publication, ordonnera la suppression ou la destruction des objets saisis, ou de tous ceux qui pourront l'être ultérieurement, en tout ou en partie, suivant qu'il y aura lieu pour l'effet de la condamnation.

L'impression ou l'affiche de l'arrêt pourront être ordonnées aux frais du condamné.

Ces arrêts seront rendus publics dans la même forme que les jugemens portant déclaration d'absence.

27. Quiconque, après que la condamnation d'un écrit, de dessins ou gravures, sera réputée connue par la publication dans les formes prescrites par l'article précédent, les réimprimera, vendra ou distribuera, subira le *maximum* de la peine qu'aurait pu encourir l'auteur.

28. Toute personne inculpée d'un délit commis par la voie de la presse, ou par tout autre moyen de publication, contre laquelle il aura été décerné un mandat de dépôt ou d'arrêt, obtiendra sa mise en liberté provisoire, moyennant caution. La caution à exiger de l'inculpé ne pourra être supérieure au double du *maximum* de l'amende prononcée par la loi contre le délit qui lui est imputé.

29. L'action publique contre les crimes et délits commis par la voie de la presse, ou tout autre moyen de publication, se prescrira par six mois révolus, à compter du fait de publication qui donnera lieu à la poursuite.

Pour faire courir cette prescription de six mois, la publication d'un écrit devra être précédée du dépôt et de la déclaration que l'éditeur entend le publier.

S'il a été fait, dans cet intervalle, un acte de poursuite ou d'instruction, l'action publique ne se prescrira qu'après un an, à compter du dernier acte, à l'égard même des personnes qui ne seraient pas impliquées dans ces actes d'instruction ou de poursuite.

Néanmoins, dans le cas d'offense envers les chambres, le délai ne courra pas dans l'intervalle de leurs sessions.

L'action civile ne se prescrira, dans tous les cas, que par la révolution de trois années, à compter du fait de la publication.

30. Les délits commis par la voie de la presse ou par tout autre moyen de publication, et qui ne seraient point encore jugés, le seront suivant les formes prescrites par la présente loi.

31. La loi du 28 février 1817 est abrogée.

Les dispositions du Code d'instruction criminelle auxquelles il n'est pas dérogé par la présente loi, continueront d'être exécutées.

Loi relative à la publication des Journaux ou Ecrits périodiques (1).

juin 819.

Art. 1. Les propriétaires ou éditeurs de tout journal ou écrit périodique, consacré en tout ou en partie aux nouvelles ou matières politiques, et paraissant, soit à jour fixe, soit par livraison et irrégulièrement, mais plus d'une fois par mois, seront tenus,

1° De faire une déclaration indiquant le nom, au moins, d'un propriétaire ou éditeur responsable, sa demeure, et

---

(1) *Ordonnance du Roi concernant l'exécution de la Loi relative à la Publication des journaux ou écrits périodiques,*

du 9 juin 1819.

Art. 1er L'éditeur ou propriétaire d'un journal ou écrit périodique, de la nature de ceux désignés par l'art. 1er de la loi de ce jour, qui voudra fournir en rentes le cautionnement prescrit par la loi, déclarera à l'agent judiciaire du trésor royal qu'il affecte l'inscription dont il est propriétaire au cautionnement de son entreprise. L'acte de cautionnement sera fait double entre l'agent judiciaire et le titulaire de l'inscription.

L'inscription donnée en cautionnement sera déposée à la caisse centrale du trésor royal. Les arrérages continueront à en être payés sur la représentation d'un bordereau délivré par l'agent judiciaire.

Lorsque le cautionnement sera fourni en inscription départementale, le directeur de l'enregistrement remplira, pour le département au livre auxiliaire duquel appartient la rente, les fonctions ci-dessus attribuées à l'agent judiciaire; l'inscription sera déposée à la caisse du receveur des domaines du chef-lieu.

Les mêmes formalités devront être remplies par tout propriétaire d'une rente qui déclarerait l'affecter au cautionnement de l'entreprise formée par un tuteur ou propriétaire de journal.

2. Toute inscription directe ou départementale, affectée à un cautionnement, devra être *visée pour cautionnement*, soit par le directeur du grand-livre, soit par le receveur-général, avant d'être présentée à l'agent judiciaire ou au directeur de l'enregistrement, à l'appui de la déclaration prescrite par l'article précédent.

3. Lorsque le cautionnement aura été, soit versé à la caisse des consignations, soit fourni en rentes, l'éditeur ou propriétaire fera, devant le préfet du département, ou à Paris, devant le préfet de police, la déclaration prescrite par le n° 1 de l'art. 1er de la loi. Il représentera en même temps, soit le reçu de la caisse des consignations, soit l'acte constatant qu'il a fourni son cautionnement en rentes.

Le préfet donnera sur-le-champ acte de la déclaration, et de la justification du cautionnement.

La publication du journal ou de l'écrit périodique pourra commencer immédiatement après.

l'imprimerie, dûment autorisée, dans laquelle le journal ou l'écrit périodique doit être imprimé;

2° De fournir un cautionnement, qui sera, dans les départemens de la Seine, de Seine-et-Oise et de Seine-et-Marne, de dix mille francs de rente pour les journaux quotidiens, et de cinq mille francs de rente pour les journaux ou écrits périodiques paraissant à des termes moins rapprochés ;

Et dans les autres départemens, le cautionnement relatif aux journaux quotidiens sera de deux mille cinq cents francs de rente dans les villes de cinquante mille âmes et au-dessus; de quinze cents francs de rente dans les villes au-dessous, et

---

4. La remise au moment de la publication de chaque feuille ou livraison du journal ou écrit périodique, exigée par l'article 5 de la loi, sera faite à Paris, à la préfecture de police.

5. Sur le vu du jugement ou de l'arrêt qui, à défaut par la partie condamnée d'avoir acquitté le montant des condamnations contre elle prononcées dans le délai prescrit par l'art. 4 de la loi, aurait ordonné la vente de l'inscription affectée au cautionnement, cette inscription sera vendue, jusqu'à concurrence, à la requête de la partie plaignante, ou, en cas d'amende, à celle du préposé de la régie de l'enregistrement, chargé de la perception des amendes.

Cette vente sera opérée par les soins de l'agent judiciaire, le lendemain de la notification à lui faite du jugement ou de l'arrêt.

Les rentes départementales seront, dans le même cas, transmises par le directeur de l'enregistrement à l'agent judiciaire, lequel en fera faire immédiatement la vente, et en enverra le produit au directeur de l'enregistrement en un mandat de la caisse centrale du trésor sur le receveur-général. Il y joindra le bordereau de l'agent de change pour justification des frais de courtage.

Le prélèvement sur le capital résultant de la vente sera fait, ainsi qu'il est dit à l'article 3 de la loi.

6. Le complètement ou le remplacement d'un cautionnement aura lieu dans les formes prescrites pour le cautionnement primitif.

7. Le propriétaire ou éditeur de journal ou écrit périodique qui voudra cesser son entreprise, en fera déclaration au préfet du département, ou, à Paris, au préfet de police. Le préfet lui donnera acte de ladite déclaration ; sur le vu de cette pièce, et après un délai de trois mois, son cautionnement sera remboursé ou libéré, à moins que, par suite de condamnations ou de poursuites commencées, des oppositions n'aient été faites, soit à la caisse des consignations, soit entre les mains de l'agent judiciaire ou du directeur de l'enregistrement.

8. Il est accordé aux éditeurs ou propriétaires des journaux et écrits périodiques désignés par l'art. 1er de la loi, actuellement existans, un délai de quinze jours pour accomplir les formalités prescrites par la loi de ce jour et par la présente ordonnance.

9. Notre garde-des-sceaux ministre de la justice, nos ministres de l'intérieur et des finances, sont chargés, chacun en ce qui le concerne, de l'exécution de la présente ordonnance, qui sera insérée au Bulletin des lois.

de la moitié de ces rentes pour les journaux ou écrits périodiques qui paraissent à des termes moins rapprochés.

Les cautionnemens pourront être également effectués à la caisse des consignations, en y versant le capital de la rente au cours du jour du dépôt.

2. La responsabilité des auteurs ou éditeurs indiqués dans la déclaration s'étendra à tous les articles insérés dans le journal ou écrit périodique, sans préjudice de la solidarité des auteurs ou rédacteurs desdits articles.

3. Le cautionnement sera affecté, par privilége aux dépens, dommages-intérêts et amendes auxquels les propriétaires ou éditeurs pourront être condamnés : le prélèvement s'opérera dans l'ordre indiqué au présent article. En cas d'insuffisance, il y aura lieu à recours solidaire sur les biens des propriétaires ou éditeurs déclarés responsables du journal ou écrit périodique, et des auteurs et rédacteurs des articles condamnés.

4. Les condamnations encourues devront être acquittées et le cautionnement libéré ou complété dans les quinze jours de la notification de l'arrêt ; les quinze jours révolus sans que la libération ou le complétement ait été opéré ; et jusqu'à ce qu'il le soit, le journal ou écrit périodique cessera de paraître.

5. Au moment de la publication de chaque feuille ou livraison du journal ou écrit périodique, il en sera remis, à la préfecture pour les chefs-lieux de département, à la sous-préfecture pour ceux d'arrondissement, et, dans les autres villes, à la mairie, un exemplaire signé d'un propriétaire ou éditeur responsable.

Cette formalité ne pourra ni retarder ni suspendre le départ ou la distribution du journal ou écrit périodique.

6. Quiconque publiera un journal ou écrit périodique sans avoir satisfait aux conditions prescrites par les articles 1er, 4 et 5 de la présente loi, sera puni correctionnellement d'un emprisonnement d'un mois à six mois, et d'une amende de deux cents francs à douze cents francs.

7. Les éditeurs de tout journal ou écrit périodique ne pourront rendre compte des séances secrètes des chambres, ou de l'une d'elles, sans leur autorisation.

8. Tout journal sera tenu d'insérer les publications officielles qui lui seront adressées, à cet effet, par le gouverne-

ment, le lendemain du jour de l'envoi de ces pièces, sous la seule condition du paiement des frais d'insertion.

9. Les propriétaires ou éditeurs responsables d'un journal ou écrit périodique, ou auteurs ou rédacteurs d'articles imprimés dans ledit journal ou écrit, prévenus de crimes ou délits pour fait de publication, seront poursuivis et jugés dans les formes et suivant les distinctions prescrites à l'égard de toutes les autres publications.

10. En cas de condamnation, les mêmes peines leur seront appliquées : toutefois les amendes pourront être élevées au double, et, en cas de récidive, portées au quadruple, sans préjudice des peines de la récidive prononcées par le Code pénal.

11. Les éditeurs du journal ou écrit périodique seront tenus d'insérer dans l'une des feuilles ou des livraisons qui paraîtront dans le mois du jugement ou de l'arrêt intervenu contre eux, extrait contenant les motifs et le dispositif dudit jugement ou arrêt.

12. La contravention aux articles 7, 8 et 11 de la présente loi, sera punie correctionnellement d'une amende de cent francs à mille francs.

13. Les poursuites auxquelles pourront donner lieu les contraventions aux articles 7, 8 et 11 de la présente loi, se prescriront par le laps de trois mois, à compter de la contravention, ou de l'interruption des poursuites, s'il y en a de commencées en temps utile.

ÉGLISE DE FRANCE.

DÉCLARATION DU CLERGÉ DE FRANCE.

de 1682.

Les rois et les princes ne sont pas soumis pour leur temporel, à la puissance ecclésiastique, et ils ne peuvent être déposés directement ni indirectement, par l'autorité des chefs de l'Eglise, ni leurs sujets exemptés de la fidélité et de l'obéissance qu'ils leur doivent;

Les décrets du concile de Constance, sur l'autorité des conciles généraux, doivent demeurer dans leur force et vertu, et l'Eglise de France n'approuve point ceux qui disent que ces décrets sont douteux, qu'ils n'ont pas été approuvés ou qu'ils n'ont été faits que pour le temps du schisme ;

L'usage de la puissance ecclésiastique doit être tempéré par les canons ; les réglemens, les coutumes et les lois reçues dans l'Eglise Gallicane doivent être observés ;

Enfin, quoique le souverain Pontife ait la principale part dans les questions de foi, et que ses décrets regardent toutes les Eglises, et chaque Eglise en particulier, son jugement, toutefois, n'est pas infaillible, s'il n'est pas suivi du consentement de toute l'Eglise (1).

CONCORDAT DE 1801,

sous ce titre :

Convention entre le Gouvernement Français et Sa Sainteté Pie VII.

Le gouvernement de la république française reconnaît que la Religion catholique, apostolique et romaine, est la Religion de la grande majorité des citoyens français.

Sa Sainteté reconnaît également que cette même religion a retiré et attend encore en ce moment, le plus grand bien et le plus grand éclat de l'établissement du culte catholique en France, et de la profession particulière qu'en font les consuls de la république.

En conséquence, d'après cette reconnaisance mutuelle, tant pour le bien de la religion que pour le maintien de la tranquillité intérieure ; ils sont convenus de ce qui suit :

Art. Ier. La Religion catholique, apostolique et romaine sera librement exercée en France ; son culte sera public, en se conformant aux réglemens de police que le gouvernement jugera nécessaires pour la tranquillité publique.

2. Il sera fait par le Saint-Siége, de concert avec le gouvernement, une nouvelle circonscription des diocèses français.

---

(1) *Voyez* Fleury, *Inst. au Droit ecclés.*, pag. 3, chap. 25.

(2) La Charte a omis les règles fondamentales de notre Droit public, relativement à la constitution politique de l'Eglise de France. Nous renvoyons, sur ce point, au chapitre de la Constitution *non écrite*, portant pour titre : *Eglise gallicane* : les principes qui y sont énoncés ne nous ont pas permis de donner place ; dans ce recueil, à l'acte conclu, en 1817, entre la couronne et le Saint-Siége. Il est manifeste, en effet, que par la loi la plus constante peut-être de la monarchie, ce concordat ne peut être regardé que comme un *projet*.

3. Sa Sainteté déclarera aux titulaires des évêchés français, qu'elle attend d'eux avec une ferme confiance pour le bien de la paix et de l'unité, toute espèce de sacrifices, même celui de leurs siéges.

D'après cette exhortation, s'ils se refusaient à ce sacrifice commandé par le bien de l'Eglise (refus néanmoins auquel Sa Sainteté ne s'attend pas), il sera pourvu, par de nouveaux titulaires au gouvernement des évêchés de la circonscription nouvelle, de la manière suivante.

4. Le premier consul de la république nommera, dans les trois mois qui suivront la publication de la bulle de Sa Sainteté, aux archevêchés et évêchés de la circonscription nouvelle. Sa Sainteté conférera l'institution canonique, suivant les formes établies par rapport à la France, avant le changement de gouvernement.

5. Les nominations aux évêchés qui vaqueront dans la suite, seront également faites par le premier consul, et l'institution canonique sera donnée par le Saint-Siége, en conformité de l'article précédent.

6. Les évêques, avant d'entrer en fonctions, prêteront directement entre les mains du premier consul, le serment de fidélité qui était en usage avant le changement de gouvernement, exprimé dans les termes suivans :

« Je jure et promets à Dieu, sur les saints Evangiles, de » garder obéissance et fidélité au gouvernement établi par la » constitution de la République française. Je promets aussi de » n'avoir aucune intelligence, de n'assister à aucun conseil, » de n'entretenir aucune ligue, soit au-dedans, soit au-dehors » qui soit contraire à la tranquillité publique ; et, si dans » mon diocèse ou ailleurs, j'apprends qu'il se trame quelque » chose au préjudice de l'Etat, je le ferai savoir au gou- » vernement. »

7. Les ecclésiastiques du second ordre prêteront le même serment entre les mains des autorités civiles, désignées par le gouvernement.

8. La formule de prière suivante sera récitée à la fin de l'office divin, dans toutes les églises catholiques de France : *Domine, salvam fac rempublicam ; domine, salvos fac consules.*

9. Les évêques feront une nouvelle circonscription des paroisses de leurs diocèses, qui n'aura d'effet que d'après le consentement du gouvernement.

10. Les évêques nommeront aux cures.

Leur choix ne pourra tomber que sur des personnes agréées par le gouvernement.

11. Les évêques pourront avoir un chapitre dans leur cathédrale, et un séminaire pour leur diocèse, sans que le gouvernement s'oblige à les doter.

12. Toutes les églises métropolitaines, cathédrales, paroissiales et autres non aliénées, nécessaires au culte, seront remises à la disposition des évêques.

13. Sa Sainteté, pour le bien de la paix et l'heureux rétablissement de la religion catholique, déclare que ni elle, ni ses successeurs ne troubleront en aucune manière les acquéreurs des biens ecclésiastiques aliénés, et qu'en conséquence, la propriété de ces mêmes biens, les droits et revenus y attachés, demeureront incommutables entre leurs mains ou celles de leurs ayant-cause.

14. Le gouvernement assurera un traitement convenable aux évêques et aux curés, dont les diocèses et les paroisses seront compris dans la circonscription nouvelle.

15. Le gouvernement prendra également des mesures pour que les catholiques français puissent, s'ils le veulent, faire en faveur des églises, des fondations.

16. Sa Sainteté reconnaît dans le premier consul de la république française, les mêmes droits et prérogatives dont jouissait près d'elle l'ancien gouvernement.

17. Il est convenu entre les parties contractantes que, dans le cas où quelqu'un des successeurs du premier consul actuel ne serait pas catholique, les droits et prérogatives mentionnés dans l'article ci-dessus, et la nomination aux évêchés seront réglés, par rapport à lui, par une nouvelle convention.

Les ratifications seront échangées à Paris dans l'espace de quarante jours.

Fait à Paris le 26 messidor an 9.

(Suivent les signatures).

Loi du 18 germinal an 10, sur l'organisation des Cultes.

DU CULTE CATHOLIQUE.

TITRE PREMIER.

Du régime de l'Eglise catholique dans ses rapports généraux avec les droits et la police de l'Etat.

Art. 1. Aucune bulle, bref, rescrit, décret, mandat, provision, signature servant de provision, ni autres expéditions de la cour de Rome, même ne concernant que les particuliers, ne peuvent être reçues, publiées, imprimées ni autrement mises à exécution, sans l'autorisation du gouvernement.

2. Aucun individu se disant nonce, légat, vicaire ou commissaire apostolique, ou se prévalant de tout autre dénomination, ne peut, sans la même autorisation, exercer sur le sol français ni ailleurs, aucune fonction relative aux affaires de l'Eglise gallicane.

3. Les décrets des synodes étrangers, même ceux des conciles généraux ne peuvent être publiés en France, avant que le gouvernement en ait examiné la forme, leur conformité avec les lois, droits et franchises de l'Empire français, et tout ce qui dans leur publication pourrait altérer ou intéresser la tranquillité publique.

4. Aucun concile national ou métropolitain, aucun synode diocésain, aucune assemblée délibérante n'a lieu sans la permission expresse du gouvernement.

5. Toutes les fonctions ecclésiastiques sont gratuites, sauf les oblations qui seraient autorisées et fixées par les réglemens.

6. Il y a recours au conseil d'Etat, dans tous les cas d'abus de la part des supérieurs et autres personnes ecclésiastiques.

Les cas d'abus sont, l'usurpation ou l'excès de pouvoir, la contravention aux lois et réglemens de l'état, l'infraction des règles consacrées par les canons reçus en France, l'attentat aux libertés, franchises et coutumes de l'Eglise gallicane, et toute entreprise ou tout procédé qui, dans l'exercice du culte, peut compromettre l'honneur des citoyens, troubler arbitrairement leur conscience, dégénérer contre eux en oppression ou en injure, ou en scandale public.

7. Il y a pareillement recours au conseil d'Etat s'il est porté atteinte à l'exercice public du culte et à la liberté que les lois et les réglemens garantissent à ses ministres.

8. Le recours compète à toute personne intéressée. A défaut de plainte particulière, il est exercé d'office par les préfets.

Le fonctionnaire public, l'ecclésiastique ou la personne qui veut exercer ce recours, adresse un mémoire détaillé et signé au conseiller d'Etat chargé de toutes les affaires concernant les cultes, lequel est tenu de prendre, dans le plus court délai, tous les renseignemens convenables ; et sur son rapport, l'affaire est suivie et définitivement terminée dans la forme administrative, ou renvoyée selon l'exigence des cas, aux autorités compétentes.

TITRE II.

Des Ministres.

SECTION PREMIÈRE.

Dispositions générales.

9. Le culte catholique est exercé sous la direction des archevêques et évêques dans leurs diocèses, et sous celles des curés dans leurs paroisses.

10. Tout privilége portant exemption ou attribution de la jüridiction épiscopale est aboli.

11. Les archevêques et évêques peuvent, avec l'autorisation du gouvernement, établir dans leurs diocèses des chapitres cathédraux et des séminaires. Tous autres établissemens ecclésiastiques sont supprimés.

12. Il est libre aux archevèques et évêques d'ajouter à leur nom le titre de *Citoyen* ou celui de *Monsieur*. Toutes autres qualifications sont interdites.

SECTION II.

Des Archevêques ou Métropolitains.

13. Les archevêques consacrent et installent leurs suffragans. En cas d'empêchement ou de refus de leur part, ils sont suppléés par le plus ancien évêque de l'arrondissement métropolitain.

14. Ils veillent au maintien de la foi et de la discipline dans les diocèses dépendans de leur métropole.

15. Ils connaissent des réclamations et des plaintes portées contre la conduite et les décisions des évêques suffragans.

SECTION III.

Des Evêques, des Vicaires généraux et des Séminaires.

16. On ne peut être nommé évêque avant l'âge de 30 ans et si on n'est originaire français.

17. Avant l'expédition de l'arrêté de nomination, celui ou ceux qui sont proposés, sont tenus de rapporter une attestation de bonne vie et mœurs, expédiée par l'évêque dans le diocèse duquel ils ont exercé les fonctions du ministère ecclésiastique ; et ils sont examinés sur leur doctrine par un évêque et deux prêtres qui sont commis par le premier consul, lesquels adressent le résultat de leur examen au ministre chargé de toutes les affaires concernant les cultes.

18. Le prêtre nommé par le premier consul fait les diligences pour rapporter l'institution du pape.

Il ne peut exercer aucune fonction avant que la bulle portant son institution ait reçu l'attache du gouvernement, et qu'il ait prêté en personne le serment prescrit par la convention passée entre le gouvernement français et le Saint-Siége.

Ce serment est prêté au premier consul, il en est dressé procès-verbal par le secrétaire d'État.

19. Les évêques nomment et instituent les curés; néanmoins ils ne manifestent leur nomination et ils ne donnent l'institution canonique, qu'après que cette nomination a été agréée par le premier consul.

20. Ils sont tenus de résider dans leurs diocèses; ils ne peuvent en sortir qu'avec la permission du premier consul.

21. Chaque évêque peut nommer deux vicaires généraux, et chaque archevêque peut en nommer trois; ils les choisissent parmi les prêtres ayant les qualités pour être évêques.

22. Ils visitent annuellement et en personne une partie de leur diocèse, et dans l'espace de cinq ans le diocèse entier.

En cas d'empêchement légitime, la visite est faite par un vicaire général.

23. Les évêques sont chargés de l'organisation de leurs séminaires, et les réglemens de cette organisation sont soumis à l'approbation du premier consul.

24. Ceux qui sont choisis pour l'enseignement dans les sé-

minaires, souscrivent la déclaration faite par le clergé de France en 1682 (1), et publiée par un édit de la même année. Ils se soumettent à y enseigner la doctrine qui y est contenue, et les évêques adressent une expédition en forme de cette soumission, au ministre chargé de toutes les affaires concernant les cultes.

25. Les évêques envoient, toutes les années, à ce ministre le nom des personnes qui étudient dans les séminaires, et qui se destinent à l'état ecclésiastique.

Ils ne peuvent ordonner aucun ecclésiastique, s'il ne justifie d'une propriété produisant au moins un revenu annuel de trois cents francs, s'il n'a atteint l'âge de vingt-cinq ans, et s'il ne réunit les qualités requises par les canons reçus en France.

Les évêques ne font aucune ordination, avant que le nombre des personnes à ordonner ait été soumis au gouvernement et par lui agréé.

SECTION IV.

Des Curés.

27. Les curés ne peuvent entrer en fonctions qu'après avoir prêté entre les mains du préfet le serment prescrit par la convention, passée entre le gouvernement et le Saint-Siége. Il est dressé procès-verbal de cette prestation par le secrétaire-général de la préfecture, et copie collationnée leur en est délivrée.

28. Ils sont mis en possession par le curé ou le prêtre que l'évêque désigne.

29. Ils sont tenus de résider dans leurs paroisses.

30. Les curés sont immédiatement soumis aux évêques dans l'exercice de leurs fonctions.

31. Les vicaires et desservans exercent leur ministère sous la surveillance et la direction des curés.

Ils sont approuvés par l'évêque et révocables par lui.

32. Aucun étranger ne peut être employé dans les fonctions du ministère ecclésiastique, sans la permission du gouvernement.

33. Toute fonction est interdite à tout ecclésiastique, même Français qui n'appartient à aucun diocèse.

34. Un prêtre ne peut quitter son diocèse pour aller desservir dans un autre, sans la permission de son évêque.

---

(1) *Voyez* cette déclaration, page 283.

SECTION V.

Des chapitres cathédraux et du gouvernement des diocèses pendant la vacance du siége.

35. Les archevêques et évêques qui veulent user de la faculté qui leur est donnée d'établir des chapitres, ne peuvent le faire sans avoir rapporté l'autorisation du gouvernement, tant pour l'établissement lui-même que pour le nombre et le choix des ecclésiastiques destinés à les former.

36. Pendant la vacance des siéges, il est pourvu par le métropolitain, et à son défaut, par le plus ancien des évêques suffragans au gouvernement des diocèses.

Les vicaires-généraux de ces diocèses continuent leurs fonctions même après la mort de l'évêque jusqu'à remplacement.

37. Les métropolitains, les chapitres cathédraux, sont tenus, sans délai, de donner avis au gouvernement de la vacance des siéges, et des mesures qui ont été prises pour le gouvernement des diocèses vacans.

38. Les vicaires-généraux qui gouvernent pendant la vacance, ainsi que les métropolitains ou capitulaires ne se permettent aucune innovation dans les usages et coutumes des diocèses.

TITRE III.

Du Culte.

39. Il n'y a qu'une liturgie et un catéchisme pour toutes les églises catholiques de France.

40. Aucun curé ne peut ordonner des prières publiques extraordinaires dans sa paroisse, sans la permission spéciale de l'évêque.

41. Aucune fête, à l'exception du dimanche, ne peut être établie sans la permission du gouvernement.

42. Les ecclésiastiques usent dans les cérémonies religieuses, des habits et ornemens convenables à leurs titres : ils ne peuvent, dans aucun cas, ni sous aucun prétexte, prendre la couleur et les marques distinctives réservées aux évêques.

43. Tous les ecclésiastiques sont habillés à la française et en noir.

Les évêques peuvent joindre à ce costume la croix pastorale et les bas violets.

44. Les chapelles domestiques, les oratoires particuliers

ne peuvent être établis sans une permission expresse du gouvernement, accordée sur la demande de l'évêque.

45. Aucune cérémonie religieuse n'a lieu hors des édifices consacrés au culte catholique dans les villes où il y a des temples destinés à différens cultes.

46. Le même temple ne peut être consacré qu'à un même culte.

47. Il y a dans les cathédrales et paroisses une place distinguée pour les individus catholiques qui remplissent les autorités civiles et militaires.

48. L'évêque se concerte avec le préfet pour régler la manière d'appeler les fidèles au service divin, par le son des cloches. On ne peut les sonner pour tout autre cause sans la permission de la police locale.

49. Lorsque le gouvernement ordonne des prières publiques, les évêques se concertent avec le préfet et le commandant militaire du lieu, pour le jour, l'heure et le mode d'exécution de ces ordonnances.

50. Les prédications solennelles, appelées *sermons*, et celles connues sous le nom de *stations* de l'avent et du carême ne sont faites que par des prêtres qui en ont obtenu une autorisation spéciale de l'évêque.

51. Les curés, aux prônes des messes paroissiales, prient et font prier pour la prospérité de la république et pour les consuls.

52. Ils ne se permettent dans leurs instructions aucune inculpation directe ou indirecte, soit contre les personnes, soit contre les autres cultes autorisés dans l'Etat.

53. Ils ne font au prône aucune publication étrangère à l'exercice du culte, si ce n'est celles qui sont ordonnées par le gouvernement.

54. Ils ne donnent la bénédiction nuptiale qu'à ceux qui justifient en bonne et due forme avoir contracté mariage devant l'officier civil.

55. Les registres tenus par les ministres du culte, n'étant et ne pouvant être relatifs qu'à l'administration des sacremens, ne peuvent dans aucun cas, suppléer les registres ordonnés par la loi pour constater l'état civil des Français.

56. Dans tous les actes ecclésiastiques et religieux, on est obligé de se servir du calendrier d'équinoxe établi par les lois de la république; on désignera les jours par les noms qu'ils avaient dans le calendrier des solstices.

57. Le repos des fonctionnaires publics est fixé au dimanche.

TITRE IV.

De la Circonscription des Archevêchés, des Evêchés et des paroisses, des édifices destinés au Culte, et du traitement des ministres.

SECTION PREMIÈRE.

De la circonscription des Archevêchés et Evêchés.

58. Il y a en France onze archevêchés ou métropoles, et cinquante-sept évêchés.

59. La circonscription des métropoles et des diocèses est faite conformément au tableau ci-joint : (1)

PARIS, *Archevêché*, comprend dans son diocèse le département de la Seine ;

Troyes, l'Aube et l'Yonne ;
Amiens, la Somme et l'Oise ;
Soissons, l'Aisne ;
Arras, le Pas-de-Calais ;
Cambray, le Nord ;
Versailles, S.-et-Oise, Eure-et-Loir ;
Meaux, Seine-et Marne, Marne ;
Orléans ; Loiret, Loir-et-Cher ;

* MALINES, *Archevêché*, les Deux-Nèthes, la Dyle ;

* *Namur*, Sambre-et-Meuse ;
* *Tournay*, Jemmappe ;
* *Aix-la-Chapelle*, la Roër, Rhin-et-Moselle ;
* *Trèves*, la Sarre ;
* *Gand*, l'Escaut, la Lys ;
* *Liège*, Meuse-inf., Ourthe ;
* *Mayence*, Mont-Tonnerre ;

BESANÇON, *Archevêché*, Haute-Saône, le Doubs, le Jura ;

Autun, Saône-et-Loire, la Nièvre ;
Metz, la Moselle, * les Forêts, les Ardennes ;
Strasbourg, Haut-Rhin, Bas-Rhin ;
Nancy, la Meuse, la Meurthe, les Vosges ;
Dijon, Côte-d'Or, Haute-Marne ;

LYON, *Archevêché*, le Rhône, la Loire, l'Ain ;

Mende, l'Ardèche, la Lozère ;
Grenoble, l'Isère ;
Valence, la Drôme ;
* *Chambery*, le M.-Blanc, le Léman ;

AIX, *Archevêché*, le Var, les Bouches-du-Rhône ;

* *Nice*, Alpes-Maritimes ;
Avignon, Gard, Vaucluse ;
Ajaccio, le Golo, le Liamone (2) ;
Digne, Hautes-Alpes, B.-Alpes ;

TOULOUSE, *Archevêché*, Haute-Garonne, Arriège ;

Cahors, le Lot, l'Aveyron ;
Montpellier, l'Herault, le Tarn ;
Carcassone, l'Aude, les Pyrén.-Or. ;
Agen, Lot-et-Garonne, le Gers ;
Bayonne, les Landes, Hautes Pyrénées, Basses-Pyrenées ;

BORDEAUX, *Archevêché*, la Gironde ;

Poitiers, les Deux-Sèvres, la Vienne.
La Rochelle, la Charente-Inférieure, la Vendée ;
Angoulême, la Charente.
la Dordogne.

---

(1) Les archevêchés, évêchés ou départemens précédés d'un * ne font plus partie de la France.

(2) La Corse ne fait plus qu'un seul départ. qui porte le nom de l'île.

BOURGES, *Archevêché*, le Cher, l'Indre;

Clermont, l'Allier, le Puy-de-Dôme; *Saint-Flour*, la H.-Loire, le Cantal; *Limoges*, la Creuse, la Corrèze, la Haute-Vienne;

TOURS, *Archevêché*, Indre-et-Loire;

Le Mans, Sarthe, Mayenne;
Angers, Maine-et-Loire;
Nantes, Loire-Inférieure;
Rennes, Ile-et-Vilaine;
Vannes, le Morbihan;
Saint-Brieux, Côtes-du-Nord;
Quimper, Finistère;

ROUEN, *Archevêché*, Seine-Inférieure;

Coutances, la Manche;
Bayeux, le Calvados;
Séez, l'Orne;
Evreux, l'Eure;

* TURIN, *Archevêché*;

* *Saluces*;
* *Acqui*;
* *Coni*;
* *Asty*;
* *Alexandrie*;
* *Verceil*;
* *Ivrée*;

SECTION II.

De la Circonscription des Paroisses.

60. Il y a au moins une paroisse par justice de paix.

Il est en outre établi autant de succursales que le besoin peut l'exiger.

61. Chaque évêque de concert avec le préfet, règle le nombre et l'étendue de ces succursales. Les plans arrêtés sont soumis au gouvernement, et ne peuvent être mis à exécution sans son autorisation.

62. Aucune partie du territoire français ne peut être érigée en cures ou en succursales, sans l'autorisation expresse du gouvernement.

63. Les prêtres desservant les succursales sont nommés par les évêques.

SECTION III.

Du Traitement des Ministres.

4. Le traitement des archevêques est de 15,000 fr.

65. Le traitement des évêques est de 10,000 fr.

66. Les curés sont distribués en deux classes;

Le traitement des curés de la première classe est porté à 1,500 fr.; celui des curés de la seconde classe à 1,000 fr.

67. Les pensions dont ils jouissent, en exécution des lois de l'assemblée constituante sont précomptées sur leur traitement.

Les conseils-généraux des grandes communes peuvent, sur leurs biens ruraux ou sur leurs octrois, leur accorder une augmentation de traitement, si les circonstances l'exigent.

68. Les vicaires et desservans sont choisis parmi les ec-

clésiastiques pensionnés, en exécution des lois de l'assemblée constituante.

Le montant de ces pensions et le produit des oblations forment leur traitement.

69. Les évêques rédigent des projets de réglemens relatifs aux oblations que les ministres du culte sont autorisés à recevoir pour l'administration des sacremens. Les projets de réglemens rédigés par les évêques, ne peuvent être publiés ou autrement mis à exécution qu'après avoir été approuvés par le gouvernement.

70. Tout ecclésiastique pensionnaire de l'Etat est privé de sa pension, s'il refuse, sans cause légitime les fonctions qui peuvent lui être confiées.

71. Les conseils-généraux de département sont autorisés à procurer aux archevêques et évêques un logement convenable.

72. Les présbytères et les jardins attenans, non aliénés, sont rendus aux curés et aux desservans des succursales. A défaut de ces présbytères, les conseils-généraux des communes sont autorisés à leur procurer un logement et un jardin.

73. Les fondations qui ont pour objet l'entretien des ministres et l'exercice du culte, ne peuvent consister qu'en rentes constituées sur l'Etat. Elles sont acceptées par l'évêque diocésain, et ne peuvent être exécutées qu'avec l'autorisation du gouvernement.

74. Les immeubles, autres que les édifices destinés au logement et les jardins attenans, ne peuvent être affectés à des titres ecclésiastiques, ni possédés par les ministres du culte à raison de leurs fonctions.

SECTION IV.

Des Edifices destinés au Culte.

75. Les édifices anciennement destinés au culte catholique, actuellement dans les mains de la nation, à raison d'un édifice par cure et par succursale, sont mis à la disposition des évêques par arrêtés du préfet du département. Une expédition de ces arrêtés est adressée au conseiller-d'Etat chargé de toutes les affaires concernant les cultes.

76. Il est établi des fabriques pour veiller à l'entretien et à la conservation des temples, à l'administration des aumônes.

77. Dans les paroisses où il n'y a point d'édifice disponible pour le culte, l'évêque se concerte avec le préfet pour la désignation d'un édifice convenable.

DES CULTES PROTESTANS.

TITRE PREMIER.

Dispositions générales pour toutes les communions protestantes.

ART. 1er Nul ne peut exercer les fonctions du culte, s'il n'est Français.

2, Les églises protestantes, ni leurs ministres, ne peuvent avoir des relations avec aucune puissance ni autorité étrangère.

3. Les pasteurs et ministres des diverses communions protestantes prient et font prier, dans la récitation de leurs offices, pour la prospérité de la république et pour les consuls.

4. Aucune décision doctrinale ou dogmatique, aucun formulaire, sous le titre de *confession*, ou sous tout autre titre, ne peuvent être publiés ou devenir la matière de l'enseignement, avant que le gouvernement en ait autorisé la publication ou promulgation.

5. Aucun changement dans la discipline n'a lieu sans la même autorisation.

6. Le conseil d'Etat connaît de toutes les entreprises des ministres du culte, et de toutes dissentions qui peuvent s'élever entre ces ministres.

7. Il est pourvu au traitement des pasteurs des églises consistoriales, bien entendu qu'on impute sur ce traitement les biens que ces églises possèdent, et le produit des oblations établies par l'usage, ou par des réglemens.

8. Les dispositions portées par les articles organiques du culte catholique, sur la liberté des fondations, et sur la nature des biens qui peuvent en être l'objet, sont communes aux églises protestantes.

9. Il y a deux académies ou séminaires, dans l'Est de la France, pour l'instruction des ministres de la confession d'Augsbourg,

10. Il y a un séminaire à Genève, pour l'instruction des ministres des églises réformées.

11. Les professeurs de toutes les académies ou séminaires sont nommés par le premier consul.

12. Nul ne peut être élu ministre ou pasteur d'une église de la confession d'Augsbourg, s'il n'a étudié, pendant un

temps déterminé, dans un des séminaires français destinés à l'instruction des ministres de cette confession, et s'il ne rapporte un certificat en bonne forme, constatant son temps d'étude, sa capacité et ses bonnes mœurs.

13. On ne peut être élu ministre ou pasteur d'une église réformée, sans avoir étudié dans le séminaire de Genève, et si on ne rapporte un certificat dans la forme énoncée dans l'article précédent.

14. Les réglemens sur l'administration et la police intérieure des séminaires, sur le nombre et la qualité des professeurs, sur la manière d'enseigner, et sur les objets d'enseignement, ainsi que sur la forme des certificats ou attestations d'étude, de bonne conduite et de capacité, sont approuvés par le gouvernement.

TITRE II.

Des Eglises réformées.

SECTION PREMIÈRE.

De l'Organisation générale de ces Eglises.

15. Les églises réformées de France ont des pasteurs, des consistoires locaux et des synodes.

16. Il y a une église consistoriale par six mille âmes de la même communion.

17. Cinq églises consistoriales forment l'arrondissement d'un synode.

SECTION II.

Des Pasteurs et des Consistoires locaux.

18. Le consistoire de chaque église est composé du pasteur ou des pasteurs desservant cette église, et d'anciens ou notables laïques, choisis parmi les citoyens les plus imposés au rôle des contributions directes. Le nombre de ces notables ne peut être au-dessous de six, ni au-dessus de douze.

19. Le nombre des ministres ou pasteurs, dans une même église consistoriale, ne peut être augmenté sans l'autorisation du gouvernement.

20. Les consistoires veillent au maintien de la discipline, à l'administration des biens de l'église et à celle des deniers provenant des aumônes.

21. Les assemblées des consistoires sont présidées par le pasteur, ou par le plus ancien des pasteurs; un des anciens ou notables remplit les fonctions de secrétaire.

22. Les assemblées ordinaires des consistoires continuent de se tenir aux jours marqués par l'usage.

Les assemblées extraordinaires ne peuvent avoir lieu sans la permission du sous-préfet ou du maire, en l'absence du sous-préfet.

23. Tous les deux ans, les anciens du consistoire seront renouvelés par moitié. A cette époque, les anciens en exercice s'adjoignent un nombre égal de citoyens protestans, chefs de famille, et choisis parmi les plus imposés au rôle des contributions directes, de la commune où l'église consistoriale est située, pour procéder au renouvellement. Les anciens sortant peuvent être réélus.

24. Dans les églises où il n'y a point de consistoire actuel, il en est formé un. Tous les membres sont élus par la réunion des vingt-cinq chefs de famille protestans, les plus imposés au rôle des contributions directes : cette réunion n'a lieu qu'avec l'autorisation et en la présence du préfet ou du sous-préfet.

25. Les pasteurs ne peuvent être destitués, qu'à la charge de présenter les motifs de la destitution au gouvernement, qui les approuve ou les rejette.

26. En cas de décès ou de démission volontaire, ou de destitution confirmée d'un pasteur, le consistoire formé de la manière prescrite par l'article 18, choisit, à la pluralité des voix, pour le remplacer.

Le titre d'élection est présenté au premier consul par le ministre chargé de toutes les affaires concernant les cultes, pour avoir son approbation.

L'approbation donnée, il ne peut exercer qu'après avoir prêté, entre les mains du préfet, le serment exigé des ministres du culte catholique.

27. Tous les pasteurs actuellement en exercice, sont provisoirement confirmés.

28. Aucune église ne peut s'étendre d'un département dans un autre.

SECTION III.

Des Synodes.

29. Chaque synode est formé d'un pasteur, ou d'un des pasteurs, et d'un ancien ou notable de chaque église.

30. Les synodes veillent sur tout ce qui concerne la célé-

bration du culte, l'enseignement de la doctrine et la conduite des affaires ecclésiastiques. Toutes les décisions qui émanent d'eux, de quelque nature qu'elles soient, sont soumises à l'approbation du gouvernement.

31. Les synodes ne peuvent s'assembler que lorsqu'on en a rapporté la permission du gouvernement.

On donne connaissance préalable au ministre chargé de toutes les affaires concernant les cultes, des matières qui doivent y être traitées. L'assemblée est tenue en présence du préfet ou du sous-préfet, et une expédition du procès-verbal des délibérations est adressée, par le préfet, au ministre chargé de toutes les affaires concernant les cultes, qui, dans le plus court délai, en fait son rapport au gouvernement.

32. L'assemblée d'un synode ne peut durer que six jours.

TITRE III.

De l'Organisation des Eglises de la confession d'Augsbourg.

SECTION PREMIÈRE.

Dispositions générales.

33. Les églises de la confession d'Augsbourg ont des pasteurs, des consistoires locaux, des inspections et des consistoires généraux.

SECTION II.

Des Ministres ou Pasteurs, et des Consistoires locaux de chaque église.

34. On suit, relativement aux pasteurs, à la circonscription et au régime des églises consistoriales, ce qui a été prescrit par la section II du titre précédent, pour les pasteurs et pour les églises réformées.

SECTION III.

Des inspections.

35. Les églises de la confession d'Augsbourg sont subordonnées à des inspections.

36. Cinq églises consistoriales forment l'arrondissement d'une inspection.

37. Chaque inspection est composée du ministre et d'un ancien ou notable de chaque église de l'arrondissement : elle ne peut s'assembler que lorsqu'on en a rapporté la permission du gouvernement; la première fois qu'il écherra de la convo-

quer, elle le sera par le plus ancien des ministres desservant les églises de l'arrondissement. Chaque inspection choisira dans son sein deux laïques et un ecclésiastique qui prendra le titre d'inspecteur, et qui sera chargé de veiller sur les ministres et sur le maintien du bon ordre dans les églises particulières.

Le choix de l'inspecteur et des deux laïques sera confirmé par le premier consul.

38. L'inspection ne peut s'assembler qu'avec l'autorisation du gouvernement, en présence du préfet ou du sous-préfet, et après avoir donné connaissance préalable au ministre chargé de toutes les affaires concernant les cultes, des matières que l'on se propose d'y traiter.

39. L'inspecteur peut visiter les églises de son arrondissement; il s'adjoint les deux laïques nommés avec lui, toutes les fois que les circonstances l'exigent; il est chargé de la convocation de l'assemblée générale de l'inspection. Aucune décision émanée de l'assemblée générale de l'inspection, ne peut être exécutée sans avoir été soumise à l'approbation du gouvernement.

SECTION IV.

Des Consistoires généraux.

40. Il y a trois consistoires généraux, l'un à Strasbourg, pour les protestans de la confession d'Augsbourg des départemens du Haut et du Bas-Rhin; l'autre à Mayence, pour ceux des départemens de la Sarre et du Mont-Tonnerre, et le troisième, à Cologne, pour ceux des départemens de Rhin-et-Moselle et de la Roër.

41. Chaque consistoire est composé d'un président laïque protestant, de deux ecclésiastiques inspecteurs, et d'un député de chaque inspection.

Le président et les deux ecclésiastiques inspecteurs seront nommés par le premier consul.

Le président est tenu de prêter, entre les mains du premier consul, ou du fonctionnaire public qu'il plaît au premier consul de déléguer à cet effet, le serment exigé des ministres du culte catholique.

Les deux ecclésiastiques inspecteurs, et les membres laïques prêtent le même serment entre les mains du président.

42. Le consistoire général ne peut s'assembler que lorsqu'on en a rapporté la permission du gouvernement, et qu'en pré-

sence du préfet ou du sous-préfet : on donne préalablement connaissance au ministre chargé de toutes les affaires concernant les cultes, des matières qui doivent y être traitées. L'assemblée ne peut durer plus de six jours.

43. Dans le temps intermédiaire d'une assemblée à l'autre, il y a un directoire composé du président, du plus âgé des deux ecclésiastiques inspecteurs, et de trois laïques, dont un est nommé par le premier consul : les deux autres sont choisis par le consistoire général.

44. Les attributions du consistoire général et du directoire continuent d'être régies par les réglemens et coutumes des églises de la confession d'Augsbourg, dans toutes les choses auxquelles il n'a point été formellement dérogé par les lois de l'Etat et par les présens articles.

DU CULTE JUIF.

Décret du 10 *décembre* 1806, *sur le culte Juif* (1).

Art. 1er. Il est établi une synagogue et un consistoire Israëlite dans chaque département, renfermant deux mille individus professant la religion de Moïse.

2. Dans le cas où il ne se trouverait pas deux mille Israëlites dans un seul département, la circonscription de la synagogue consistoriale embrasse autant de départemens de proche en proche qu'il en faut pour les réunir. Le siége de la synagogue est toujours dans la ville dont la population Israëlite est la plus nombreuse.

3. Dans aucun cas, il ne peut y avoir plus d'une synagogue consistoriale par département.

4. Aucune synagogue particulière n'est établie, si la proposition n'en est faite par la synagogue consistoriale à l'autorité compétente. Chaque synagogue particulière est administrée par deux notables et un rabbin, lesquels sont désignés par l'autorité compétente.

5. Il y a un grand-rabbin par synagogue consistoriale.

---

(1) Ce réglement fut arrêté par une commission nommée par un grand Sanhédrin, convoqué à Paris en 1806, et confirmé par le décret impérial du 10 décembre de la même année. *Voyez* la note de la page suivante pour l'explication du mot *sanhédrin*.

9. Les consistoires sont composés d'un grand-rabbin, d'un autre rabbin autant que faire se peut, et de trois autres Israëlites dont deux sont choisis parmi les habitans de la ville où siége le consistoire.

7. Le consistoire est présidé par le plus âgé de ses membres qui prend le nom d'*ancien* du consistoire.

8. Il est désigné par l'autorité compétente dans chaque circonscription consistoriale, des notables, au nombre de vingt-cinq, choisis parmi les plus imposés et les plus recommandables des Israëlites.

9. Ces notables précèdent à l'élection des membres du consistoire qui doivent être agréés par l'autorité compétente.

10. Nul ne peut être membre du consistoire, 1° s'il n'a trente ans; 2° s'il a fait faillite, à moins qu'il ne soit honorablement réhabilité; 3° s'il est connu pour avoir fait l'usure.

11. Tout Israëlite qui veut s'établir en France ou dans le royaume d'Italie, doit en donner connaissance dans le délai de trois mois, au consistoire le plus voisin du lieu où il fixe son domicile.

12. Les fonctions du consistoire sont: 1° De veiller à ce que les rabbins ne puissent donner, soit en public, soit en particulier, aucune instruction ou explication de la loi qui ne soit conforme aux réponses de l'assemblée convertie aux décisions doctrinales par le grand-Sanhédrin (1);

2° De maintenir l'ordre dans l'intérieur des synagogues, surveiller l'administration des synagogues particulières, régler la perception de l'emploi des sommes destinées aux frais du culte Mozaïque, et veiller à ce que pour cause ou sous prétexte de religion, il ne se forme, sans une autorisation expresse aucune assemblée de prières;

3° D'encourager par tous les moyens possibles les Israëlites de la circonscription consistoriale, à l'exercice des professions utiles, et de faire connaître à l'autorité ceux qui n'ont pas des moyens d'existence avoués;

4° De donner chaque année à l'autorité connaissance du nombre de conscrits Israëlites de la circonscription.

---

(1) C'était un tribunal souverain chez les Hébreux, composé de soixante-douze membres. Il n'y avait qu'un grand sanhédrin pour toute la nation juive; il tenait ses assemblées dans le temple, et connaissait de toutes les affaires en général; il recevait les appels des petits sanhédrins, interprétait les lois, et faisait des réglemens pour leur exécution.

13. Il y a à Paris un consistoire central composé de trois rabbins et de deux autres Israélites.

14. Les rabbins du consistoire central sont pris parmi les grands-rabbins, et les autres membres sont assujettis aux conditions de l'éligibilité portées en l'art. 10.

15. Chaque année il sort un membre du consistoire central, lequel est toujours rééligible.

16. Il est pourvu à son remplacement par les membres restans. Le nouvel élu n'est installé qu'après avoir obtenu l'agrément de l'autorité compétente.

17. Les fonctions du consistoire central sont, 1° de correspondre avec les consistoires; 2° de veiller dans toutes ses parties à l'exécution du présent réglement; 3° de déférer à l'autorité compétante toutes les atteintes portées à l'exécution dudit réglement, soit par infraction, soit par inobservation; 4° de confirmer la nomination des rabbins et de proposer quand il y a lieu à l'autorité compétente, la destitution des rabbins et des membres des consistoires.

18. L'élection du grand-rabbin se fait par les vingt-cinq notables désignés en l'art. 8.

19. Le nouvel élu ne peut entrer en fonctions qu'après avoir été confirmé par le consistoire central.

20. Aucun rabbin ne peut être élu; 1° s'il n'est natif ou naturalisé Français ou Italièn du royaume d'Italie (1); 2° s'il ne rapporte une attestation de capacité souscrite par trois grands-rabbins italiens s'il est italien, et français s'il est français; et à dater de 1820, s'il ne sait la langue française en France et l'italienne dans le royaume d'Italie. Celui qui joindra à la connaissance de la langue hébraïque quelque connaissance des langues grecque et latine sera préféré, toutes choses égales d'ailleurs.

21. Les fonctions des rabbins sont: 1° d'enseigner la Religion; 2° la doctrine renfermée dans les désisions du grand-Sanhédrin; 3° de rappeler, en toutes circonstances, l'obéissance aux lois, notamment et en particulier à celles relatives à la défense de la patrie, mais d'y exhorter plus spécialement encore tous les ans, à l'époque de la conscription, depuis le premier appel de l'autorité jusqu'à la complète exécution de la loi; 4° de faire considérer aux Israëlites le service militairecomme un

(1) Aujourd'hui que l'Italie est un Etat indépendant de la France, cette disposition ne doit plus avoir d'effet.

devoir sacré, et de leur déclarer que pendant le temps où ils se consacreront à ce service, la loi les dispense des observances qui ne pourroient point se concilier avec lui ; 5° de prêcher dans les synagogues et réciter les prières qui s'y font en commun pour l'empereur et la famille impériale ; 6° de célébrer les mariages et de déclarer les divorces, sans qu'ils puissent, dans aucun cas, y procéder que les parties requérantes ne leur aient bien et duement justifié de l'acte civil de mariage ou de divorce.

22. Le traitement des rabbins membres du consistoire central est fixé à six mille francs; celui des grands-rabbins des synagogues consistoriales à trois mille francs; celui des rabbins des synagogues particulières est fixé par la réunion des Israëlites qui ont demandé l'établissement de la synagogue ; il ne peut être moindre de 1000 fr. Les Israëlites des circonscriptions respectives peuvent voter l'augmentation de ce traitement.

23. Chaque consistoire propose à l'autorité compétente un projet de répartition entre les Israëlites de la circonscription pour l'acquittement du salaire des rabbins : les autres frais du culte sont déterminés et repartis sur la demande des consistoires par l'autorité compétante. Le paiement des rabbins membres du consistoire central est prélevé proportionnellement sur les sommes perçues dans les différentes circonscriptions.

24. Chaque consistoire désigne hors de son sein un Israëlite non rabbin pour recevoir les sommes qui doivent être perçues dans la circonscription.

25. Ce receveur paie par quartier les rabbins, ainsi que les autres frais du culte sur une ordonnance signée au moins par trois membres du consistoire. Il rend ses comptes chaque année, à jour fixe, au consistoire assemblé.

26. Tout rabbin qui, après la mise en activité du présent réglement, ne se trouvera pas employé et qui voudra cependant conserver son domicile en France ou dans le royaume d'Italie, sera tenu d'adhérer, par une déclaration formelle et qu'il signera, aux décisions du grand-Sanhédrin. Copie de cette déclaration sera envoyée par le consistoire qui l'aura reçue au consistoire central.

27. Les rabbins membres du grand-Sanhédrin sont préférés, autant que faire se peut, à tous autres pour les places de grands-rabbins.

COLLECTION

DES

CONSTITUTIONS,

CHARTES ET LOIS FONDAMENTALES

DES PEUPLES DE L'EUROPE ET DES DEUX AMÉRIQUES.

ANGLETERRE.

PRÉCIS DE L'HISTOIRE

DU

GOUVERNEMENT D'ANGLETERRE.

Les institutions et les lois qui ont successivement régi l'Angleterre offrent une suite, et en quelque sorte une filiation non-interrompue. Il n'y a point d'époque où l'on voie un système entièrement nouveau remplacer subitement le système ancien. Au milieu des révolutions fréquentes arrivées dans ce pays, les anciennes lois ont toujours conservé leur autorité, du moins en ce sens, qu'elles ont servi de base aux institutions nouvelles : ainsi, la division territoriale de l'Angleterre paraît remonter aux temps antérieurs à la conquête des Normands; l'institution des jurés est attribuée par quelques écrivains à *Alfred-le-Grand*, et l'on a cru trouver l'image, ou du moins l'origine du parlement anglais dans ces anciennes assemblées nommées *Wittenagemot.*

Sans rien exagérer sur l'ancienneté d'origine de ses institutions actuelles, toujours est-il vrai que l'Angleterre a eu cet avantage de ne pas éprouver dans sa législation, ces révolutions soudaines qui renversent le système existant, et le remplacent tout-à-coup par un système nouveau, quelquefois plus parfait, mais ordinairement peu solide, car il ne repose sur aucune base.

C'est sur-tout à cette cause que les Anglais doivent attribuer la stabilité de leurs institutions ; quelle que soit d'ailleurs l'heureuse combinaison des pouvoirs qui caractérise leur constitution. Nous avons cru devoir le faire remarquer en commençant ce précis, parceque, à notre avis, c'est sous ce point de vue, qu'il faut surtout envisager les évènemens et les révolutions que nous allons retracer.

CHAPITRE I.er

De l'établissement des Saxons à la conquête des Normands.

La Bretagne, connue aussi sous le nom d'Albion, fut la limite de la domination romaine. Lors de l'irruption des Barbares, les Bretons secouèrent facilement le joug, ou plutôt les Romains abandonnèrent d'eux-mêmes, vers l'an 448, une conquête, dont la conservation n'était ni utile ni possible. On ignore quelle étoit la forme de gouvernement alors établie ; l'opinion la plus vraisemblable est que les grands s'arrogeaient, chacun dans leur district, une sorte d'autorité souveraine, et qu'ils étaient d'ailleurs indépendans les uns des autres (1).

Cette division en petites principautés affaiblissait les Bretons ; le séjour des Romains en les civilisant les avait amollis, en sorte que lorsque abandonnés à leurs seules forces, ils

(1) Hume, ch. Ier.

furent attaqués par les Pictes et les Ecossais, ils ne firent aucune résistance; et fuyant dans les montagnes, ils appelèrent à leur secours les *Saxons*, nation germanique établie sur les côtes de la mer, depuis l'embouchure du Rhin, jusqu'au Jutland.

Les Saxons acceptèrent avec empressement les propositions qui leur étaient faites; ils partirent moins sans doute dans l'intention de défendre les Bretons contre leurs ennemis, que de s'établir dans leur île, à l'exemple des autres Germains qui avaient conquis les Gaules. Les Bretons ne tardèrent pas à reconnaître quel prix les Saxons mettaient à leurs services, et délivrés de leurs anciens ennemis, ils eurent à se défendre contre leurs nouveaux alliés; de là cette guerre longue et sanglante, dans laquelle se signalèrent des héros dont l'histoire a conservé les noms, et dont les Bardes ont chanté les exploits. Parmi les Bretons, le plus célèbre fut Arthur; et l'on doit remarquer parmi les Saxons *Cerdic et Kenric* son fils, dont la race a régné sur l'Angleterre, jusqu'à l'invasion des Normands.

C'est en l'an 449 ou 450, que les premiers Saxons (1), sous la conduite de Hengist et de Horsa avaient abordé en Angleterre, et ce ne fut qu'après un siècle et demi de combats qu'ils furent maîtres paisibles de la Bretagne. Ils y fondèrent sept royaumes connus sous le nom d'*heptarchie*; en voici les noms : les royaumes de *Kent*, de *Northumberland*, d'*Est-anglie*, de *Mercie*, d'*Essex*, de *Sussex* et *Wessex*.

Il était difficile que tous ces petits Etats voisins et indépendans restassent long-temps unis, la guerre éclata bientôt entre eux; d'abord les vainqueurs imposèrent des tributs; puis les Etats les plus faibles furent réunis aux plus forts. Enfin les trois royaumes de Wessex, de Mercie et de Northumberland devinrent prédominans : la lutte s'établit entre

(1) *Saxons* était le nom générique de plusieurs tribus différentes; l'une d'elles était nommée les *Angles*, d'où l'Angleterre a tiré son nom.

eux, jusqu'à ce qu'Egbert, roi de Wessex et descendant de Cerdic, soumit toute l'Heptarchie à ses lois, en 827.

Ce prince fut couronné à Winchester, sous le nom de roi d'Angleterre, selon quelques historiens: d'autres au contraire, prétendent qu'Egbert et ses cinq successeurs immédiats conservèrent le titre de rois de *Wessex*, et qu'*Edouard l'ancien* fut le premier qui prit dans les monnaies celui de *Rex Anglorum*. Quoiqu'il en soit, l'autorité d'Egbert s'étendait réellement sur toute l'*Angleterre* proprement dite; seulement il permit aux rois de *Mercie*, d'*Est-anglie* et de *Northumberland* de conserver leur titre.

Nous avons dit quelle était, suivant l'opinion la plus probable, la forme du gouvernement établi en Bretagne par les Romains; l'invasion des Saxons apporta de nouveaux usages. L'autorité se trouvait partagée entre le roi ou chef (1) et les grands : quelques écrivains ont cru que le peuple n'était pas exclu du gouvernement; mais il serait ridicule de prétendre que déjà dans ces temps grossiers chaque pouvoir était établi de manière à tempérer les autres, sans avoir les moyens de les envahir; comme nous le voyons aujourd'hui.

Dans les royaumes de l'Heptarchie l'ordre de succession au trône paraît n'avoir pas eu de règles fixes; la couronne était à la vérité conservée dans la famille du roi; mais elle n'était pas toujours transmise à son parent le plus proche; quelquefois même le roi désignait son successeur par son testament (2) et son choix était suivi. On reconnaît à ces usages l'origine germanique des vainqueurs de la Bretagne; au surplus, les Saxons ne se bornèrent pas à imposer le joug aux vaincus, et à leur donner leurs lois; ils substituèrent leurs mœurs et leur langage à ceux des anciens habitans, et bientôt la population primitive et ses oppresseurs ne formèrent plus qu'une seule nation.

(1) Chieftain.

(2) Hume, ch. 2.

L'Angleterre réunie sous un seul chef devait espérer plus de tranquillité qu'elle n'en avait eu durant l'Heptarchie ; mais ses guerres intestines étaient à peine terminées, qu'un ennemi extérieur vint troubler son repos et la menacer de la servitude. Les Danois, peuple habitant des bords de la Baltique, parurent en armes sur les côtes de l'Angleterre. Dans leurs premières expéditions on ne vit que des pirates ; mais bientôt on craignit des conquérans, et les Anglo-Saxons furent menacés du joug qu'ils avaient imposé aux Bretons.

La guerre éclata, et se poursuivit avec des succès divers sous les règnes d'Egbert, d'Ethelwolth, d'Ethelbald et d'Ethered.

A la mort de ce dernier roi, les Danois avaient déjà formé des établissemens considérables : en 871, ils étaient maîtres des royaumes de Mercie, de Northumberland, et d'Est-Anglie. Les Anglo-Saxons découragés, n'opposaient qu'une faible résistance à ces formidables ennemis; mais Alfred, leur roi, trouva dans son courage et dans son génie des ressources inespérées : il arrêta les progrès des Danois et fut vainqueur dans plusieurs batailles; enfin après avoir éprouvé de grands revers, il parvint à préserver son peuple du joug ennemi. Toutefois, ses victoires ne purent expulser entièrement les Danois; mais sa politique les soumit à son autorité. Les Danois conservèrent leurs lois; mais ils furent les sujets d'Alfred.

Ce prince fut aussi sage législateur que grand capitaine, et il a mérité le titre de *Legum anglicanarum conditor*. Avant de parler des lois qu'il publia et des institutions dont il fut le fondateur, il importe de jeter un coup-d'œil sur le gouvernement d'Angleterre, durant et après l'Heptarchie jusqu'à Alfred.

Le royaume était divisé en *comtés* qui avaient chacun leur *Alderman* ou comte particulier. Les habitans formaient plusieurs classes distinctes : la première division était en hommes libres et esclaves ; mais tous les hommes libres n'étaient pas d'une égale condition, et ne jouissaient pas des mêmes droits. Les *thanes* ou nobles étaient au-dessus des *ceorls*, appelés aussi *husbandmen*, qui composaient la classe moyenne. Parmi les *thanes*, il y avait différens degrés; ceux du premier ordre étaient nommés *thanes du roi*, les autres étaient sous leur dépendance : probablement ils en avaient reçu des terres dont le prix consistait en rentes. Ils étaient en outre obligés d'obéir à leur seigneur en temps de paix et de guerre (1). Le *Weregild* ou la *composition* pour meurtre, établit ces distinctions d'une manière certaine : la vie d'un *thane royal* était évaluée à 1200 shillings, celle d'un *thane* du second ordre à la moitié, et la composition pour meurtre d'un *ceorl* était fixée à 200 shillings. (2)

Les *thanes* étaient les propriétaires des terres ou les *francs-tenanciers*, les *ceorls* étaient les cultivateurs.

Il est douteux si ces derniers étaient attachés à la glèbe ; quoiqu'il en soit, ils devaient le service militaire, ils obtenaient protection pour leur personne et pour leurs biens; pouvaient devenir propriétaires; et même parvenir à la dignité de *thanes*, s'ils acquéraient cinq *hydes* (3) de terres avec une chapelle, une cuisine, une salle et une cloche, c'est-à-dire, un manoir seigneurial (4).

La dignité de *thane*, était également accordée au commerçant qui avait fait trois grands voyages par mer.

L'institution politique la plus remarquable à cette époque, est sans doute l'assemblée connue sous le nom de *Wittenagemot* ; elle était composée des évêques, des abbés (5) et des *Aldermen*, ou gouverneurs de provinces ; sur ce point

---

(1) Wilkins. *Leges anglo-saxon*, pages 40, 43, 64, 72, 101.

(2) Spelman, *Feuds and tenures*, page 40.

(3) L'*hyde* équivaut à 120 acres environ.

(4) *Selden titles of honour*, page 515.

(5) Quelquefois les abbesses y étaient admises. — Spelm. gloss. au mot *Parliamentum*, cité par Hume.

toutes les opinions sont d'accord; mais les Prélats et les Aldermen ne composaient pas seuls l'assemblée : les *Wites* ou Sages en faisaient aussi partie; et il y a incertitude sur la question de savoir dans quelle classe ils étaient pris. Les uns ont soutenu que cette branche du Wittenagemot était formée des juges et des hommes instruits dans les lois; d'autres, au contraire, y ont vu les représentans des bourgs, et l'ont regardée comme l'origine de la chambre des communes. Cette dernière opinion ne paraît pas fondée: les bourgs, à cette époque, étaient si petits et si pauvres; les habitans étaient dans une telle dépendance des grands, qu'il est invraisemblable qu'ils fussent admis au conseil du Prince (1); d'ailleurs, comment concilier les dénominations de *Principes*, *Satrapes*, *Magnates*, etc., que tous les historiens s'accordent à donner aux membres du Wittenagemot, avec l'opinion que les représentans des bourgs faisaient partie de cette assemblée. Il faut donc croire que par cette expression de *Wites*, on désignait les grands propriétaires.

Les attributions du Wittenagemot ne peuvent être déterminées avec une parfaite exactitude; on sait seulement que son concours était nécessaire pour faire les lois; qu'il avait droit de surveiller l'administration publique, et de provoquer la révocation des actes faits sans sa participation.

Chaque comté avait son assemblée particulière, appelée *Shire-Gemot*; elle était formée des *thanes* du comté: on y jugeait les affaires civiles et criminelles; et cette institution a dû puissamment contribuer, ainsi que le remarque M. Hallam, *à fixer les libertés de l'Angleterre sur une base large et populaire*, *en restreignant les droits de l'aristocratie féodale* (2).

Telles étaient alors les institutions politiques de l'Angleterre; les lois d'Alfred vinrent les perfectionner et les affermir.

---

(1) Brady, *Traité des Bourgs*, pages 3, 4, 5.

(2) *L'Europe au moyen âge*, tome 2, page 18, traduction de MM. Dudouit et Borghers.

C'est à ce grand Roi, qu'il faut attribuer, suivant l'opinion la plus commune, la division régulière de l'Angleterre, en comtés : chaque comté fut subdivisé en *Hundreds*, *centaines* ou cantons, et chaque canton en *Thitings* ou *dixaines*. Le canton ou centaine dont le chef se nommait *Hundreder* comprenait dix *Thitings* ou dixaines ; la dixaine se composait de dix *francs tenanciers* avec leurs familles : ainsi réunies, dix familles formaient une communauté soumise à un chef nommé *Thitingman*, *Headbourg* ou *Borsholder*. Ces familles étaient en quelque sorte solidaires pour la punition des crimes commis par un de leurs membres : elles étaient obligées de représenter le coupable ou de payer une amende proportionnée à la gravité du délit : d'ailleurs chaque homme était obligé de se faire inscrire dans une dixaine, et personne ne pouvait en changer, sans l'autorisation de son *Thitingman*.

L'administration de la justice était organisée d'après la division territoriale; les contestations entre les membres d'une même dixaine étaient jugées par la dixaine assemblée, sur la convocation et sous la présidence du *Thitingman*. Les affaires d'une grande importance, les appels des sentences rendues par les dixaines, et les différens entre les dixaines étaient portés devant l'assemblée du canton (*Hundred*) présidée par son chef : « les formalités que ces cantons observaient méritent » d'être rapportées, dit Hume, comme étant l'origine des » jurés, institution admirable en elle-même, et ce que l'esprit » de l'homme a jamais imaginé de mieux, pour maintenir les » libertés nationales et l'administration de la justice ; douze » *Free-Holders*, c'est-à-dire francs-tenanciers, étaient choisis, » et prêtaient serment avec le *Hundreder*, d'administrer une » justice impartiale, et procédaient ensuite à l'examen de » l'affaire soumise à leur jugement ».

Cette opinion de Hume a été combattue par d'autres écrivains ; le cadre de notre travail ne nous permet pas de traiter la question avec les développemens dont elle est susceptible;

nous nous bornerons à faire observer que l'on peut adopter le sentiment de Hume, bien que l'institution actuelle du jury anglais, diffère en beaucoup de points des tribunaux dont nous venons d'exposer l'organisation, comme l'ont fait remarquer ceux qui ont soutenu un système contraire au sien. Dans tous les cas, nous avons dû signaler la difficulté, car en faisant connaître les anciennes institutions, nous devons sur-tout nous attacher à montrer leur influence sur les institutions modernes.

Au-dessus des assemblées de canton, était la cour du comté; elle se composait de tous les francs-tenanciers de la Province; et connaissait, sous la présidence du comte ou Alderman et de l'évêque, des appels des sentences rendues par les cantons, et des contestations entre les membres des différens cantons.

Enfin le conseil du Roi était la cour suprême, à laquelle on portait l'appel de toutes les cours du royaume.

Après avoir ainsi réglé l'hiérarchie des différens tribunaux, Alfred pensa qu'il était dangereux de laisser entre les mains de l'Alderman, l'autorité civile et militaire; il institua des *Shériffs* pour chaque province, auxquels fut confiée l'administration des affaires civiles. *Blackstone* pense au contraire, que les *Shériffs* ne furent dans l'origine que des officiers du comte, chargés de le suppléer dans toutes ses fonctions; et que c'est peu à peu, que l'autorité civile se trouva entre leurs mains, entièrement séparée du commandement militaire (1).

Outre ces réglemens particuliers, Alfred publia un corps de lois, qui ne s'est point conservé; mais que l'on regarde généralement comme la source de ce qu'on appelle en Angleterre le *droit commun.*

Telles furent les institutions d'Alfred; il sut établir l'ordre et faire respecter ses lois, sans attenter aux droits et à la liberté de son peuple; on trouve dans son testament ces paroles remarquables: *Il serait juste que les Anglais pussent toujours rester aussi libres que leurs pensées.*

---

(1) Blackstone, *Comment. sur les lois*, discours préliminaire, page 149.

Les successeurs d'Alfred furent continuellement inquiétés par les courses des Danois, dont les expéditions devenaient chaque jour plus nombreuses et plus redoutables. Ceux-ci parvinrent à former des établissemens sur les côtes, puis dans les terres; enfin, en 1016, *Edmond Côte-de-fer* fut contraint de partager son royaume avec *Canut*, roi de Danemarck; bientôt après, il mourut assassiné, laissant deux fils mineurs, et *Canut* fut reconnu roi d'Angleterre. C'est ainsi que la race des rois Saxons fut exclue du trône, mais les rois Danois ne le conservèrent pas long-temps, et la famille Saxone fut rétablie, en 1041, dans la personne d'*Edouard le Confesseur*.

Edouard fit une nouvelle promulgation des lois d'Alfred, et fut nommé, par cette raison, *restitutor legum anglicanarum*. Le règne de ce prince n'offre rien de remarquable, mais il prépara de grands évènemens.

A sa mort, Edgard, son neveu, Harold, seigneur puissant, et Guillaume duc de Normandie se disputèrent le trône; Harold, soutenu par un parti nombreux, se saisit du sceptre. Guillaume invoquait et les liens du sang qui l'unissaient au dernier roi, et le testament de ce prince qui le désignait pour successeur. Ses droits pouvaient être contestés, mais son épée trancha la question : vainqueur de Harold, à la bataille d'Hastings, il est sacré et couronné dans l'abbaye de Westminster, le 26 décembre 1066; ainsi finit la dynastie Saxone.

L'avènement de Guillaume amena de grands changemens dans le gouvernement, dans les mœurs et dans les institutions. « Dès-lors, dit Spelman, un nouvel ordre de choses commence ».

L'Angleterre était encore à cette époque régie par les lois d'Alfred; nous avons tâché d'en faire connaître l'ensemble. Il faut voir maintenant par quels changemens successifs le nouveau régime fut établi; mais il convient d'examiner d'abord une question importante, savoir : si les tenures féodales étaient connues en Angleterre avant la conquête.

Ceux qui ont soutenu l'existence de la féodalité, ont fait remarquer que les terres en franche tenure étaient soumises au service militaire, dans les expéditions du roi; à la réparation des ponts, et à l'entretien des forteresses royales; que les biens d'un thane qui s'était mal conduit à la guerre étaient confisqués; que la confiscation était même prononcée contre les thanes inférieurs, par cela seul qu'ils avaient négligé le service militaire; qu'enfin, il existait entre les propriétaires libres, par exemple entre les thanes royaux et les thanes inférieurs, des relations mutuelles et une subordination, telles que celles de seigneur à vassal.

Pour soutenir l'opinion contraire, on s'est attaché à faire remarquer que dans ces obligations et ces relations, on ne trouvait pas ce qui constituait essentiellement, le *vassellage féodal;* on a cité l'autorité du *Domesday-Book*, (1) qui qualifie souvent les tenans, soit de la couronne, soit d'autres seigneurs, de *Thanes*, *francs-tenanciers* (*liberi homines*), et qui porte expressément, que certains tenans pouvaient vendre leurs terres, à qui ils voulaient; qu'enfin d'autres pouvaient *aller avec leurs terres* où il leur plaisait, c'est-à-dire changer de patron à leur gré. D'ailleurs, on a eu soin d'établir que si quelques tenanciers ne pouvaient quitter leur seigneur, cependant leur personne n'était pas attachée à la terre; que seulement, tant qu'ils en avaient la possession, ils étaient soumis au seigneur. Une autre observation importante, c'est qu'il n'y a point de preuve, que le service militaire ait été dû par ces tenans; et qu'enfin, avant la conquête, la cérémonie d'hommage et de fidélité, la levée des aides féodales, les droits de garde et de mariage étaient absolument inconnus. Quant à la juridiction territoriale, il est difficile de savoir de quelle manière elle était établie.

---

(1) Régistre dans lequel étaient inscrits tous les propriétaires de terres, et où étaient mentionnées la valeur, l'étendue, et la nature des terres, ainsi que le nombre des fermiers, des paysans et des esclaves qui les cultivaient.

M. Hallam, qui développe et apprécie les raisons pour et contre, termine ainsi : « Trois choses sont à considérer dans » toute institution politique; le principe, la forme et le nom. » Je ne crois pas que le nom de fief se trouve dans aucun acte » Anglo-Saxon bien authentique (1). Quant à la forme, c'est-» à-dire aux cérémonies particulières et aux droits attachés » aux fiefs réguliers, on en trouve des traces, quoiqu'en petit » nombre. Mais il est, je crois, impossible de ne pas recon-» naître dans la dépendance sous laquelle des hommes li-» bres, et même des tenans nobles, se trouvaient placés vis-» à-vis d'autres sujets, par rapport à leurs biens, ainsi que » dans les privilèges de juridiction territoriale, les princi-» paux caractères de la relation féodale, quoique le système » ne fût ni aussi parfait, ni établi sur des bases aussi larges » qu'après la conquête des Normands (2) ».

CHAPITRE II.

De la conquête des Normands jusqu'à la grande Charte.

Guillaume ne fut pas paisible possesseur de son nouveau royaume. De fréquentes révoltes éclatèrent, sur-tout pendant son absence ; mais toujours vaincus, les Anglais furent enfin obligés de se soumettre. Il est difficile de savoir si la rebellion de ses sujets fut provoquée par la pesanteur du joug qu'il leur imposa ; ou si ce ne furent pas au contraire les séditions réitérées, qui l'amenèrent à gouverner d'une manière tyrannique ; du moins est-il certain que beaucoup de terres furent confisquées, et formèrent des fiefs que Guillaume donna comme récompenses à ses officiers.

Le nom d'anglais fut un titre d'exclusion de tous les emplois, la langue anglaise fut même proscrite ; on enseigna le

(1) On rencontre deux fois le mot *feodum* dans le testament d'Alfred ; mais il ne paraît pas y avoir été employé dans son sens propre ; et je ne crois pas que l'original de cet acte ait été écrit en latin.

(2) *L'Europe au moyen âge*, tome 2, page 50.

normand dans les écoles publiques, et cet idiôme fut seul employé dans tous les actes de l'autorité, jusqu'au règne d'Edouard III.

Comme nous l'avons déjà indiqué, ce fut Guillaume, qui porta en Angleterre le régime féodal, proprement dit. La manière dont il fut établi, et l'influence que durent nécessairement avoir sur ce régime les institutions préexistantes, lui donnèrent un caractère bien différent de celui qu'il avait en France. Aussi voyons-nous qu'il a eu dans les deux pays des résultats tout opposés.

En France, la souveraineté du roi, à l'égard des grands vassaux, n'était qu'un vain titre; ceux-ci s'étaient arrogé le droit de faire la guerre entre eux ; ils la firent souvent au roi lui-même ; d'ailleurs le monarque n'avait aucune autorité féodale sur ses arrière-vassaux.

En Angleterre, au contraire, Guillaume en donnant des fiefs à ses généraux, s'attribua toujours sur eux une puissance réelle, et les soumit à des charges qu'il imposa comme conditions de ses libéralités : en outre il conserva une partie de l'autorité sur ses arrière-vassaux, et reçut en 1085, le serment de fidélité de tous les possesseurs de terres, tant arrière-vassaux que vassaux immédiats. Enfin, la cour souveraine du roi (*Aula Regis*), les tribunaux des comtés et des *hundred* restreignaient beaucoup la juridiction des cours seigneuriales. Rien de semblable n'existait en France.

Il faut remarquer en outre, que les fiefs d'Angleterre étaient bien moins considérables que ceux de France, et que par conséquent, les seigneurs avaient moins de moyens pour se soustraire à l'autorité royale; enfin (ainsi que l'a remarqué Delolme), « les différens ordres du gouvernement féodal anglais » étaient liés les uns aux autres par des *tenures* exactement » semblables; ce qui était vrai vis-à-vis du seigneur Suze» rain en faveur d'un seigneur *dominant*, était vrai vis-à-vis » de celui-ci en faveur du seigneur d'un fief *servant* »; en sorte que les seigneurs étaient, aussi bien que le peuple, soumis aux rigueurs du régime féodal (1).

De là, il est arrivé qu'en France, le roi et le peuple ont eu également intérêt de renverser le régime féodal; le roi, pour diminuer l'autorité des seigneurs rivale de la sienne; et le peuple, pour se soustraire à un joug odieux : mais les communes, lorsqu'elles ont été affranchies, se sont trouvées en présence du pouvoir royal accru par la même cause à laquelle elles devaient leur émancipation. Dans cette position, la nation s'est crue assez libre, par cela seul qu'elle n'était plus dans le servage féodal; ou peut-être a-t-elle été trop faible pour obtenir de ses rois une liberté plus étendue.

Les barons anglais, par une combinaison tout opposée, se trouvaient placés sous le même joug que le reste de la nation: la communauté d'intérêts produisit la réunion des forces contre l'autorité royale. De là, ces concessions successives faites par les rois aux barons et aux communes, et qui forment les libertés de l'Angleterre.

La grande Charte, si célèbre dans les fastes de la nation anglaise, fut le premier résultat important que produisit cette ligue entre la noblesse et les communes contre le pouvoir du monarque; avant de parler de cet acte, il convient de jeter un coup-d'œil sur les temps qui l'ont précédé.

Après la mort de Guillaume-le-conquérant, les guerres civiles éclatèrent; le trône fut souvent réclamé par plusieurs prétendans qui soutenaient leurs droits les armes à la main, et qui, pour se concilier la faveur des barons et du peuple, faisaient des concessions, dont ils ne gardaient plus le souvenir lorsqu'ils

(1) Ils étaient même assujettis aux lois de forêt : par ces lois, Guillaume-le-conquérant s'était réservé le droit exclusif de la chasse, et avait établi les châtimens les plus terribles contre ceux qui chassaient sans sa permission: on crevait les yeux à quiconque tuait un cerf, un sanglier, ou même un lièvre, et cela, dans un temps où le meurtre d'un homme n'était puni que d'une amende.

étaient parvenus à la suprême puissance. Ainsi, Henri I.er accorda, en 1100, une Charte par laquelle il promit, qu'à la mort des évêques ou des abbés, il ne s'emparerait jamais du revenu des siéges et des abbayes pendant la vacance; qu'à la mort des comtes, barons ou tenanciers militaires, leurs héritiers seraient mis en possession de leurs biens, en payant à la couronne une redevance modérée (il eut soin de n'en pas déterminer la quotité). Enfin, il se dépouilla de la garde noble ou tutelle des mineurs. Il déclara que si un baron voulait marier sa fille ou sa parente, il suffisait qu'il consultât le roi, dont le consentement ne serait jamais *vendu*, ni refusé, à moins que l'époux proposé ne fût son ennemi. Il permit aux barons de disposer de leurs biens meubles et immeubles par testament; il renonça à imposer des taxes arbitraires sur les fermes que les barons retenaient dans leurs propres mains: enfin, il promit de confirmer les lois d'Edouard le Confesseur (1). Un exemplaire de cette Charte fut déposé, suivant quelques historiens, dans une abbaye de chaque province; mais Henri n'observa aucune de ses dispositions. Son successeur, Etienne, fit les mêmes concessions, et promit d'une manière encore plus expresse, le rétablissement des lois d'Edouard.

Henri II (Plantagenet), confirma les actes de ses prédécesseurs, mais sans parler des lois d'Edouard. Soutenu des barons, il réprima les prétentions des ecclésiastiques par des lois faites dans une assemblée générale de la noblesse et des

(1) Le maintien de ces lois, dit Blackstone, fut toujours l'objet des vœux du peuple, sous les premiers princes de la race normande; et la promesse de les conserver ou de les rétablir, fut toujours regardée comme l'acte le plus populaire et le plus agréable à la nation. Il faut convenir cependant que ces lois si vivement réclamées n'étaient pas bien connues; mais on savait seulement que sous le règne des rois Anglo-Saxons, on n'avait à supporter ni les rigueurs du régime féodal, ni le poids des impôts, ni les abus qui s'étaient introduits depuis la conquête.

prélats, tenue à Clarendon, en 1164. Ces lois sont communément appelées *Constitutions de Clarendon.*

Sous son règne on vit se reproduire l'ancienne *épreuve des Jurés* (1), et voici à quelle occasion : le roi voulant abolir, autant qu'il était possible, la coutume barbare de décider les contestations par le duel, et n'osant pas cependant proscrire ouvertement cet ancien usage, permit à chacune des parties de demander à être jugée par une assise de douze francs-tenanciers. Long-temps encore on vit les plaideurs préférer le combat judiciaire, à l'institution si belle et si sage du Jury; mais peu à peu, la raison triompha et l'épée cessa d'être l'arbitre du droit.

Une autre ordonnance du même prince partagea l'Angleterre en quatre divisions, et institua des juges ambulans destinés à tenir leurs assises dans chaque partie successivement, pour décider les constestations des particuliers.

Nous devons rappeler ici ce que nous avons dit plus haut de *Wittenagemot*, et faire remarquer que sous les princes normands, les mêmes attributions furent exercées par le *grand Conseil*; qui était composé des archevêques, évêques et abbés, des barons, de quelques autres tenanciers immédiats et militaires de la couronne, inférieurs en puissance et en propriété.

CHAPITRE III.

Depuis la grande Charte jusqu'à l'admission des communes au Parlement.

Nous avons déjà indiqué les causes qui devaient produire la liberté en Angleterre : le règne du roi Jean vint en accélérer l'effet. Quelles circonstances peuvent être plus favorables à l'émancipation d'un peuple, qu'un gouvernement faible et tyrannique? tel fut celui du roi Jean. Les barons se liguèrent et

(1) Trial by Jury.

réclamèrent à haute voix la confirmation des chartes de Henri I et de Henri II. Le monarque éluda, puis résista ouvertement, il fut vaincu et concéda cette fameuse grande charte, le fondement de la constitution anglaise.

Parmi les actes antérieurs et les institutions plus anciennes, nous avons signalé ceux qui ont été regardés en général comme les germes des libertés de l'Angleterre ; la grande charte en offre les développemens; elle n'établit pas, il est vrai, le gouvernement parlementaire, tel qu'il existe de nos jours, mais elle consacre tous les principes de la véritable liberté.

Les barons qui avaient pris les armes étaient spécialement excités par les rigueurs du régime féodal : la grande charte les diminua ; mais, ainsi qu'on l'a déjà dit, le peuple était uni aux barons pour combattre l'autorité royale : Il dut aussi avoir sa part dans les concessions du monarque. La grande charte considérée sous ce point de vue présente deux sortes de dispositions différentes; les unes favorables à la noblesse, en ce qu'elles diminuaient la puissance féodale du roi ; les autres favorables au reste de la nation, en ce que tous les priviléges accordés aux barons contre le roi, s'étendaient des barons à leurs vassaux. D'autres droits plus précieux encore furent solennellement reconnus : la liberté civile et la propriété furent garanties; les anciennes immunités et franchises des villes et des bourgs furent conservées : les commerçans eurent toute liberté de voyager dans le royaume et dans les pays étrangers pour leur négoce : le consentement du grand conseil fut déclaré nécessaire pour la levée des subsides. Enfin il fut établi que la cour du roi serait permanente et ne suivrait plus sa personne; qu'elle ne pourrait différer ni refuser la justice ; et que les tournées judiciaires auraient lieu régulièrement et à des époques déterminées.

En lisant la grande charte, on y verra que les adoucissemens au régime féodal qu'elle consacre sont à-peu-près ceux qu'établissait la charte de Henri Ier. Sans doute aussi l'on remarquera l'article 48, fondement de la liberté civile, et tous ceux qui donnent aux propriétaires des garanties contre les spoliations entières, ou les amendes excessives.

La concession du roi avait été contrainte et à la première occasion il s'empressa de la révoquer; mais les barons défendirent leurs droits avec l'ardeur qu'ils avaient mise à les conquérir, et la grande charte fut maintenue au milieu des troubles dont l'Angleterre devint le théâtre.

Henri III monta sur le trône après la mort du roi Jean, son père. Dans les premières années de son règne, il confirma la grande charte, y ajouta quelques dispositions, et y fit quelques changemens; notamment il supprima un des articles les plus importans, celui qui portait que le roi ne ferait *aucune levée d'imposition, soit pour le droit de scutage, soit pour tout autre, sans le consentement du conseil commun du royaume.* Certainement, cette omission n'était pas involontaire, et il est facile d'en deviner le motif; mais les circonstances ne permirent ni au roi, ni à ses ministres d'exécuter les projets qu'ils avaient formés; et toutes les fois qu'on eut besoin de lever des subsides, on demanda le consentement du grand conseil, qui quelquefois le refusa, ou du moins ne l'accorda que sous condition.

Henri publia dans le même temps la charte des forêts, qui, sans doute, n'est pas d'un grand intérêt par rapport à l'état actuel des choses; mais qui était de la plus haute importance à une époque où le roi comprenait dans les forêts une portion très-considérable du royaume, qu'il gouvernait par des lois arbitraires et particulières, et où les infractions aux lois forestières étaient pour la plupart punies de la peine capitale.

Ces premiers actes devaient donner d'heureuses espérances; elles ne furent point réalisées. Les prodigalités du roi et l'administration de ses favoris indisposèrent la noblesse et la nation. Le roi viola ouvertement la grande charte qu'il avait cependant, comme on l'a vu, confirmée avec la plus grande solennité; et dès-lors la haine contre lui fut excessive. Au moment où les esprits étaient le plus aigris, il se trouva obligé de convoquer les barons pour leur demander de nouveaux subsides : la circonstance était favorable, ils en profitèrent; et sur leur demande, vingt-quatre commissaires furent nommés, moitié par eux, et moitié par la couronne, pour opérer une réforme dans l'État. Provisoirement ces vingt-quatre commissaires eurent la garde de toutes les forteresses, et la disposition de tous les gouvernemens; d'abord ils s'occupèrent de la mission qui leur avait été confiée, et par de sages réglemens ils corrigèrent les abus dont se plaignait la nation; ces réglemens sont connus sous le nom de *provisions D'Oxford*.

Mais on ne tarda pas à s'apercevoir que le conseil des vingt-quatre cherchait à étendre son autorité, en empiétant sur le pouvoir royal; et bientôt on le vit substituer ouvertement, à la tyrannie du monarque, la tyrannie plus odieuse de l'aristocratie. Dès que les desseins des barons furent connus, leurs partisans diminuèrent, et la haine contre le roi s'affaiblit : d'ailleurs plusieurs barons voyaient avec inquiétude la puissance de Simon de Montfort, comte de Leicester, qui, après avoir dirigé le mouvement contre le roi, s'était placé à la tête des *vingt-quatre*. Les talens et le courage de cet homme extraordinaire, les avaient fait triompher; ils craignaient qu'ils ne servissent à les opprimer. Le roi crut le moment favorable pour ressaisir l'autorité; il convoqua un nouveau parlement, et dans la séance d'ouverture il annonça ses intentions par ces paroles. « *Puisque je suis né roi, je veux l'être : Reprenons chacun notre rôle; moi celui de maître, vous celui de sujets.* »

Le Comte de Leicester répondit avec arrogance, au nom des barons; dès ce moment la guerre fut inévitable, elle éclata bientôt après. Le courage du prince Edouard, fils du roi, ne put résister à l'expérience du comte; les royalistes furent vaincus, le roi fut fait prisonnier.

Cette victoire rendit Leicester tout puissant, et probablement il ne songea plus qu'à affermir ou à étendre son autorité; mais les mesures qu'il prit dans cette intention devaient produire un autre résultat qu'il ne prévoyait pas lui-même; c'était l'admission des communes au parlement.

CHAPITRE IV.

Etablissement de la Chambre des Communes.

Le Comte de Leicester ne trouva pas de meilleur moyen pour conserver le pouvoir, que de paraître l'exercer au nom du roi et du consentement de la nation; à cet effet il convoqua, en 1265, un parlement, auquel il appela non-seulement les barons, mais encore *deux chevaliers* pour représenter leur comté, et *deux citoyens ou bourgeois* pour représenter chaque *ville ou bourg;* ces députés furent nommés en vertu de *Writs* adressés aux *Shériffs* au nom du roi. Telle est, suivant l'opinion la plus générale, l'origine de la chambre des communes; mais on doit remarquer avec Hume, que « la politique de Leicester ne fit qu'accélérer de quelques » années une institution à laquelle l'état des choses avait » déjà préparé la nation; autrement, ajoute cet historien, il » serait inconcevable qu'un tel arbre, planté par une main » si fatale, eût pu croître si vigoureusement et fleurir au sein » de semblables orages. »

L'histoire nous apprend que Leicester parvenu à l'autorité suprême en abusa; obligé de soutenir une nouvelle guerre contre le roi, ou plutôt contre le prince Edouard, il fut vaincu et tué à la bataille d'Evesham. Henri III remonta sur son trône et montra plus de modération qu'on ne devait en attendre; il respecta la grande charte et les droits acquis, et ne punit que par l'exil ses ennemis les plus acharnés.

Le prince Edouard fut son successeur; dans les premières années de son règne plusieurs parlemens furent convoqués; et il est remarquable que les députés des *bourgs* n'y furent point appelés, comme ils l'avaient été par le comte Leicester;

mais en 1295, le roi adressa aux *Shériffs* des *Writs* par lesquels il leur enjoignait d'envoyer au parlement, outre deux chevaliers de la province, deux députés de chaque bourg (1); » parceque c'est la règle la plus équitable, est-il dit dans le » préambule des *Writs*, que ce qui intéresse tous soit approu» vé, de tous et que le danger commun soit repoussé par des » efforts réunis. » (2).

On a écrit des volumes sur les premières élections des députés des bourgs; on a examiné à qui appartenait le droit d'élire, dans quelle forme il était exercé; sur-tout on a recherché quels étaient dans l'origine les pouvoirs des députés, et comment ils concouraient avec les barons aux actes du parlement; enfin par quels degrés, la chambre des communes est devenue, comme elle l'est aujourd'hui, partie essentielle du pouvoir législatif. Toutes ces questions, à l'exception de la dernière, nous paraissent avoir été traitées avec une étendue et un soin qu'elles ne méritent pas; ainsi nous nous attacherons seulement à noter les époques et les actes qui ont produit des changemens notables dans l'institution alors naissante.

Voici comment s'exprime Delolme (3) à ce sujet. « Il faut » l'avouer cependant, ces députés du peuple n'eurent pas d'a» bord des droits fort considérables, ils étaient bien éloignés de » jouir de ces belles prérogatives qui font aujourd'hui de la » chambre des communes une partie collatérale du gouverne» ment; ils ne furent d'abord appelés que pour *consentir* aux ré» solutions que prendraient le roi et l'assemblée des seigneurs; » mais c'était avoir beaucoup acquis, que d'avoir acquis le droit » de faire entendre leurs plaintes sans péril et en commun; « c'était beaucoup, au lieu de la ressource dangereuse des » insurrections, d'avoir une influence légale sur les motions du

(1) Il y avait alors environ cent-vingt bourgs ou cités, qui nommaient des députés.

(2) Brady, *Traité des Bourgs*, page 25.

(3) Page 27, chap. 1.

» gouvernement et d'en faire désormais partie. Quelque fût » le désavantage de la place qui leur était assignée, il devait » être bientôt compensé par la prépondérance nécessaire qu'a » le peuple, lorsqu'il peut se mouvoir avec règle. »

Delolme ajoute en note que le *summon* ou appel que les seigneurs recevaient du roi pour se rendre au parlement, portait : *ad audiendum et faciendum*, et celui des communes, *ad audiendum et consentiendum*. Telle était en effet la formule des *Writs* de convocation expédiés en 1295 ; dans la suite, elle varia souvent ; mais il ne faut point regarder ces changemens dans les expressions comme des signes certains d'extension ou de diminution dans le pouvoir des communes : pendant long-temps elles n'eurent que celui de *consentir* aux actes qui leur étaient présentés, et même on ne les regarda comme partie essentielle de la législature que pour le vote des impôts.

Malgré les grandes qualités du roi Edouard Ier, les Anglais voyaient avec inquiétude ce prince chercher à étendre son autorité ; on avait à lui reprocher plusieurs violations de la grande charte ; la nation se plaignit, le monarque fut obligé de confirmer la grande charte et la charte des forêts ; il ordonna par le même statut qu'elles seraient envoyées à tous les Shériffs, et à tous les magistrats du royaume pour être solennellement publiées ; qu'elles seraient conservées et lues deux fois par an dans chaque cathédrale, avec sentence d'excommunication contre quiconque les violerait ; et enfin que tout jugement contraire à ces chartes serait réputé nul et considéré comme non-avenu. En outre, et quelques années après, Edouard publia le statut *de tallagio non concedendo*, portant qu'on ne pourrait lever aucun impôt sans le consentement des pairs et des communes. Cet acte important, dit Delolme, « est conjointement avec la grande charte, la » base de la constitution d'Angleterre. Si c'est de l'une que les » Anglais doivent dater l'origine de leur liberté, c'est de » l'autre qu'ils doivent en dater l'établissement; et si la grande » charte était le rempart qui protégeait toutes les libertés

» individuelles, le statut en question était la machine qui pro-» tégeait la charte elle-même, et à l'aide de laquelle la na-» tion devait faire désormais des conquêtes légales sur » l'autorité du roi. »

Ici il importe de remarquer qu'antérieurement à ce statut, le parlement devait, à la vérité, voter les subsides; mais le roi n'en avait pas moins le droit de lever sur les terres de sa dépendance immédiate des taxes connues sous le nom de *tailles ou prises :* certains impôts tels que le droit sur la sortie des laines étaient également levés en vertu de la prérogative royale. Ce nouvel acte embrassant dans la généralité de ses expressions tous les impôts, le roi fut désormais obligé d'obtenir toujours le consentement du parlement.

Tels sont les évènemens du règne d'Edouard Ier, qui ont influé sur la constitution de l'Angleterre. C'étaient les seuls qu'il entrait dans notre plan de retracer. Jusqu'à cette époque, nous avions à rechercher les germes faibles et épars des institutions, et à suivre leurs développemens successifs : maintenant ces institutions, quoiqu'encore irrégulières dans quelques parties, se montrent avec leurs caractères essentiels, il ne reste plus qu'à signaler les causes de leur perfectionnement, et enfin à les étudier dans leurs effets.

Nous avons vu les communes devenir partie essentielle du parlement; et dès-lors a été constitué le gouvernement *par roi*, *lords et communes*, tel qu'il existe de nos jours; mais les limites respectives de chacun des trois pouvoirs n'ont été bien déterminées que par la suite : reprenons le fil des évènemens et des actes qui ont placé les choses dans l'état actuel.

La chambre des communes, comme on le sait, ne fut appelée dans l'origine qu'à voter l'impôt, mais ses prérogatives devaient nécessairement s'accroître ; car, le droit de refuser des subsides au monarque emportait le droit de les accorder sous conditions ; en d'autres termes, d'exiger en compensation ou en échange de l'argent qu'on accordait au roi, le sacrifice d'une partie de son autorité.

Il paraît certain que dès les premiers temps les communes formèrent une assemblée distincte de celle des barons, et qu'elles votèrent toujours séparément (1). Les *chevaliers* élus par les comtés et qui d'abord avaient fait partie de l'assemblée des barons se réunirent à celle des communes dans laquelle ils n'ont pas cessé de siéger. Les rôles du parlement font foi que cette réunion eut lieu dans les huitième, neuvième et dix-neuvième années d'Edouard II (2); d'ailleurs il est constant qu'un parlement devait être convoqué chaque année, ou même deux fois par an, si cela était nécessaire: c'est la disposition expresse d'un statut de la cinquième année d'Edouard II.

Tel était l'état des choses, lorsque les causes de l'accroissement du pouvoir des communes, que nous avons signalées précédemment, commencèrent à produire leurs effets. Dans le parlement de 1308, la chambre des communes accorda les subsides demandés, *à condition que le roi prendrait l'avis de son conseil et leur ferait justice sur certains points* qui étaient énumérés avec soin. Le roi s'engagea à faire cesser la plupart de ces abus. Si la chambre ne se constituait pas dès-lors partie essentielle du corps législatif, du moins il faut reconnaître que ce n'était pas seulement un droit de *remontrances* qu'elle s'arrogeait. On verra bientôt ses tentatives se renouveler et réussir.

Le règne d'Édouard fut extrêmement agité, le sceptre était trop pesant pour sa faiblesse, on l'avait vu, en 1312, forcé d'abandonner toute l'autorité à douze commissaires choisis par les barons, et qu'on nomma *les lords ordonnateurs* (*Lords ordainers*); en 1326, il fut *déposé* par le parlement. Il importe

(1) Quelques écrivains ont fixé l'époque de la séparation du parlement en deux chambres, à la sixième année d'Édouard II, d'autres à la dix-septième année du même roi. — *Carte*, tome 2, page 451. — *Parliament. hist.*, tome 1, page 234.

(2) *Rot. Parl.*, page 289, 351, 430.

de remarquer que dans ces deux actes on eut soin de faire intervenir les communes et de mentionner leur consentement. Cette précaution n'était prise que pour donner à des mesures violentes une apparence de légalité; mais dans le fait, c'était leur reconnaître des droits égaux à ceux des barons.

L'acte de déposition du roi était certainement une violation des principes du droit public alors existant : ni avant cette époque, ni depuis, aucun statut n'a conféré au parlement le droit d'expulser le monarque du trône ; il serait même contradictoire de supposer que ce corps qui n'est constitué que par la convocation du roi, et dont les actes ne peuvent avoir effet qu'avec l'approbation de l'autorité royale, fût le maître de disposer du spectre et de la couronne. Cependant on verra dans plusieurs occasions le parlement étendre son *omnipotence* sur le roi lui-même : la révolution de 1688 est un exemple que tout le monde connaît.

Sous Edouard III, l'autorité du parlement continua à s'accroître; le droit de voter les subsides déjà établi fut sanctionné, et la nécessité du concours des deux chambres, pour faire les lois et les abroger, fut reconnue. Le parlement de 1341 fit un statut portant entre autres dispositions remarquables, que dorénavant aucun pair ne pourrait être puni que *par le Jugement de ses pairs dans le parlement*; que toutes les fois qu'une des grandes charges du royaume serait vacante, le roi y nommerait, en prenant l'avis de son conseil, et le consentement des grands seigneurs qui se trouveraient résider dans le voisinage de la cour; qu'enfin, le troisième jour de chaque session du parlement, le roi se ressaisirait de toutes les grandes charges, excepté de celle des chefs de justice des deux bancs, et des barons de l'échiquier; que les ministres ainsi réduits pour un temps à la condition de simples particuliers seraient obligés de répondre en présence du parlement aux diverses accusations portées contre eux; que s'ils se trouvaient coupables sur quelques points, on les destituerait en définitif de leur place, pour leur substituer des sujets plus dignes. (1).

Le consentement du roi fut acheté, on peut le dire, par un subside de 20,000 sacs de laine; mais ce prince, par un artifice dont il y avait déjà plusieurs exemples, fit une *protestation secrète* contre son adhésion publique à l'acte du parlement, et dès qu'il eut reçu le subside, il publia un édit par lequel, en avouant ingénument qu'il avait *dissimulé* en donnant son consentement, il déclarait le révoquer, et par conséquent annuler le statut, comme contraire à la loi et attentatoire aux prérogatives de la couronne. Cependant on garda le souvenir de ces concessions, et sans qu'aucun acte nouveau confirmât les principes qu'elles consacraient, ils furent reproduits et appliqués dans plus d'une occasion; par exemple le parlement de 1376, porta un œil scrutateur et sévère sur les abus de l'administration et mit en accusation les ministres du roi, notamment Lord Latimer qui, comme le dit Hume, fut victime de ce nouvel accroissement de l'autorité du parlement.

Ainsi, les prérogatives nouvelles du parlement n'ont pas toujours été solidement établies du moment où elles ont été reconnues; souvent au contraire elles n'ont été définitivement acquises et consacrées qu'après avoir été suspendues, et quelquefois même oubliées en apparence. Cette réflexion ne s'applique pas seulement au fait historique qui nous l'a suggérée; mais elle pourrait presque être reproduite pour chaque institution.

Nous avons énuméré les actes du parlement qui ont accru son autorité particulière, sous le règne d'Edouard III, et par conséquent les libertés nationales. Un autre statut du même règne mérite d'être cité à côté de ceux qui viennent d'être analysés, c'est celui qui détermina d'une manière précise les cas de haute-trahison, jusqu'alors trop vaguement désignés. (2) Ils furent fixés à trois : Savoir le crime *de conspirer*

(1) V. Stat. 15, Edouard III.

(2) Vingt-cinquième année d'Edouard III.

la mort du roi, *de lever l'étendard de la guerre contre lui*, *et de se jeter dans le parti de ses ennemis*; depuis on a rangé dans les cas de haute-trahison, *la conspiration pour prendre les armes contre le roi.* On sentira combien il est important que les crimes de cette espèce soient caractérisés de manière à empêcher toute interprétation extensive, puisque la législation criminelle refuse à ceux qui en sont accusés une partie des droits et des garanties dont jouissent les autres prévenus : l'acte *d'habeas corpus*, par exemple, établit plusieurs exceptions de ce genre.

Richard II succéda à Edouard III; les actes de son règne ne peuvent fournir que peu de documens utiles. Tour-à-tour le parlement et le roi étendirent leur pouvoir et leurs prérogatives au-delà des limites qui leur étaient tracées par la constitution; et dans ce flux et reflux continuel, tous les droits et tous les principes se trouvèrent confondus. A diverses époques, des commissions de réforme nommées dans le parlement s'emparèrent de tout le pouvoir, sous prétexte de corriger les abus; telle fut la commission établie en 1386. A la même époque, le comte Suffolk, ministre du roi, fut accusé et jugé par le parlement; et l'on menaça le roi de le déposer, en invoquant, comme précédent, la déposition d'Edouard II. Bientôt après, le roi fit décider, par des juges du *banc du roi* et des *plaids communs*, contrairement aux statuts arrêtés par la commission de réforme, qu'il pouvait mettre fin à la session, suivant son bon plaisir; que ses ministres ne pouvaient être accusés sans son consentement; que les peines de trahison étaient applicables à tout membre qui enfreindrait ces décisions, et particulièrement à celui qui avait proposé qu'on fît lecture de la sentence de déposition d'Edouard II.

Cette décision fut à son tour qualifiée de haute-trahison, lorsque le parlement eut ressaisi l'autorité; et les juges qui l'avaient rendue, furent accusés devant la chambre des pairs et condamnés à mort.

Enfin le roi parvint encore une fois à renverser la puissance de ses ennemis ; et soit ressentiment des outrages qu'il avait reçus, soit crainte d'en recevoir de nouveaux, il n'employa que la force et la violence pour gouverner son royaume. Cette conduite excita des troubles, ou dumoins servit de prétexte à ceux qui cherchaient à les exciter ; et le monarque vaincu par ses sujets fut déposé, en 1399, par les deux chambres du parlement.

Voilà le second exemple d'un parlement qui s'arroge le droit de prononcer la déchéance du monarque ; cependant il importe de faire remarquer que le parlement crut devoir arracher au roi une abdication, ce qui prouve que lui-même regardait comme douteux le droit qu'il exerçait.

Henri de Lancastre qui avait renversé Richard du trône y monta après lui ; dès que la sentence de déposition eut été prononcée, il s'avança dans l'assemblée et faisant le signe de la croix, il dit : « Au nom du Père et du Fils et du Saint-Esprit ; » moi, Henri de Lancastre, je réclame le royaume d'Angleterre et la couronne, avec tous ses membres et appartenances ; comme descendu en droite ligne du bon roi » Henri III, et par ce droit que Dieu de sa grâce m'a transmis, et le secours de mes parens et amis, j'espère recouvrer » le dit royaume qui était prêt à être détruit par défaut de » gouvernement et de stabilité des bonnes lois. »

Par ces paroles, le nouveau monarque semblait fonder ses droits sur sa naissance, sur la conquête et sur le vœu de ses sujets. Dans la réalité, aucun de ces titres ne pouvait être invoqué par lui ; mais favorisé par les circonstances, il réussit à se maintenir sur le trône où il venait de monter.

Maintenant nous pouvons parcourir rapidement plusieurs règnes. Henri V et Henri VI décorés du titre de roi de France et conquérans d'une grande partie de ce royaume ; les guerres sanglantes d'York et de Lancastre ; les règnes de Henri VIII et d'Elisabeth, les querelles de religion et la séparation de l'Église anglicane sont des époques remarquables dans l'histoire d'Angleterre ; mais au milieu de ces grands évènemens on ne voit point s'élever de nouvelles institutions politiques, et les anciennes sont près de disparaître sous les atteintes réitérées de la tyrannie. Nous devons par conséquent nous hâter d'arriver au règne de Charles I.er; époque mémorable et féconde en grands résultats.

Toutefois il importe de signaler, dans l'intervalle que nous avons marqué, quelques points dignes d'attention.

Le droit du parlement de concourir à la confection des lois était solennellement reconnu; mais la manière dont il était exercé donnait au roi le moyen d'en arrêter les effets. Les communes, comme on l'a dit, exposaient leurs griefs dans des pétitions, et en exigeaient la réparation comme conditions des subsides qu'elles accordaient. Tantôt le monarque, sous prétexte qu'il ne devait faire droit aux pétitions qu'après le vote des communes sur les subsides, et le dernier jour de la session, éludait toute explication, et lorsqu'il avait reçu l'argent, il repoussait les demandes qui lui étaient adressées: tantôt il feignait de les accorder; mais par la rédaction des statuts qui était confiée aux juges, on parvenait facilement à dénaturer les intentions du parlement: enfin le droit que s'arrogeait le roi de suspendre les statuts rendait presque illusoire le pouvoir législatif des lords et des communes.

Sous Henri IV, et dans la seconde année de son règne, les communes demandèrent que le roi fît droit à leurs pétitions avant de voter les subsides. Cette tentative qui n'eut aucun succès ne fut pas renouvelée de long-temps; mais quatre ans après, une innovation d'une autre espèce vint accroître ou du moins consolider le pouvoir du parlement. On ne se borna point, comme on l'avait fait jusqu'alors, à voter les subsides, on en détermina l'emploi d'une manière spéciale, et des trésoriers chargés de la recette furent déclarés responsables et comptables devant le parlement. Plus tard enfin, les chambres substituèrent aux anciennes *pétitions* des statuts tout rédigés qu'on appela *bills*, et que le roi devait adopter ou rejeter sans modifications. Cet usage fut introduit sous le roi Henri VI;

mais il ne fut solidement établi que plusieurs années après; on pourrait citer plusieurs statuts auxquels les rois Henri VI et Edouard IV son successeur ajoutèrent ou retranchèrent des dispositions de leur autorité privée.

Il est inutile de rappeler l'état d'avilissement auquel fut réduit le parlement sous le règne de Henri VIII; un exemple suffira pour en donner une idée : en 1523, les communes refusaient de voter les subsides demandés. Henri fit appeler *Montague*, un des membres les plus influens de l'assemblée, et lui adressa ces étranges paroles : « *Oh l'homme!* » ils ne veulent donc pas laisser passer mon bill? Puis mettant la main sur la tête de Montague qui était à *genoux* devant lui : « Que mon bill passe demain, ou demain, je vous fais » couper la tête. » Le bill passa (1). On sent combien il serait superflu d'étudier le progrès des institutions sous le règne d'un tel prince.

Elisabeth, avec plus de mesure et de prudence, exerça également un pouvoir absolu; elle faisait emprisonner les membres du parlement, désignait les matières sur lesquelles il leur était permis de discuter : en sorte que les discours étaient, suivant l'expression de Hume, *plus dignes d'un divan de Turquie, que d'une chambre des communes d'Angleterre.*

Cependant dans le temps qui s'était écoulé entre l'avènement de Henri IV et le règne d'Elisabeth; le parlement avait acquis d'importans priviléges, et des règles assez sages s'étaient introduites sur les élections. Ces règles et ces priviléges plièrent sous le sceptre tout-puissant de Henri VIII et de sa fille.

De tous les priviléges acquis par le parlement dans cet intervalle, les plus remarquables sont, 1° celui qui consiste en ce que ses membres ne peuvent être impliqués dans aucune procédure criminelle excepté pour cause de trahison, de félonie et d'atteinte portée à la paix publique; 2° la liberté de la parole et des opinions dans les chambres (2); 3° l'initiative exclusive-

(1) Collins, pairie anglaise.

(2) Trente-troisième année de Henri VI.

ment attribuée aux communes pour les bills de finances; 4° enfin la garantie que le roi ne pourra nullement intervenir dans les affaires qui se traitent au parlement. (1)

Il n'y a rien de bien positif sur les conditions exigées dans les premiers temps pour être électeur. Suivant les uns, et c'est l'opinion laplus générale, les francs-tenanciers seuls étaient électeurs, (2) suivant d'autres, tous les individus présens au comté participaient au droit d'élection (3). Toute incertitude cesse devant un statut de la 8e année de Henri VI, qui *restreint le droit d'élection aux francs-tenanciers de terres, ou tenement* (*freehold*) *d'un revenu de quarante shillings* (4). Le préambule de ce statut mérite d'être rapporté. Il indiquera l'état des choses qu'il a fait cesser : d'autant, y est il-dit, que « les élections de chevalier en plusieurs provinces de l'Angleterre ont été faites en dernier lieu par un nombre abusif » et excessif de gens, plusieurs d'entre eux d'une espèce inférieure, prétendent s'égaler aux chevaliers et aux écuyers » les plus considérables; de là résulteraient des *meurtres*, des » *désordres*, des *batteries*, des divisions parmi les gentils- » hommes, et autres particuliers des mêmes provinces ».

Voilà pour ce qui regarde les élections des *comtés*; quant à celles des *villes* et *bourgs*, il paraît que tous les hommes libres (*freemen*) avaient le droit d'y concourir; mais ce droit était restreint suivant la volonté du shériff, qui probablement était maître de porter sur le *Writ* de convocation le nombre d'électeurs qu'il jugeait convenable.

D'ailleurs il est difficile de se figurer à quel point les élections étaient irrégulièrement faites: tantôt les shériffs négligeaient ou même refusaient de convoquer certains bourgs; tantôt les bourgs eux-mêmes ne voyant dans le droit d'élection

(1) Neuvième année de Henri IV.

(2) Heywood *on élections*, tome 1, page 20.

(3) Pryane 3 register, page 187, cité par M. Hallam.

(4) Quarante shillings valent aujourd'hui 48 fr., mais du temps de Henri VI ils valoient environ 480 fr.

que l'obligation de payer à leurs députés une indemnité; n'hésitaient pas à sacrifier le droit pour se soustraire à l'obligation (1). Avec de telles dispositions, les électeurs ne pouvaient résister à l'influence de la couronne; et l'on citerait facilement des *writs* de convocation dans lesquels le roi adresse non seulement des invitations, mais des ordres exprès pour faire nommer telles ou telles personnes : ainsi en 1552, Edourd VI écrivait aux shériffs, qu'il leur enjoignait d'informer tous les francs feudataires qu'ils étaient requis de choisir pour représentans des hommes qui eussent de l'expérience et des lumières; puis il ajoutait, » et cependant *tel est notre plaisir* que, toutes les fois que » notre conseil privé ou quelques-uns de ses membres, » recommanderont pour nos intérêts dans leur juridiction » quelques personnes éclairées et sages, *leur choix sera respecté et suivi* comme tendant à la fin que nous desirons, » laquelle est de former une assemblée des personnes de notre » royaume les plus capables de donner de bons avis.

On sent assez qu'alors toute liberté des électeurs était détruite.

La constitution particulière de la chambre des pairs éprouva aussi diverses modifications dans l'intervalle qui s'écoula entre le règne de Henri IV et celui d'Elisabeth; mais nous croyons devoir n'entrer dans aucun détail à ce sujet; les développemens que nous donnerions n'apprendraient rien de vraiment utile sur l'organisation de la chambre haute. « La nature et la constitution de la » chambre des lords, dit un écrivain moderne, pendant » la période que nous examinons, présentent à l'histo- » rien un sujet aride et obscur » (2). Toutefois dès cette

(1) L'indemnité des députés des bourgs était de deux shillings; celle des députés des comtés s'élevait à quatre shillings. — Stat. 16. Edouard II. — Cet usage d'accorder une indemnité aux députés a cessé presque généralement du temps de Henri VIII.

(2) On peut consulter sur ce point l'ouvrage de *West*, intitulé *Inquiry into manner of creating peers.* (Recherches sur la manière de créer les pairs.)

époque la prérogative accordée au roi de créer des pairs n'était ni douteuse ni contestée.

A la mort d'Elisabeth, la nation anglaise paraissait si bien soumise au joug; les institutions étaient tellement méprisées, les vieilles traditions de liberté tellement oubliées, qu'il n'était guère probable que la constitution d'Angleterre fût digne, un siècle après, d'être proposée comme modèle à toutes les nations civilisées.

Les lois de trahison, invention tyrannique de Henri VIII, avaient été abolies sous Edouard VI, mais *la cour de la chambre étoilée*, *la cour de la haute commission* subsistaient encore. Ces deux tribunaux, sans règles fixes de décisions, imposaient arbitrairement des amendes, prononçaient des emprisonnemens et infligeaient des châtimens corporels : un simple ordre du conseil privé suffisait pour motiver leurs arrêts. La cour de haute commission connaissait spécialement du crime d'hérésie : cette terrible juridiction, placée sous l'influence immédiate de l'autorité royale, était un instrument dont l'intolérance religieuse fit un fréquent et déplorable usage.

La loi martiale établie pour les cas de révolte et de troubles était fréquemment appliquée à des crimes d'une autre nature. Au moyen de l'extension donnée à cette loi, tout infortuné qu'il plaisait au prévôt, ou au gouverneur d'un comté, ou à leurs députés, de soupçonner, pouvait être puni comme rebelle ou complice de rébellion (1).

Enfin, ce droit si ancien et si important, de voter les subsides, était éludé et presque détruit : les rois, qui craignaient de trouver de l'opposition dans le parlement, pour la levée des impôts, exigeaient des emprunts, dont la quotité et la répartition étaient fixées arbitrairement, et dont la perception était assurée par des moyens violens, tels que l'emprisonnement. La demande de la *bénévolence*, ou don gratuit, était encore un moyen d'extorquer de l'argent sans le concours du

(1) Hume.

parlement. Dans l'énumération des abus qui existaient à cette époque, on ne doit pas oublier *le droit de la pourvoirie*; ce droit très-ancien consistait à acheter les provisions nécessaires à la maison du roi au prix fixé par les pourvoyeurs eux-mêmes.

CHAPITRE V.

Maison de Stuart.

Voilà dans quelles circonstances, Jacques Ier, déjà roi d'Ecosse monta sur le trône d'Angleterre : les deux couronnes se trouvèrent ainsi réunies sur la tête du même prince; mais les deux royaumes conservèrent leurs lois et leur administration particulières.

Jacques voulut régner en maître comme les rois auxquels il succédait; mais, soit que son caractère personnel lui ôtât les moyens de conserver le pouvoir absolu, soit que la nation fût fatiguée du joug, les communes résistèrent ouvertement aux prétentions du monarque; et l'on vit alors ce parlement, si humble et si obéissant sous les princes de la maison de Tudor, revendiquer ses droits avec hardiesse, attaquer les prérogatives de la couronne, et plus tard conduire un roi sur l'échafaud.

Les prétentions du parlement furent d'abord sages et mesurées; la chambre des communes réclama, en 1604, le droit d'être seule juge de la validité des élections, et d'ordonner le remplacement des membres qui ne pouvaient siéger par un motif quelconque : après quelques discussions ce droit fut à-peu-près reconnu. Ensuite les réclamations devinrent plus étendues. Jacques répondit dans le parlement et dans ses ouvrages (1) qu'il était roi *absolu*, et que ces priviléges que la nation réclamait comme des droits n'étaient qu'un effet de la tolérance de ses ancêtres. En 1610, il termina un discours adressé au parle-

(1) V. un livre de Jacques Ier, intitulé : *Véritable Loi des Monarchies libres.*

ment, par ces paroles remarquables : « Je conclus donc, touchant le pouvoir des rois, par cet axiôme de théologie, que disputer *le pouvoir de Dieu* est un blasphême ; mais que les théologiens peuvent sans offense disputer *de la volonté de Dieu*, et que cette dispute ou cette discussion est un de leurs exercices ordinaires. De même c'est une révolte dans les sujets de disputer sur ce qu'un roi peut faire dans toute l'étendue de son pouvoir. Mais les rois justes seront toujours prêts à faire connaître ce qu'ils veulent faire, s'ils ne veulent point encourir la malédiction du ciel. Pour moi, *je ne serai jamais content qu'on dispute sur mon pouvoir*, mais je serai toujours disposé à faire connaître les motifs de mes actions, et même à les régler *par mes lois* ».

De pareils principes, hautement professés par un roi qui n'avait ni un caractère, ni des forces capables de les soutenir, ne firent qu'irriter les esprits ; ces germes de division entre la couronne et les chambres se développèrent assez rapidement. En 1621, on en vint à une rupture ouverte : les prétentions du parlement à une liberté entière dans ses discussions, et au droit illimité d'entrer dans la connaissance des affaires d'Etat, furent violemment repoussées par le monarque, qui, en répondant à une députation des communes, se servit de cette expression outrageante : *ne sutor ultrà crepidam*. Les communes irritées firent une protestation qu'elles consignèrent sur leur registre ; le roi, par une mesure encore plus violente, se fit apporter le registre, et déchira la protestation de ses propres mains.

Cet éclat n'eut aucun résultat favorable pour le roi, et peu d'années après, il fit aux communes des concessions importantes pour prix de légers subsides : il consentit notamment à ce que les sommes qui lui seraient accordées fussent payées à des commissaires du parlement chargés d'en faire l'emploi ; et il ne put empêcher de passer un bill portant que tous les *monopoles* étaient contraires à la loi et aux libertés de la nation.

Sous ce règne, le droit d'accusation contre les conseillers et les ministres du roi fut exercé deux fois par la chambre des communes; en 1621, contre le célèbre chancelier Bacon, qui, sur son propre aveu, fut condamné comme concussionnaire; et en 1624, contre le comte de Midlessex, grand-trésorier.

Tel était l'état du royaume, et telle était la disposition des esprits, lorsque Charles Ier succéda à son père. On pourrait réduire l'histoire de ce malheureux prince à dire qu'après avoir manifesté des prétentions qu'il n'eut pas la force de soutenir, les concessions arrachées à sa faiblesse ne purent lui concilier la confiance de la nation, et qu'elles fournirent à ses ennemis des armes pour le perdre.

Les abus qui, sous le règne précédent, avaient excité tant de plaintes et de réclamations, subsistaient toujours; et Charles penchait, comme son père, à embrasser la doctrine du pouvoir absolu. En conséquence, la division ne tarda pas à éclater de nouveau entre le roi et le parlement : les subsides furent refusés ou accordés d'une manière insuffisante. Le monarque eut recours, tantôt à la force, tantôt à l'adresse, pour se procurer, sans le concours des chambres, les sommes qui lui étaient nécessaires; il essaya de lever des emprunts ou des dons de *bénévolence*; il menaça le parlement d'établir de *nouveaux conseils* pour voter les subsides. Des emprisonnemens arbitaires exercés même sur les membres du parlement, vinrent seconder ces mesures; mais tous ces efforts furent inutiles; et en 1627, le roi se trouva forcé de convoquer un parlement.

La chambre des communes parut, dès le commencement de la session, déterminée à obtenir la réforme des abus; elle se sentait soutenue dans son entreprise par l'opinion publique, qu'elle captivait sur-tout en défendant les idées religieuses, alors universellement répandues en Angleterre, et en réclamant l'exécution sévère des lois contre les catholiques.

Elle parvint enfin à son but; et dressa un acte nommé *pétition* ou *requête de droit*, dans lequel, après avoir exposé ses griefs et les titres sur lesquels elle s'appuyait, elle demandait expressément, qu'aucun don, prêt ou taxe quelconque ne fût exigé sans le concours du parlement ; que personne ne fût emprisonné pour cause de refus de ces taxes; qu'aucun emprisonnement, pour quelque cause que ce pût être, ne fût arbitrairement exercé, et enfin que les commissions pour les procédures de la loi martiale fussent supprimées.

Le roi fit tous ses efforts pour empêcher ce bill de passer dans l'une et dans l'autre chambre : même après qu'il eut été adopté, il chercha encore à éluder, et au lieu de prononcer la formule ordinaire du consentement, il fit une réponse évasive dont le parlement ne se contenta point.

En sorte qu'après avoir montré sa mauvaise intention, il fut forcé de donner son consentement en termes formels.

Cet acte qui aurait dû satisfaire les vœux des communes, et que le roi aurait dû regarder comme une concession juste et raisonnable, ne parut aux communes qu'un moyen pour acquérir un pouvoir plus étendu; au roi qu'une atteinte à ses prérogatives, qu'un attentat dont il devait se venger. Ainsi au lieu de ramener la paix, la pétition de droit prépara de nouvelles querelles.

Les motifs, ou si l'on veut, les prétextes des plaintes que le parlement forma dans les sessions suivantes étaient : l'inobservation des lois contre le papisme, ou du moins, l'indulgence qu'on accordait aux catholiques pour de l'argent : et la levée du droit de *tonnage et de poundage* sans le concours du parlement (1). Il paraît que dans l'origine, ce droit était accordé par le parlement pour toute la durée du règne. Charles demandait que rien ne fût innové, mais les communes voulurent que le roi fût obligé de réclamer cet impôt toutes les fois qu'il en aurait besoin. Le prince suivit, en cette occasion, sa marche ordinaire: il prit des mesures violentes dans lesquelles il n'eut pas la force de persévérer. La dissolution du parlement de 1629 fut ordonnée; mais avant de se

(1) Le droit de *tonnage* était levé sur les vins importés en Angleterre, et celui de *poundage* était un droit de douze deniers par livre de la valeur de toute espèce de marchandises importées dans le royaume.

séparer, les membres de la chambre des communes firent une protestation dans laquelle ils déclaraient *les papistes* et les officiers qui levaient le tonnage et le poundage *ennemis de la nation*, et les marchands qui payaient volontairement ces droits *traîtres à la liberté anglaise*.

Les vexations employées pour la levée de ces impôts ajoutèrent encore à l'animosité du parti populaire; les rigueurs de la chambre étoilée n'étaient pas propres à la calmer : on cite surtout le jugement rendu contre Prynne, avocat de Lincoln's-inn : il fut condamné comme libelliste à être exclu du barreau, à être exposé au pilori, *à perdre les deux oreilles* (1), à payer 5,000 livres sterling d'amende et à une prison perpétuelle. Prynne était un puritain zélé, et cette sentence fut rendue en haine de cette secte, qui, comme on le sait, formait la partie la plus exaltée de l'opposition. La taxe des vaisseaux (2) (*ship money*) excita de nouveaux murmures; le mécontentement était à son comble.

Ce fut en Écosse, où les opinions religieuses étaient les plus ardentes, qu'éclata la révolte. Les Ecossais dressèrent un acte appelé *covenant*, dans lequel ils consignèrent le serment de rejeter toutes les innovations religieuses et de résister à toute opposition. Le roi marcha contre les rebelles, mais il était impossible de soutenir la guerre sans argent : or l'expérience du passé démontrait que toutes les impositions illégales et arbitraires seraient insuffisantes; il n'y avait donc d'autre ressource que d'assembler un parlement.

Le roi demanda douze subsides; et offrit de renoncer à ce prix à la taxe des vaisseaux : les communes ne répondirent qu'en annonçant des prétentions plus exagérées que celles qu'elles avaient précédemment manifestées. Encore une fois, le roi eut recours à une brusque dissolution.

(1) Ce châtiment barbare était assez souvent ordonné par la chambre étoilée.

(2) Cette taxe levée par le roi était destinée et fut employée à la création et à l'entretien de la marine. Il est possible que la nation eut à se plaindre de cet impôt, mais l'usage qu'en faisait le roi aurait dû faire cesser toutes les plaintes.

Dans cet état de choses, son armée fut battue par les révoltés d'Ecosse; il fallut traiter avec eux, et assembler un nouveau parlement.

Ici l'histoire de Charles Ier cesse de nous offrir des documens utiles, à nous, qui ne cherchons qu'à recueillir les élémens du droit politique. Dans ce temps de troubles, tous les droits furent confondus, et la constitution fut dénaturée.

Le *long Parlement*, ainsi nommé à cause de sa durée, commença par établir en principe que les droits de tonnage et de poundage ne pourraient être levés qu'avec son consentement. Ensuite il fit passer un bill portant que le parlement serait convoqué au moins tous les trois ans, et qu'une fois assemblé, il ne pourrait être ajourné, prorogé ni dissous pendant l'espace de cinquante jours. L'année suivante, il fit trancher la tête au comte Strafford, ministre et ami du roi : enfin un nouveau bill déclara que le parlement ne pourrait être ni cassé, ni ajourné, ni prorogé. Le roi ne put défendre ni son autorité, ni la vie de son ami.

Peu de temps après, la guerre civile éclata entre les royalistes et les parlementaires (1) : personne n'ignore qu'après des succès divers, le roi fut vaincu et fait prisonnier. Alors les deux partis qui s'étaient formés dans le parlement, ayant atteint le but vers lequel ils tendaient également, manifestèrent des vues ultérieures différentes; les uns, *les presbytériens*, voulaient traiter avec le roi; les autres, *les indépendans*, secondés par l'armée, ou plutôt agissant d'après les instigations et la volonté des généraux, et surtout de Cromwel, manifestaient les desseins les plus sanguinaires. Ces derniers expulsèrent violemment de la chambre des communes les membres presbytériens, ils déclarèrent que tout ce qui était constitué et notifié *loi* par les communes prenait force de loi sans le consentement du roi ou de la chambre des pairs. Les obstacles étant ainsi écartés, la chambre des communes *pur-*

(1) Ces deux partis étaient aussi désignés par les noms de *cavaliers* et de *têtes rondes* : c'est là l'origine des *Torys* et des *Whigs*.

gée (1) de tous les membres opposans, rendit l'ordonnance *pour le procès de Charles Stuart, roi d'Angleterre*, et le 30 janvier 1649, la tête du monarque tomba sous la hache du bourreau.

L'Angleterre fut constituée en république; et tandis que le mot de liberté était dans tous les actes et dans toutes les bouches, tout était soumis à la puissance de Cromwel.

En 1653, il fut déclaré protecteur. Il n'entre point dans notre plan de retracer les événemens de sa vie, ni ceux qui rappelèrent la famille des Stuarts sur le trône d'Angleterre; et sans doute nous ne devrions pas nous attacher à faire connaître la nouvelle constitution du protectorat, nommé *l'instrument d'Etat*, puisque Cromwel en empêcha toujours l'exécution, tantôt par la violence et tantôt par la ruse; toutefois voici quelles en étaient les principales dispositions. Il y avait un conseil composé de vingt-un membres au plus et de treize au moins. Ces membres étaient nommés à vie : en cas de vacance, le conseil nommait trois candidats, entre lesquels le protecteur devait choisir. Le protecteur était le magistrat suprême de la république, la justice était administrée en son nom, il nommait à tous les emplois : en lui résidait le droit de paix et de guerre et celui de grâce; toutefois il ne pouvait exercer ces droits qu'avec le consentement du conseil. Le commandement et l'administration de l'armée lui étaient déférés. Le protecteur devait convoquer un parlement de trois ans en trois ans : une fois assemblé le parlement ne pouvait être dissous, ni prorogé, ni ajourné pendant cinq mois. Les bills devaient recevoir l'approbation du protecteur; toutefois si son consentement n'était pas donné dans les vingt jours, ils devenaient *lois* par la seule autorité du parlement. L'armée permanente ne pouvait être diminuée sans le consentement du protecteur; des fonds étaient assignés pour son entretien

(1) Cette expression est consacrée; on appela la *purgation* du colonel *Pride*, la mesure violente par laquelle cet officier arrêta quarante-un membres du parti presbytérien.

(on comprend toute l'importance de cette disposition). Dans l'intervalle des sessions, le protecteur et le conseil d'État pouvaient faire des lois qui avaient autorité jusqu'à la convocation du parlement. Le chancelier, le grand-trésorier, l'amiral, les gouverneurs d'Irlande et d'Écosse et les chefs de justice des deux cours étaient nommés par le protecteur, avec l'approbation du parlement, et dans les intervalles, avec celle du conseil, sauf la confirmation ultérieure du parlement. Le protecteur était nommé à vie. A sa mort, le conseil devait le remplacer.

A la mort de Cromwel, son fils Richard lui succéda; mais il n'avait aucune des qualités nécessaires pour conserver le pouvoir suprême. Il abdiqua presque volontairement l'autorité. Le long parlement (1) fut rappelé, puis expulsé : enfin, après de nouveaux troubles qui durèrent un an, la famille de Stuart remonta sur le trône d'Angleterre, dans la personne de Charles II.

Les commencemens de ce règne furent aussi heureux qu'on devait l'attendre des sentimens qui animaient le roi et la nation. Une amnistie générale fut publiée, les juges de Charles I et quelques chefs du parti républicain en furent seuls exceptés, et certains d'entre eux furent punis de mort. Le roi consentit à l'abolition des droits de *garde noble* et de *pourvoirie* : le parlement, de son côté, accorda des subsides et les droits de tonnage et de poundage pour toute la durée du règne. Les évêques furent non seulement rétablis dans leurs droits spirituels, mais ils reprirent encore leur rang dans la chambre des pairs, dont ils avaient été exclus un peu avant le commencement des guerres civiles. Dans une autre session, il fut établi d'un commun accord que l'interruption des assemblées du parlement ne durerait au plus que trois ans.

Cette union ne dura pas long-temps. Pour se faire une juste

(1) Il fut nommé le *Rump* (croupion), par les presbytériens et les royalistes alors réunis. Ce nom lui fut donné, dit Hume, par allusion à cette partie de l'animal qui passe pour la plus vile.

idée des causes qui mirent la division entre le monarque et les sujets, il faut se rappeler l'effervescence et l'animosité qui régnaient alors en Angleterre entre les différentes sectes, et les différens partis royalistes, républicains, anglicans, presbytériens, catholiques, indépendans. Le roi professait la tolérance à l'égard des *non conformistes*; il était soupçonné de protéger en secret les catholiques; à l'extérieur, il entreprit des guerres et fit des alliances également contraires à l'opinion publique et à l'intérêt national, et dès-lors le parlement commença à se montrer moins docile. Peu-à-peu on vit le roi, ou plutôt ses ministres, développer le plan qu'ils avaient conçu pour s'arroger le pouvoir absolu. L'acte le plus remarquable, par lequel se manifesta ce système d'empiétement, fut l'*Edit d'indulgence*, publié en 1672, et par lequel le roi s'arrogeant le pouvoir suprême, en matière de religion, suspendit toutes les lois pénales contre les protestans non conformistes et contre les catholiques, accorda aux premiers l'exercice public de leur religion, et aux autres l'exercice particulier dans l'enceinte de leurs maisons. D'ailleurs la crainte, et par conséquent la haine du papisme, augmenta lorsqu'on vit le duc d'Yorck, frère du roi, se déclarer ouvertement catholique. En cet état de choses, le ministère et le roi voyaient bien ce qu'ils avaient à craindre du parlement; mais le besoin des subsides força de le convoquer. Le premier objet dont il s'occupa fut l'édit d'indulgence: on l'attaquait, comme contraire, dans ses dispositions, aux lois et actes du parlement, et comme illégal et arbitraire, en ce qu'il émanait du roi seul.

D'abord la cour parut vouloir soutenir l'édit sous l'un et l'autre rapport; mais bientôt on reconnut que la résistance serait inutile, on céda.

L'édit d'indulgence fut donc révoqué, et un bill imposa un *test*, c'est-à-dire, une épreuve à tous ceux qui étaient appelés à des fonctions publiques. Cet acte exigeait, outre les sermens d'allégeance et de suprématie, et la réception du sacrement dans une église anglicane, un serment ainsi conçu:

« Je déclare que je crois qu'il ne se fait point de transubs- » tantiation dans le sacrement de la Cène du Seigneur, ni avant » ni après la consécration faite par quelque personne que ce » puisse être. »

Depuis cette époque, le roi perdit de jour en jour la confiance et l'autorité qu'il avait acquises ; abandonné ou plutôt trahi par ceux qui lui avaient suggéré des idées d'envahissement sur les droits du peuple, il fut obligé d'accéder aux justes réclamations du parlement, et ne repoussa qu'avec peine les prétentions les plus exagérées et les plus illégales ; tel fut par exemple, le bill proposé par les communes pour exclure le duc d'York de la couronne. Toutefois cette lutte entre le monarque et le parlement eut un heureux résultat : elle fit consacrer la liberté civile par l'acte connu sous le titre d'*habeas corpus*. Nous nous bornons à en présenter ici l'analyse, puisqu'il se trouve rapporté en entier dans le texte des lois constitutionnelles. C'est beaucoup sans doute que les droits des peuples soient reconnus dans les lois fondamentales des Etats; mais ces déclarations de principes deviennent illusoires, si elles ne sont soutenues par des institutions fortes et durables. La grande charte avait dit que nul ne pourrait être emprisonné arbitrairement ; l'acte d'*habeas corpus* vint déterminer les moyens légaux d'obtenir la réparation d'un emprisonnement illégal : il désigna les juges à qui la demande d'élargissement devait être adressée, surtout il prononça des amendes au profit de la partie lésée, contre tous auteurs, complices ou exécuteurs d'une arrestation arbitraire. Ce fut vraiment alors que la liberté individuelle fut solidement garantie contre les excès de pouvoir.

L'idée que nous avons donnée de l'état du royaume sous Charles II, et des opinions dominantes, suffit sans doute pour faire prévoir la catastrophe qui termina le règne de Jacques II, son successeur.

Ce prince, comme on l'a dit, était catholique déclaré, et ses actes montrèrent bientôt qu'il n'était pas moins attaché à la doctrine du pouvoir absolu, qu'aux dogmes du Catholicisme : néanmoins, dans les premiers temps, le parlement se montra plein de soumission et de déférence, soit par défaut de courage, soit par un motif plus honorable, le désir de conserver l'union entre le pouvoir royal et les chambres.

Le roi, sans doute enhardi par cette conduite modérée, ne garda plus aucun ménagement : en peu de temps il devint odieux à tous les partis ; et lorsque le prince d'Orange se présenta en Angleterre, l'armée et la nation abandonnèrent le monarque, qui se trouva déchu du trône par une révolution aussi prompte que paisible.

CHAPITRE VI.

Révolution de 1688.

Les griefs allégués contre Jacques II se trouvent exposés dans la déclaration du prince d'Orange, faite avant son débarquement. On y reprochait au monarque de s'être arrogé le pouvoir dispensatif du test, la suspension des lois pénales contre les non conformistes, la création de la cour ecclésiastique, revêtue des mêmes attributions que la cour de haute commission ; les emplois donnés aux catholiques, l'admission d'un jésuite au conseil privé, les chartes des communautés anéanties, l'élection des membres du parlement soumise à des ordres arbitraires, l'autorité confiée en Irlande aux catholiques, etc.

Par la même déclaration, le prince d'Orange cherchait à accréditer les bruits populaires sur la naissance du prince de Galles : on sent tout l'intérêt qu'avait le prince Hollandais, mari de la fille aînée de Jacques II, à établir que le fils du roi avait été supposé, et à écarter ainsi le seul obstacle qui lui fermât le chemin du trône.

Un parlement qui prit le nom de *convention* se rassembla sur la convocation de Guillaume, le 22 janvier 1689. Son premier acte fut la fameuse déclaration qui prononca la déchéance de Jacques. Les termes dans lesquels elle est conçue sont remarquables, soit à raison des questions de droit public qu'ils donnèrent occasion d'agiter dans les deux chambres, soit par l'ambiguité qu'ils laissèrent relativement aux droits du parlement pour prononcer la déchéance du monarque.

Elle portait que, « le roi Jacques s'étant efforcé de ren- » verser la constitution du royaume en rompant *le contrat* » *original* entre le roi et le peuple; ayant violé les lois fon- » damentales par le conseil des jésuites, et d'autres perni- » cieux esprits, et s'étant évadé du royaume, avait *abdiqué* » le gouvernement, et qu'ainsi le trône était vacant ».

La chambre des communes rédigea la déclaration dans les termes que nous venons de rapporter. Dans la chambre des lords on demanda qu'au lieu de prononcer la déchéance du roi, et de changer l'ordre de la succession, on nommât un régent. On examina ensuite la question de savoir : *s'il y a un contrat original entre le roi et le peuple? Si le roi Jacques avait rompu ce contrat?* et enfin *si le roi ayant rompu le contrat original et abandonné le gouvernement, laissait le trône vacant?*

Au résultat, la chambre des lords proposa quelques amendemens; mais après en avoir conféré avec la chambre des communes, ils furent abandonnés, et la déclaration resta telle que nous l'avons rapportée.

La convention assemblée en Écosse en fit une plus courte et plus énergique. Elle proclama que, « le roi Jacques, par » sa mauvaise administration et par l'abus qu'il avait fait du » pouvoir, était déchu de tout droit à la couronne. »

A la suite de ces deux actes, et le 22 février 1689, passa un bill qui donna la couronne au prince et la princesse d'Orange; ou plutôt au prince seul, qui, en montant sur le trône, prit le nom de Guillaume III.

Par le même bill, le parlement régla l'ordre de succession en ces termes. « Guillaume et Marie, prince et princesse » d'Orange, sont déclarés roi et reine d'Angleterre; ils gar- » deront la couronne pendant leur vie; elle passera ensuite

» à celui des deux qui survivra à l'autre. L'exercice plein et » entier du pouvoir royal sera dans les mains du prince » d'Orange, et il le tiendra en son nom et en celui de la » princesse pendant leur vie. Après leur mort le trône passera » aux héritiers nés de la princesse Marie (1), à leur défaut, » à la princesse Anne de Danemark, (2) et à ses enfans; et » si elle n'en a point, aux héritiers du prince d'Orange ».

Par ce réglement, le prince de Galles, fils de Jacques II, se trouvait exclu du trône où l'appelait l'usage ancien. On proclama en principe que toute personne attachée au Saint-Siège et professant la religion catholique et romaine serait, par ce motif même, exclue de la succession et déclarée inhabile à y prétendre à l'avenir; que dans tous les cas de cette espèce, le peuple serait délié du serment d'obéissance; que la couronne passerait aux princes protestans qui en eussent hérité, si les princes catholiques fussent morts, et que la même exclusion serait prononcée contre les princes protestans qui se seraient mariés à des princesses catholiques. Nous ferons voir plus tard l'application de ces principes.

Les libertés de l'Angleterre furent expressément consacrées par le *bill des droits* qui renouvela et étendit les principes contenus dans la *pétition de droit*. Il fut solennellement reconnu qu'on ne pouvait lever d'impôts sans le consentement du parlement; que la couronne n'avait point le pouvoir de dispenser de l'effet des lois; et que chacun avait le droit de présenter des pétitions. La résistance à l'oppression fut légalisée (3), la supériorité de la loi sur le chef du gouverne-

(1) Par-là on voulait prévenir les discussions entre les enfans nés de Guillaume avec la princesse Marie, et ceux qu'il pourrait avoir d'une autre femme.

(2) Sœur de la reine Marie et seconde fille de Jacques II, mariée au prince de Danemarck.

(3) Voici comment s'exprime Blackstone « Le cinquième et dernier droit » auxiliaire et subordonné dont jouissent les Anglais est celui d'avoir des » armes pour leur usage et qui soient relatives à leur état et à leur con- » dition. *Ce droit est reconnu par le statut 1er, chap. 2. de Guillaume et Marie,*

ment fut consacrée en ces termes. *Les lois d'Angleterre sont le droit inviolable du peuple et passent avant le roi. Les rois ou reines en montant sur le trône doivent gouverner selon ces mêmes lois. Leurs officiers et leurs ministres doivent les servir aussi conformément à ces lois. Toutes celles du royaume qui assurent la religion établie, les droits et les libertés du peuple, ainsi que toutes les autres qui sont en vigueur sont ratifiées et confirmées par le roi, de l'avis et du consentement des pairs tant ecclésiatiques que séculiers, et des communes.*

La formule du serment des rois à leur couronnement, réglée à cette époque, contient la confirmation de toutes les règles que nous venons de rappeler ; le roi jure sur l'Évangile de régner selon la loi, et de respecter les droits du peuple et de l'Église d'Angleterre.

Arrivés à ce point, nous n'avons plus qu'une tâche facile à remplir. La révolution de 1688 a établi la constitution sur les bases qui depuis n'ont point été ébranlées ; il ne nous reste donc qu'à parcourir rapidement l'intervalle qui nous sépare de cette époque et à signaler les actes ou les événemens qui ont apporté quelques modifications aux règles fondamentales du gouvernement d'Angleterre.

Guillaume fut inquiété dans les premières années de son règne par les tentatives de Jacques II; celui-ci trouva surtout de nombreux partisans parmi les catholiques d'Irlande ; mais ce malheureux prince fut vaincu par son compétiteur ; et dès-lors tous ceux qui avaient embrassé sa cause furent doublement coupables aux yeux du souverain, et comme papistes et comme rebelles : de-là ces mesures de rigueur qui aujourd'hui encore pèsent sur les catholiques irlandais.

Après l'abolition de la chambre étoilée, des ordonnances restrictives de la liberté de la presse avaient été publiées, et

---

» et est une suite accessoire du droit qu'ont tous les hommes de veiller à leur » conservation, quand la loi elle-même ne peut réprimer la violence et l'oppres- » sion ».

successivement renouvelées. Même depuis l'avènement de Guillaume, on jugea nécessaire de maintenir ces dispositions exceptionnelles; mais le dernier renouvellement ayant expiré en 1694, le parlement refusa d'en établir un nouveau, et la liberté resta pleine et entière; en ce sens qu'aucune censure préalable ne peut être exercée, et que la répression des délits ne peut être poursuivie que devant un jury.

Delolme fait à ce sujet une remarque qui mérite d'être recueillie : « Quoique la loi ne permette pas en Angleterre, dit-» il, qu'un homme accusé d'avoir écrit un libelle, fasse la » preuve des faits qu'il a avancés, chose qui aurait les plus » fâcheuses conséquences, et qui est proscrite partout. D'un » autre côté, *l'indictement* (1) devant porter que les faits sont » *faux*, *malicieux*, *etc.*; et les jurés étant absolument les » maîtres de leur *verdict* (2), c'est-à-dire, étant les maîtres de » faire entrer dans la formation de leur opinion tout ce dont » ils peuvent avoir connaissance, il n'est pas douteux qu'ils » absoudraient dans le cas où les faits avancés seraient d'une » évidence reconnue.

» Mais cela serait surtout vrai, s'il était question du gouver-» nement, parce qu'ils joindraient à cette connaissance le sen-» timent d'un principe généralement répandu en Angleterre, » et qui a été dernièrement exposé aux Jurés dans une cause » assez célèbre que *quoique parler mal des particuliers puisse* » *être une chose blâmable*, *cependant les actes publics du gou-* » *vernement doivent être soumis à un examen public*, *et c'est* » *rendre service à ses concitoyens que de s'en exprimer libre-* » *ment* (3).

A la même époque, les communes et la chambre des pairs adoptèrent un bill portant que les parlemens seraient

---

(1) L'accusation.

(2) Déclaration.

(3) En France la preuve des faits allégués n'est pas permise contre les particuliers; elle est permise contre les fonctionnaires publics. *Voy.* suprà, page 277, art. 20, loi du 26 mai 1819.

renouvelés tous les trois ans, qu'il y aurait annuellement une session, et que si, à l'expiration des trois années, la couronne n'expédiait pas les lettres de convocation, le lord chancelier ou le commissaire du grand-sceau seraient tenus de les expédier d'office, sous des peines sévères : mais le roi usant de sa prérogative refusa sa sanction, et les choses restèrent dans l'état où elles étaient précédemment.

En 1701, le parlement s'occupa de régler la succession au trône, qui paraissait devoir être vacant dans quelques années, à défaut de descendans du roi et de la princesse Anne. Après avoir rappelé les principes émis lors de l'avènement de Guillaume, un acte fut dressé, qui non-seulement désigna spécialement l'héritier de la couronne, mais qui détermina encore d'une manière générale les conditions nécessaires pour être admis au trône d'Angleterre. Il fut décidé « que » s'il arrivait que la couronne passât à un prince qui ne serait » pas né Anglais, la Nation ne serait pas tenue de s'engager » dans aucune guerre pour défendre un État ou un territoire » qui n'appartiendrait pas à cette couronne, sans le consentement du parlement, qui serait également nécessaire pour » autoriser à l'avenir le souverain ou la souveraine à sortir » d'Angleterre, d'Écosse et d'Irlande; que, pour parvenir à » l'exécution rigoureuse de l'acte de *limitation*, toutes les » affaires ayant pour objet d'améliorer l'administration continueraient à être soumises à la connaissance du conseil » privé, suivant les lois et les coutumes; mais que, tant pour » le présent que pour l'avenir, les résolutions prises dans ce » conseil seraient signées par tous ceux qui auraient donné » en leur faveur un avis ou une adhésion; que lorsque l'acte » de *limitation* aurait son effet, tout individu né hors des » trois royaumes, ou hors des territoires de leur dépendance, » à moins qu'il ne dût le jour à des parens anglais, serait » inhabile à entrer au conseil privé, à siéger au parlement, à » occuper aucune place de confiance, soit dans le civil, soit » dans le militaire, à recevoir des terres, maisons ou héri-

» tages, par concessions de la couronne, etc.; que nulle » personne possédant un office, ou une place salariée dépen- » dante du roi, ne pourrait être admise à la chambre des » communes; que l'acte de *limitation* ayant son effet, les » commissions des juges leur seraient délivrées *quandiù se* » *benè gesserint*; que sur la demande des deux chambres ils » pourraient être légalement révoqués; qu'enfin, aucunes » lettres scellées du grand-sceau ne seraient valides contre » une accusation portée en parlement par la chambre basse.

Ces *limitations* des prérogatives de la couronne, ainsi établies, la princesse Sophie, duchesse douairière d'Hanôvre, fut proclamée première héritière de la couronne, après la princesse Anne; et l'acte de limitation fut déclaré ne devoir être mis en vigueur qu'à compter du règne de la princesse Sophie (1).

Les dispositions de cet acte n'ont pas besoin de commentaire; on voit d'abord combien elles sont favorables à la liberté.

Après la mort de Guillaume III, la reine Anne monta sur le trône. L'évènement le plus remarquable de son règne fut la réunion de l'Écosse.

Il n'entre point dans notre plan d'exposer les difficultés que présentait cette négociation, et les moyens qui furent employés pour la faire réussir : nous devons nous borner à indiquer les conditions de ce traité.

Il fut convenu qu'il y aurait un seul parlement pour les deux royaumes, que seize pairs Écossais seraient admis à la chambre des pairs, avec les mêmes droits et priviléges que les pairs Anglais, que quarante-cinq membres seraient ajoutés à la chambre des communes; que les charges publiques seraient supportées dans cette proportion : l'Angleterre payant 2,000,000 livres sterling, de taxe sur la terre, l'Écosse doit en payer

(1) Cette princesse était fille d'Elisabeth, reine de Bohême, fille de Jacques I.

48,000; que l'Écosse conserverait ses lois, mais qu'elles pourraient être changées par le parlement; savoir : les lois intéressant la police publique, à volonté, et les lois intéressant les droits particuliers, seulement pour l'avantage évident du peuple d'Écosse.

D'ailleurs, il fut stipulé que les églises d'Angleterre et d'Écosse resteraient dans l'état où elles se trouvaient au temps de l'union.

Ce traité fut ratifié par les parlemens d'Écosse et d'Angleterre, et le 23 octobre 1707, le *parlement Britannique* tint sa première séance à Westminster.

A la mort de la reine Anne, la princesse Sophie n'existait plus : le fils de cette dernière, Georges, électeur de Brunswick, fut appelé au trône, sous le nom de Georges Ier.

Les troubles intérieurs qui agitèrent le commencement de ce règne obligèrent le roi et le parlement à prendre des mesures sévères. Nous ne rappellerons point les tentatives faites en Écosse par le prétendant; les mauvais succès de ses entreprises et les rigoureuses condamnations prononcées contre plusieurs personnages éminens qui avaient favorisé son parti. Seulement, nous devons indiquer les moyens que le parlement confia au roi pour réprimer et pour punir la rébellion.

En 1715, la chambre des communes lui présenta une adresse pour réclamer la sévère exécution des lois contre les séditieux, et elle prépara un bill portant que si douze personnes illégalement rassemblées refusaient de se séparer après l'injonction du magistrat et la lecture de la loi, elles seraient jugées coupables de félonie, sans qu'aucune d'elles pût invoquer les bénéfices du clergé.

Par un autre acte, la loi d'*habeas corpus* fut suspendue, et le roi eut le droit de faire arrêter et détenir toutes les personnes suspectes, attendu le péril de l'État.

Lorsque les rebelles eurent été vaincus et punis, le ministère, craignant, d'après la disposition des esprits, qu'un nouveau parlement ne fût contraire à ses vues, et ne lui fît un crime des mesures rigoureuses qu'il avait prises, forma le projet d'annuler l'acte qui donnait au parlement une durée triennale, et d'établir des parlemens qui ne seraient renouvelés que tous les sept ans. Nous avons indiqué le véritable motif qui dicta la proposition : voici les prétextes par lesquels on parut se déterminer; on allégua que les élections triennales ne faisaient qu'entretenir l'esprit de parti, qu'elles excitaient des inimitiés, qu'elles causaient des dépenses ruineuses et donnaient occasion aux princes étrangers d'ourdir des intrigues.

Envain on objecta que ces raisons étaient plus spécieuses que solides, et sur-tout que les membres des communes, n'étant élus que pour trois ans, ne pouvaient eux-mêmes prolonger la durée de leurs pouvoirs jusqu'à sept. On répondit, en établissant en principe l'omnipotence du parlement (1), et le bill fut sanctionné par le roi, après avoir passé à une grande majorité dans les chambres.

Quelques années après, la prérogative royale de créér des pairs à volonté fut mise en question : le monarque déclara s'en remettre, sur ce point, à la sagesse du parlement; l'affaire fut mise en discussion dans deux sessions consécutives; enfin, en 1719, le bill qui limitait le droit de créer de nouveaux pairs fut adopté par la chambre haute, mais il fut rejeté par la chambre des communes; ainsi la prérogative de la couronne se trouva solennellement confirmée.

Selon le plan que nous avons suivi jusqu'ici, nous n'ajouterons rien relativement au règne de Georges Ier, puis qu'aucun autre acte que ceux précédemment indiqués n'a modifié la constitution.

Sous Georges II, nous devons signaler deux actes importans, l'un et l'autre relatifs aux élections.

---

(1) Blackstone, ch. 2.

Depuis long-temps la brigue et la corruption étaient ouvertement employées par l'opposition et par le ministère pour faire nommer leurs candidats. Plusieurs points importans en cette matière étaient encore douteux; par exemple, il était incertain si les possesseurs de franc-fief étaient seuls capables de voter, ou si l'on devait admettre à l'exercice du droit d'élection leurs tenanciers (*copy-holders*). Cet état d'incertitude laissait aux Shériffs un grand pouvoir sur les élections, puisqu'ils pouvaient, à leur gré et selon qu'il était nécessaire pour faire nommer le candidat de leur choix, admettre ou repousser les tenanciers de biens relevans d'un franc-fief. On peut citer, comme un exemple remarquable, les élections du comté d'Oxford, en 1754.

En 1758, on présenta un bill sous le titre de loi, pour expliquer les lois sur les élections des députés au parlement, tendant à corriger les abus qui existaient : le bill passa, mais il n'atteignit pas entièrement le but qu'on s'était proposé.

Il fut décidé seulement qu'à l'avenir aucun propriétaire *tenancier* ou *vassal* n'aurait les qualités requises pour voter l'élection d'un député; qu'un pareil vote serait nul, et que toute contravention serait punie d'une amende de cinquante livres sterling, au profit de tout candidat qui n'aurait pas pour lui de vote défectueux. Mais on ne prit aucune mesure contre la brigue et la corruption qui triomphaient dans la plupart des élections.

Ce n'était pas seulement dans les règles qui déterminaient les qualités nécessaires pour être électeur qu'on trouvait du désordre et de l'incertitude; les lois qui fixaient les conditions de l'éligibilité n'étaient ni plus claires, ni mieux observées. Une loi de la neuvième année de la reine Anne avait décidé que pour être élu membre du parlement, on devait posséder un bien fonds ou franc-fief produisant, savoir : pour les députés de comté, six cent livres sterling de rente libre de toute charge, trois cent livres sterling pour chaque citoyen, bourgeois, ou baron député des cinq ports d'*Hastings*, *Douvres*,

Hith, *Rumney* et *Sandwich*; que toute élection d'une personne ne remplissant pas ces conditions serait nulle; et que chaque candidat serait tenu, à la requête d'un de ses compétiteurs ou de deux électeurs, d'affirmer, par serment, qu'il remplissait les conditions voulues par la loi.

On éluda ces dispositions par toutes sortes de moyens; ainsi les personnes qui ne possédaient pas des fonds suffisans les acquéraient momentanément par des cessions feintes, dont on cherchait à peine à cacher la simulation.

En 1760, un bill fut proposé par la chambre des communes, portant « que toute personne élue membre de la chambre » des communes serait tenue avant de prendre séance de re» mettre au secrétaire de la chambre, en présence des com» munes et du président, un certificat signé, contenant un » état du revenu annuel de ses biens et de leur nature; in» diquant si c'était un bien-fonds, quel en était le fermier; et » si c'était une rente, quel était le propriétaire de la terre sur » laquelle cette rente était fondée : spécifiant, en outre, la » paroisse et le comté dans lequel le bien était situé, et la » valeur de ce bien. Que tout membre du parlement écrirait » et signerait au bas de ce certificat un serment ainsi conçu : » *Je jure que l'état ci-dessus de mon revenu annuel est exact;* » *que je possède réellement, de bonne foi et en toute justice, les* » *biens qui sont spécifiés; qu'ils sont libres de toutes charges, et* » *que je ne les ai point acquis frauduleusement pour remplir* » *les conditions d'éligibilité à cette chambre.* Que lorsqu'un » membre siégerait et voterait à la chambre des communes » avant d'avoir remis le certificat et prêté le serment, son » élection serait nulle, et il serait condamné à une amende; » que la même disposition aurait lieu s'il survenait quelque » changement dans la fortune d'un membre dans le cours » de la session. »

Au surplus, il était stipulé qu'aucun des articles du bill ne s'étendait au fils aîné ou à l'héritier d'un pair, ni aux membres des universités de l'Angleterre et de l'Écosse.

Le bill fut adopté par la chambre des communes; mais à la chambre des pairs on y fit des amendemens dont il faut croire que l'intention était bonne, quoique en résultat ils ne fussent propres qu'à favoriser la fraude et à conserver au ministère toute son influence.

Depuis la mort de Georges II jusqu'à nos jours, le seul évènement qui doit arrêter nos regards, c'est l'union de l'Irlande; comme la réunion de l'Écosse, elle éprouva des difficultés : enfin, elle fut proclamée par un bill en date du 22 juillet 1800.

Voici quelles furent les bases du traité : un seul parlement devait être rassemblé pour les trois royaumes. Trente-deux pairs Irlandais, dont quatre lords spirituels entrèrent dans la chambre haute : la chambre des communes fut augmentée de cent membres Irlandais.

Les contributions publiques furent établies dans la proportion de 15/17 pour l'Angleterre, et de 2/17 pour l'Irlande; cette répartition devait être observée pendant vingt ans; l'Irlande restant d'ailleurs chargée du paiement de la dette publique.

Les églises des deux royaumes furent réunies, et l'on stipula que les lois en vigueur et les cours de juridiction resteraient dans l'état où elles étaient.

Tels sont les principaux actes qui, depuis la révolution de 1688, ont complété ou modifié le système établi à cette époque : mais outre les lois que nous avons analysées, il en est d'autres plus récentes qui ont restreint d'une manière remarquable les libertés de l'Angleterre. Il n'entre pas dans notre plan d'examiner si, comme l'a allégué le ministère, ces mesures étaient justifiées par la nécessité, ou si, comme l'a soutenu l'opposition, ces dispositions rigoureuses n'ont eu pour but que d'augmenter les moyens d'oppression entre les mains du ministère. Quoiqu'il en soit, en décembre 1819, une loi a été rendue plus sévère que le *riot act*. Elle porte : *Tout homme qui, faisant partie d'une assemblée du peuple, ne se retirera pas d'après l'ordre d'un seul juge de paix, sera condamnable à la peine de mort.*

A la même époque, un autre bill a établi que tout juge de paix, ou ses agens, peuvent s'introduire de jour ou de nuit dans le domicile des citoyens, et qu'en cas de refus, les constables ont le droit de *s'ouvrir de force* l'entrée des maisons.

A ces deux actes il faut joindre deux autres lois du même temps relatives à la presse : par la première, toutes les brochures politiques jusqu'alors exemptes du timbre y ont été soumises; et les libraires éditeurs de ces brochures ont été assujettis à un cautionnement de 4,800 à 7,200 livres. Par la seconde, tout condamné par récidive pour délit de la presse peut être puni de l'amende et de l'emprisonnement, ou du *bannissement*, suivant le bon plaisir du juge. On conçoit comment la liberté de la presse se trouve restreinte par la crainte que doit inspirer à tout écrivain la sévérité de la peine et le pouvoir arbitraire confié aux magistrats pour l'appliquer.

La suspension fréquente de la loi d'*habeas corpus* (1) dans les commencemens du règne de Georges II et sous le règne de Georges III doit être rappelée ici; non que cette suspension temporaire ait modifié les principes de la constitution; mais parce qu'elle offre la preuve que le parlement a le droit de suspendre, en cas de nécessité, l'exercice des libertés nationales. Nous laissons à d'autres le soin d'apprécier, en thèse générale, les inconvéniens de ces mesures d'exception, et de juger jusqu'à quel point elles ont été justifiées à diverses époques par les circonstances graves et difficiles.

Personne n'ignore les évènemens qui ont tout récemment troublé la tranquillité publique en Angleterre; et l'on sait jusqu'à quel point la question de la réforme parlementaire divise les esprits. Il est possible que l'esprit de parti exagère les abus, ou que du moins il soit aveugle sur le choix des

---

(1) L'acte d'*habeas corpus* a été suspendu notamment en 1715, 1722, 1745, de 1794 à 1801, et en 1817.

moyens propres à les faire disparaître ; mais on ne saurait se dissimuler l'existence du mal et la nécessité d'y porter remède. Pour écarter de nous tout soupçon de partialité, nous allons laisser parler un écrivain dont l'autorité ne peut être contestée, sur-tout à raison du temps où il a écrit : c'est Blackstone, et voici comment il s'exprime « Tel est l'esprit de la constitution Anglaise : ce n'est pas que j'affirme qu'elle » soit, dans le fait, aussi *parfaite* que je viens de la décrire; » car j'imagine que s'il y avait quelque changement à désirer » dans la forme actuelle des parlemens, ce devrait être en » faveur d'une *représentation plus étendue et plus complète du » peuple Anglais.* »

Au surplus, l'acte par lequel le bourg de *Grampound* vient d'être privé du droit d'élection, dans la session actuelle du parlement, est un aveu, après lequel on ne peut plus discuter que sur l'étendue du mal et sur le choix des moyens propres à le guérir.

Telle est en précis l'histoire du gouvernement de l'Angleterre. Après avoir essayé de montrer l'origine des institutions et de les suivre dans leur développement, nous laissons à chacun le soin de les étudier dans le texte des lois et des actes que nous avons recueillis.

CONSTITUTION D'ANGLETERRE.

CHARTRE (1)

Des communes libertés, ou la grande Chartre accordée par le roi Jean à ses sujets, l'an 1215.

Jean, par la grâce de Dieu, roi d'Angleterre, etc. A tous les archevêques, évêques, comtes, barons, etc; qu'il vous

---

Après avoir lu les actes formant la constitution d'Angleterre, il est probable qu'autant on sera content du fonds des choses, autant on sera disposé à critiquer l'expression, et que le premier mouvement sera d'attribuer la faute aux traducteurs. Voici notre réponse : nous avons comparé pour les actes déjà traduits, tels que la *Grande Charte* et la *Pétition de Droits*, toutes les versions, et nous avons adopté celle qui nous a paru la meilleure, en ayant soin de corriger tout ce que nous avons cru devoir l'être, en conservant pourtant quelques expressions surannées, et quelques tournures bizarres qui nous ont paru plus propres à rendre le sens des mots et les idées de l'original. Quant aux actes que nous avons traduits pour la première fois, nous avons tâché de présenter toujours un sens clair, malgré la longueur des périodes, et la multiplicité des phrases incidentes, qui rendent les lois anglaises ordinairement si obscures. Pour qu'on ne nous croie point sur parole, dans ce que nous alléguons sur le style de la législation anglaise, nous allons citer un fragment d'un ouvrage nouveau, intitulé : *Essai sur la Constitution Pratique, et le parlement d'Angleterre*, par M. Amédée R***. Voici comment s'exprime l'auteur, page 274 : « La quatrième cause du vo- » lume progressif, si ce n'est même des lois du Parlement, consiste dans le » manque de soin et d'exactitude avec lequel elles sont rédigées : *qu'on prenne* » *au hasard une de ces lois*, (*dit le quarterly Review*, n° 42, *page* 416 *et* 417), » *qu'on en lise un paragraphe quelconque, et quelque simple et positif qu'en soit* » *le sujet, on est accablé d'une masse rebutante de verbosité et de tautologie, dont* » *il est difficile de parler dans les termes d'une modération convenable, mais qu'a-* » *vec toute la déférence due à l'autorité pour une telle* damnable itération, *nous* » *croyons être tout-à-fait sans pareille dans quelque livre que ce soit.* » — S'il était » permis d'en avoir le soupçon, on serait tenté de croire qu'au lieu d'expri- » mer leur pensée avec la plus grande clarté, les législateurs anglais ont » quelque intérêt secret à l'envelopper dans la plus grande obscurité possible. » Il serait réellement difficile d'imaginer *une multiplicité de mots plus fastidieux,* » *un choix d'expressions plus impropres et plus surannées, un emploi de pléonas-* » *mes plus fréquens, une diction plus vicieuse, une phraséologie à la fois plus dif-* » *fuse, plus prolixe et plus barbare.* » — L'auteur cite à l'appui de son opinion un statut, pour l'encouragement des statuaires, de la 54e année de Georges III, qui justifie parfaitement toutes ses assertions.

soit notoire que Nous, en présence de Dieu, pour le salut de notre âme et de celle de nos ancêtres et descendans, à l'honneur de Dieu, à l'exaltation de l'Église, et pour la réformation de notre royaume, en présence des vénérables pères Étienne, archevêque de Cantorbery, Primat d'Angleterre et cardinal de la sainte Église romaine; Henri, archevêque de Dublin; Guillaume, évêque de Londres, et autres nos vassaux et hommes-liges, avons accordé, et par cette présente Chartre accordons, pour nous et pour nos héritiers et successeurs à jamais :

Art. 1er. Que l'Église d'Angleterre sera libre et jouira de tous ses droits et libertés, sans qu'on y puisse toucher en façon quelconque. Nous voulons que les priviléges de l'Église soient par elle possédés, de telle manière qu'il paraisse que la liberté des élections, estimée très-nécessaire dans l'Église Anglicane, et que nous avons accordée et confirmée par notre Chartre, avant nos différends avec les barons, a été accordée par un acte libre de notre volonté, et nous entendons que ladite Chartre soit observée par nous et par nos successeurs à jamais.

2. Nous avons aussi accordé à tous nos sujets libres du royaume d'Angleterre, pour nous et nos héritiers et successeurs, toutes les libertés spécifiées ci-dessous, pour être possédées par eux et par leurs héritiers, comme les tenant de nous et de nos successeurs.

3. Si quelqu'un de nos comtes, barons ou autres qui tiennent des terres de nous, sous la redevance d'un service militaire, vient à mourir, laissant un héritier en âge de majorité, cet héritier ne paiera, pour entrer en possession du fief, que selon l'ancienne taxe, savoir : l'héritier d'un comte, pour tout son fief, cent marcs; l'héritier d'un baron, pour un fief entier, cent schellings; et tous les autres à proportion, selon l'ancienne taxe des fiefs.

4. Si l'héritier se trouve en âge de minorité, le seigneur de qui son fief relève ne pourra prendre la garde-noble de sa personne, avant que d'en avoir reçu l'hommage qui lui est dû. Ensuite cet héritier, étant parvenu à l'âge de vingt-un an, sera mis en possession de son héritage, sans rien payer au seigneur. Que s'il est fait chevalier pendant sa minorité, son fief demeurera pourtant sous la garde du seigneur, jusqu'au temps ci-dessus marqué.

5. Celui qui aura en garde les terres d'un mineur ne pourra prendre sur ces mêmes terres que des profits et des services raisonnables, sans détruire ni détériorer les biens des tenanciers, ni rien de ce qui appartient à l'héritage. Que s'il arrive que nous commettions ces terres à la garde d'un shériff, ou de quelque autre personne que ce soit, pour nous en rendre compte, et qu'il y fasse quelque dommage, nous promettons de l'obliger à le réparer, et de donner la garde de l'héritage à quelque tenancier discret du même fief, qui en sera responsable envers nous de la même manière.

6. Les gardiens des fiefs maintiendront en bon état, tant les maisons, parcs, garennes, étangs, moulins, et autres choses en dépendant, que les revenus, et les rendront à l'héritier, lorsqu'il sera en âge, avec sa terre bien fournie de charrues et autres choses nécessaires, ou du moins autant qu'ils en auront reçu. La même chose sera observée dans la garde qui nous appartient, des archevêchés, évêchés, prieurés, abbayes, églises, etc., excepté que ce droit de garde ne pourra être vendu.

7. Les héritiers seront mariés selon leur état et condition, et les parens en seront informés avant que le mariage soit contracté.

8. Aussitôt qu'une femme sera veuve, on lui rendra ce qu'elle aura eu en dot, ou son héritage, sans qu'elle soit obligée de rien payer pour cette restitution, non plus que pour le douaire qui lui sera dû sur les biens qu'elle et son mari auront possédés, jusqu'à la mort du mari. Elle pourra demeurer dans la principale maison de son défunt mari, quarante jours après sa mort, et pendant ce temps-là, on lui assignera son douaire, en cas qu'il n'ait pas été réglé auparavant. Mais si la principale maison était un château fortifié, on pourra lui assigner quelqu'autre demeure où elle soit commodément, jusqu'à ce que son douaire soit réglé. Elle y sera entretenue de tout ce qui sera raisonnablement nécessaire pour sa subsistance, sur les revenus des biens communs d'elle et de son défunt mari. Le douaire sera réglé à la troisième partie des terres possédées par son mari pendant qu'il était en vie, à moins que, par son contrat de mariage, il n'ait été réglé à une moindre portion.

9. On ne pourra contraindre aucune veuve, par la saisie de ses meubles, à prendre un autre mari, pendant qu'elle

voudra demeurer dans l'état de viduité. Mais elle sera obligée de donner caution qu'elle ne se remariera point sans notre consentement, si elle relève de nous, ou sans celui du seigneur de qui elle relève immédiatement.

10. Ni nous, ni nos baillifs ne ferons jamais saisir les terres ou les rentes de qui que ce soit pour dettes, tant que le débiteur aura des meubles pour payer sa dette, et qu'il paraîtra prêt à satisfaire son créancier. Ceux qui l'auront cautionné ne seront point exécutés, tant que le débiteur même sera en état de payer.

11. Que si le débiteur ne paie point, soit par impuissance, soit par défaut de volonté, on exigera la dette des cautions, lesquelles auront une hypothèque sur les biens et rentes du débiteur, jusqu'à la concurrence de ce qui aura été payé pour lui, à moins qu'il ne fasse voir une décharge des cautions.

12. Si quelqu'un a emprunté de l'argent des juifs, et qu'il meure avant que la dette soit payée, l'héritier, s'il est mineur, ne payera point d'intérêt pour cette dette, tant qu'il demeurera en âge de minorité, de qui que ce soit qu'il relève. Que si la dette vient à tomber entre nos mains, nous nous contenterons de garder le gage livré par le contrat, pour sûreté de la même dette.

13. Si quelqu'un meurt étant débiteur des juifs, sa veuve aura son douaire, sans être obligée de payer aucune partie de cette dette. Et si le défunt a laissé des enfans mineurs, ils auront la subsistance proportionnée au bien réel de leur père; et du surplus, la dette sera payée, sauf, toutefois, le service dû au seigneur. Les autres dettes dues à d'autres qu'à des juifs seront payées de la même manière.

14. Nous promettons de ne faire aucune levée ou imposition, soit pour le droit de scutage (1) ou autre, sans le consentement de notre commun conseil du royaume, à moins que ce ne soit pour le rachat de notre personne, ou pour faire notre fils aîné chevalier, ou pour marier une fois seulement notre fille aînée : dans tous lesquels cas, nous lèverons seulement une aide raisonnable et modérée.

(1) Le *scutage* était une taxe sur les terres. Il était payé par les possesseurs des fiefs nobles, au lieu du service militaire qu'ils devaient à leur seigneur suzerain.

15 Il en sera de même à l'égard des subsides que nous lèverons sur la ville de Londres, laquelle jouira de ses anciennes libertés et coutumes, tant sur l'eau que sur terre.

16. Nous accordons encore à toutes les autres villes, bourgs et villages, aux barons des cinq ports, et à tous autres ports qu'ils puissent jouir de leurs privilèges et anciennes coutumes, et envoyer des députés au conseil commun, pour y régler ce que chacun doit fournir, les trois cas de l'article 14 exceptés.

17. Quand il sera question de régler ce que chacun devra payer pour le droit de scutage, nous promettons de faire sommer, par des ordres particuliers, les archevêques, les évêques, les abbés, les comtes et les grands barons du royaume, chacun en son particulier,

18. Nous promettons encore de faire sommer en général, par nos shériffs ou baillifs, tous ceux qui tiennent des terres de nous en chef, quarante jours avant la tenue de l'assemblée générale, de se trouver au lieu assigné; et dans les sommations, nous déclarerons les causes pour lesquelles l'assemblée sera convoquée.

19. Les sommations étant faites de cette manière, on procédera sans délai à la décision des affaires, selon les avis de ceux qui se trouveront présens, quand même tous ceux qui auront été sommés n'y seraient pas.

20. Nous promettons de n'accorder à aucun seigneur que ce soit la permission de lever aucune somme sur ses vassaux et tenanciers, si ce n'est pour les délivrer de prison, pour faire son fils aîné chevalier, ou pour marier sa fille aînée; dans lesquels cas, il pourra seulement lever une taxe modérée.

21. On ne saisira les meubles d'aucune personne, pour l'obliger, à raison de son fief, à plus de service qu'il n'en doit naturellement.

22. La cour des plaids communs ne suivra plus notre personne, mais elle demeurera fixe en un certain lieu. Les procès touchant l'expulsion de possession, la mort d'un ancêtre, ou la présentation aux bénéfices, seront jugés dans la province dont les parties dépendent; de cette manière, nous ou notre grand-justicier, enverrons une fois tous les ans, dans chaque comté, des juges, qui, avec les chevaliers des mêmes comtés, tiendront leurs assises dans la province même.

23. Les procès qui ne pourront être terminés dans une

session, ne pourront être jugés dans un autre lieu de l'arrondissement des mêmes juges; les affaires, qui, pour leurs difficultés, ne pourront pas être décidées par ces mêmes juges, seront portées à la cour du banc du roi.

24. Toutes les affaires qui regardent la dernière présentation aux églises seront portées à la cour du banc du roi, et y seront terminées.

25. Un tenancier libre ne pourra pas être mis à l'amende pour de petites fautes, mais seulement pour les grandes, et l'amende sera proportionnée au crime, sauf la subsistance dont il ne pourra être privé. Il en sera usé de même à l'égard des marchands auxquels on sera tenu de laisser ce qui leur sera nécessaire pour entretenir leur commerce.

26. Semblablement, un paysan, ou autre personne à nous appartenant, ne pourra être mis à l'amende, qu'aux mêmes conditions; c'est-à-dire qu'on ne pourra point toucher aux instrumens servant au labourage. Aucune de ces amendes ne sera imposée que sur le serment de douze hommes du voisinage, reconnus pour gens de bonne réputation.

27. Les comtes et les barons ne seront mis à l'amende que par leurs pairs, et selon la qualité de l'offense.

28. Aucun ecclésiastique ne sera mis à une amende proportionnée au revenu de son bénéfice, mais seulement aux biens laïques qu'il possède, et selon la qualité de sa faute.

29. On ne contraindra aucune ville, ni aucune personne, par la saisie des meubles, à faire construire des ponts sur les rivières, à moins qu'elles n'y soient obligées par un ancien droit.

30. On ne fera aucune digue aux rivières, qu'à celles qui en ont eu du temps de Henri I.

31. Aucun Shériff, Connétable, Coroner, ou autre officier, ne pourra tenir les plaids de la couronne.

32. Les Comtés, Centaines, Wapentacks, Dixaines, demeureront fixés selon l'ancienne forme, les terres de notre domaine particulier exceptées.

33. Si quelqu'un, tenant de nous un fief laïque, meurt, et que le Shériff ou Baillif produise des preuves pour faire voir que le défunt était notre débiteur, il sera permis de saisir et d'enregistrer des meubles trouvés dans le même fief, jusqu'à la concurrence de la somme due; et cela par l'inspection de quelques voisins réputés gens d'honneur, afin que rien ne soit

détourné, jusqu'à ce que la dette soit payée. Le surplus sera laissé entre les mains des exécuteurs du testament du défunt. Que s'il se trouve que le défunt ne nous devait rien, le tout sera laissé à l'héritier, sauf les droits de la veuve et des enfans.

34. Si quelque tenancier meurt sans faire testament, ses effets mobiliers seront distribués par les plus proches parens et amis, avec l'approbation de l'Église, sauf ce qui était dû par le défunt.

35. Aucun de nos baillifs, ou connétables, ne prendra le grain, ou autres effets mobiliers d'une personne qui ne sera pas de sa juridiction, à moins qu'il ne le paie comptant, ou qu'il n'ait auparavant convenu avec le vendeur du temps du paiement. Mais si le vendeur est de la ville même, il sera payé dans quarante jours.

36. On ne pourra saisir les meubles d'aucun chevalier, sous prétexte de la garde des châteaux, s'il offre de lui-même le service, ou de donner un homme en sa place en cas qu'il ait une excuse valable pour s'en dispenser lui-même.

37. S'il arrive qu'un chevalier soit commandé pour aller servir à l'armée, il sera dispensé de la garde des châteaux, tout autant de temps qu'il fera son service à l'armée, pour raison de son fief.

38. Aucun Shériff ou baillif ne prendra, par force, ni chariots ni chevaux, pour porter notre bagage, qu'en payant le prix ordonné par les anciens réglemens, savoir : dix sols par jour pour un chariot à deux chevaux, et quatorze sols pour un à trois chevaux.

39. Nous promettons de ne faire point prendre les chariots des ecclésiastiques, ni des chevaliers, ni des dames de qualité, non plus que du bois pour l'usage de nos châteaux, que du consentement des propriétaires.

40. Nous ne tiendrons les terres de ceux qui seront convaincus de félonie, qu'un an et un jour : après quoi nous les mettrons entre les mains du seigneur.

41. Tous les filets à prendre des saumons ou autres poissons, dans les rivières de Midway, ou dans la Tamise, et dans toutes les rivières d'Angleterre, excepté sur les côtes, seront ôtés.

42. On n'accordera plus aucun Writ, ou ordre appelé *præcipe*, par lequel un tenancier doive perdre son procès.

43. Il y aura une même mesure dans tout le royaume,

pour le vin et pour la bierre, aussi bien que pour le grain, et cette mesure sera conforme à celle dont on se sert à Londres. Tous les draps auront une même largeur, savoir, deux verges entre les deux lisières. Les poids seront aussi les mêmes dans tout le royaume.

44. On ne prendra rien, à l'avenir, pour les Writs ou ordres d'informer, de celui qui désirera qu'information soit faite, touchant la perte de la vie ou des membres de quelque personne. Mais ils seront accordés *gratis*, et ne seront jamais refusés.

45. Si quelqu'un tient de nous une ferme, soit soccage ou burgage, et quelques terres d'un autre, sous la redevance d'un service militaire, nous ne prétendrons point, sous prétexte de cette ferme, avoir la garde de l'héritier mineur, ou de la terre qui appartient au fief d'un autre. Nous ne prétendrons pas même à la garde de la ferme, à moins qu'elle ne soit sujette à un service militaire.

46. Nous ne prétendons point avoir la garde d'un enfant mineur, ou de la terre qu'il tient d'un autre sous l'obligation d'un service militaire, sous prétexte qu'il nous devra quelque petite redevance, comme de nous fournir des épées ou des flèches, ou quelqu'autre chose de cette nature.

47. Aucun baillif ou autre de nos officiers n'obligera personne à se purger par serment sur sa simple accusation ou témoignage, à moins que ce témoignage ne soit confirmé par des gens dignes de foi.

48. On n'arrêtera, ni n'emprisonnera, ni ne dépossédera de ses biens, coutumes et libertés, et on ne fera mourir personne, de quelque manière que ce soit, que par le jugement de ses pairs, selon les lois du pays.

49. Nous ne vendrons, ne refuserons ou ne différerons la justice à personne.

50. Nos marchands, s'ils ne sont publiquement prohibés, pourront librement aller et venir dans le royaume, en sortir, y demeurer, le traverser par terre ou par eau, acheter, vendre, selon les anciennes coutumes, sans qu'on puisse imposer sur eux aucune maltôte, excepté en temps de guerre, ou quand ils seront d'une nation en guerre avec nous.

51. S'il se trouve de tels marchands dans le royaume au commencement d'une guerre, ils seront mis en sûreté, sans aucun dommage de leurs personnes ni de leurs effets, jusqu'à

ce que nous, ou notre grand-justicier, soyons informés de la manière dont nos marchands sont traités chez les ennemis; et si les nôtres sont bien traités, ceux-ci le seront aussi parmi nous.

52. Il sera permis, à l'avenir, à toutes personnes, de sortir du royaume, et d'y retourner en toute sûreté, sauf le droit de fidélité qui nous est dû; excepté toutefois en temps de guerre, et pour peu de temps, quand il sera nécessaire pour le bien commun du royaume; excepté encore les prisonniers et les proscrits, selon les lois du pays, et les peuples qui seront en guerre avec nous, aussi bien que les marchands d'une nation ennemie, comme en l'article précédent.

53. Si quelqu'un relève d'une terre qui vienne à nous échoir, soit par confiscation, ou autrement, comme de Wallingford, de Boulogne, de Nottingham, de Lancastre, qui sont en notre possession, et qui sont des baronnies, et qu'il vienne à mourir, son héritier ne donnera rien, et ne sera tenu de faire aucun autre service, que celui auquel il serait obligé, si la baronnie était en la possession de l'ancien baron, et non dans la nôtre. Nous tiendrons ladite baronnie de la même manière que les anciens barons la tenaient avant nous. Nous ne prétendrons point, pour raison de ladite baronnie tombée entre nos mains, avoir la garde-noble d'aucun des vassaux, à moins que celui qui possède un fief relevant de cette baronnie ne relevât aussi de nous, pour un autre fief, sous l'obligation d'un service militaire.

54. Ceux qui ont leurs habitations hors de nos forêts ne seront point obligés de comparaître devant nos juges des forêts, sur des sommations générales, mais seulement ceux qui sont intéressés dans le procès, ou qui sont cautions de ceux qui ont été arrêtés pour malversation concernant nos forêts.

55. Tous les bois qui ont été réduits en forêts, par le roi Richard notre frère, seront rétablis en leur premier état, à l'exception des bois de nos propres domaines.

56. Personne ne pourra vendre ou donner aucune partie de sa terre au préjudice de son seigneur; c'est-à-dire, à moins qu'il ne lui en reste assez pour pouvoir faire le service dû au seigneur.

57. Tous patrons d'abbayes qui ont des chartres de quelqu'un des rois d'Angleterre, contenant droit de patronat, ou qui possèdent ce droit, de temps immémorial, auront la

garde de ces abbayes, pendant la vacance, comme ils doivent l'avoir, selon ce qui a été déclaré.

58. Personne ne sera mis en prison sur l'appel d'une femme, pour la mort d'aucun autre homme que du propre mari de la femme.

59. On ne tiendra le Shire-gemot, ou la cour du comté, qu'une fois le mois, à moins que ce ne soit dans les lieux où la coutume est de mettre un plus grand intervalle entre les sessions, où l'on continuera de même, selon l'ancienne coutume.

60. Aucun Shériff ou baillif ne tiendra sa tournée, ou sa cour, que deux fois l'an ; savoir, la première, après les fêtes de Pâques; la seconde, après la Saint-Michel, et dans les lieux accoutumés. Alors l'inspection ou l'examen des cautions ou sûretés dont les hommes libres de notre royaume se servent mutuellement se fera, au terme de Saint-Michel, sans aucune oppression; de telle manière, que chacun ait les mêmes libertés dont il jouissoit sous le règne de Henri I, et celles qu'il peut avoir obtenues depuis.

61. Que ladite inspection se fasse de telle sorte qu'elle ne porte aucun préjudice à la paix, et que la dixaine soit remplie comme elle doit être.

62. Que le Shériff n'opprime et ne vexe personne, mais qu'il se contente des droits que les Shériffs avaient accoutumé de prendre sous le règne d'Henri I.

63. Qu'à l'avenir, il ne soit permis à qui que ce soit, de donner sa terre à une maison religieuse, pour la tenir ensuite en fief de cette maison.

64. Il ne sera point permis aux maisons religieuses de recevoir des terres de cette manière, pour les rendre ensuite aux propriétaires, et à condition de relever des monastères. Si, à l'avenir, quelqu'un entreprend de donner sa terre à un monastère, et qu'il en soit convaincu, le don sera nul, et la terre donnée sera confisquée au profit du seigneur.

65. Le droit de scutage sera perçu, à l'avenir, selon la coutume pratiquée sous Henri I. Que les Shériffs n'entreprennent point de vexer qui que ce soit, mais qu'ils se contentent de leurs droits.

66. Toutes les libertés et priviléges que nous accordons par cette présente chartre, à l'égard de ce qui nous est dû

par nos vassaux, seront observés de même par les clercs et par les laïques, à l'égard de leurs tenanciers.

67. Sauf le droit des archevêques, évêques, abbés, prieurs, templiers, hospitaliers, comtes, barons, chevaliers, et de tous les autres, tant laïques qu'ecclésiastiques, dont ils jouissaient avant cette chartre.

CONFIRMATION DE LA GRANDE CHARTE ET DE LA CHARTE DES FORÊTS PAR HENRI III.

Stat. de la 52me année du règne de Henri III. (18 nov. 1269.)

CHAP. 5. — La grande charte sera observée dans tous ses articles, aussi bien dans ceux qui concernent le roi que dans les autres, ce à quoi devront veiller dans leurs tournées les juges ambulans, établis pour la conservation des forêts royales (*justices in eyre*), et les Shériffs dans leur comté quand besoin sera. Et des ordres (*Writs*) seront librement accordés contre ceux qui y contreviendraient, pour comparaître devant le roi, ou les juges du banc, ou devant les juges ambulans lorsqu'ils se trouveront sur les lieux. De même la charte des forêts sera observée dans tous ses articles; et ceux qui seraient convaincus d'y avoir contrevenu seront grièvement punis par leur seigneur souverain le roi, dans la forme ci-dessus mentionnée.

CONFIRMATION DE LA GRANDE CHARTE ET DE LA CHARTE DES FORÊTS PAR EDOUARD Ier.

Stat. fait à Londres dans la 25me année du règne d'Edouard I. (10 octobre 1297.)

CHAP. I. — Edouard, par la grâce de Dieu, roi *d'Angleterre*, seigneur d'*Irlande*, et duc de *Guyenne*, à tous ceux qui ces présentes lettres, entendront ou verront, salut. Sachez que nous, pour l'honneur de Dieu et de la sainte Église, et pour le bien de notre royaume, nous avons garanti pour nous et nos héritiers que la charte des libertés et la charte des forêts, qui furent faites du consentement commun de tout le royaume, au temps du roi *Henri*, notre père, seront maintenues dans tous les points sans y rien changer, et nous voulons que lesdites chartes soient envoyées, sous notre sceau, aussi bien à nos juges des forêts qu'aux autres, à tous les Shériffs des comtés; à tous nos autres officiers, et à toutes nos cités dans tout le royaume, conjointement avec nos *writs*, pour faire publier lesdites chartes, et pour déclarer au peuple que nous les avons confirmées dans tous les points, et que nos juges, shériffs, maires, (*mayords*), et autres officiers auxquels est confiée, sous notre autorité, l'exécution des lois du royaume, appliqueront dans leurs jugemens lesdites chartes dans tous leurs points, c'est à savoir, la grande charte comme la loi commune, et la charte des forêts, relativement aux domaines (Wealth) de notre couronne.

2. — Nous voulons désormais que les jugemens contraires aux dispositions desdites chartes, portés par les juges ou par tous autres officiers de justice, soient tenus comme non avenus et nuls (stat. 42; Ed. 3, cap. 1).

3. — Nous voulons que les mêmes chartes soient envoyées, sous notre sceau, à toutes les églises cathédrales du royaume, pour y être conservées, et lues devant le peuple deux fois par an.

4. — Et que tous les archevêques et évêques prononcent la sentence d'excommunication contre tous ceux qui, par paroles, actions, ou conseils, agiraient contre lesdites chartes dans quelques points, ou les violeraient, et que lesdites sentences soient, deux fois par an, prononcées et publiées par les prélats susdits; et que si les mêmes prélats, ou quelqu'un d'entre eux, négligent de prononcer lesdites sentences, les archevêques de *Cantorbery* et d'*York* les avertiront sur le champ, et les obligeront à l'exécution de leurs devoirs, dans la forme susdite.

5. — Et de plus, comme les peuples de notre royaume appréhendent que les *Aides* et les charges qu'ils nous ont payées par le passé, pour nos guerres et autres besoins, de leur propre mouvement et bonne volonté (ainsi qu'il a été fait), pourraient devenir une obligation pour eux et leurs héritiers, parce qu'on pourrait, dans un autre temps, trouver leurs noms sur les rôles; et de même pour les taxes levées dans le royaume par nos officiers, nous nous engageons pour nous et nos héritiers, à ne plus maintenir d'aides, charges, ni taxes en usage.

6. — De plus, nous avons garanti pour nous et nos héri-

tiers, aussi bien aux archevêques, évêques, abbés prieurs et autres membres de la sainte Eglise, de même qu'aux comtes, barons, et à tous les habitans du royaume, que pour aucun besoin désormais, nous ne lèverons de la même manière des aides, charges ni taxes, si ce n'est du consentement général du royaume, et pour son avantage commun; excepté les anciennes aides et les charges dues et accoutumées.

7. — Et comme la plus grande partie des habitans de ce royaume se trouvent lésés par la *maltôte*, c'est-à-dire, la taxe de quarante schellings pour chaque sac de laine; et nous ont demandé de les décharger de cet impôt; nous avons formellement accordé l'objet de leur requête, et leur avons garanti, pour nous et nos héritiers, que nous ne prélèverons jamais de pareils impôts sans leur commun consentement et leur volonté: nous réservant, pour nous et nos héritiers, les droits de douane sur les laines, les peaux et les cuirs, qui nous ont été garantis par lesdits habitans. En foi de quoi, nous avons publié ces lettres patentes, en présence d'*Edouard*, notre fils, à *Londres*, le 10ᵉ jour d'*octobre*, la vingt-cinquième année de notre règne.

STAT. DE TALLAGIO NON CONCEDENDO.

34me année du règne d'Edouard Ier (1306).

CHAP. I. — Aucune taille ou aide ne sera prise ou levée par nous, ou nos héritiers, dans notre royaume, sans avoir obtenu le consentement des archevêques, évêques, comtes, barons, chevaliers, bourgeois, et autres hommes libres du pays.

2. — Aucun officier, soit de nous, soit de nos héritiers, ne pourra, de quelque manière que ce soit, exiger de personne du bled, du cuir, du bétail, ou tout autre chose, sans le consentement de ceux à qui ces choses appartiennent.

3. — Il ne sera rien prélevé sur les sacs de laine à titre ou à l'occasion de la maltôte (*maletent*).

4. — Nous garantissons pour nous et nos héritiers, que toutes les personnes clercs et laïques de notre royaume jouiront de leurs lois, libertés et franchises, aussi pleinement et entièrement qu'ils ont fait jusqu'ici, dans les temps où cette jouissance a été la plus entière; et si nous, ou nos ancêtres, avons

fait des statuts ou établi des coutumes contraires à leurs droits ou à quelques articles de cette présente charte, nous voulons que ces statuts et usages soient nuls et annulés pour l'avenir.

5. — Nous avons de plus pardonné à *Humfrey Bohum*, comte de *Hereford*, et d'*Essex*; à *Roger*, comte de *Norfolk* et de *Suffolk*, maréchal d'*Angleterre*, et aux autres comtes, barons, chevaliers, écuyers, et nommément à *Jean de Ferrariis*, et à tous les autres complices de leurs menées et ligue; de même à ceux qui possèdent en terres, dans notre royaume, une valeur de vingt livres, soit qu'ils la tiennent de nous immédiatement, ou de tout autre, lesquels ont été sommés à certain jour, de passer avec nous en *Flandre*, leur résistance et mauvaise volonté, et toutes les autres offenses qu'il nous ont faites; *conformément à cette présente charte.*

6. —Pour assurer plus particulièrement l'exécution de cet acte, nous voulons que tous les archevêques et évêques lisent à l'avenir et à jamais, deux fois par an, cette présente charte dans leurs églises cathédrales; et qu'après cette lecture dans chacune de leurs églises paroissiales, ils déclarent ouvertement anathématisés tous ceux qui, à dessein, feraient ou porteraient les autres à faire des choses contraires à la teneur, force et effet de cette présente charte, dans quelques-uns de ses points. En foi de quoi, nous avons apposé notre sceau à la présente charte, ensemble le sceau des archevêques, évêques, etc., qui ont volontairement prêté serment qu'ils observeront, autant qu'il est en eux, la teneur de cette présente charte, dans tous ses articles, et qu'ils emploieront tout leur pouvoir pour la faire observer.

PÉTITION DES DROITS

ACCORDÉS PAR CHARLES I. (1628)

A la très-excellente Majesté du roi.

Les lords spirituels et temporels, et les communes assemblées en parlement, représentent très-humblement à notre Sérénissime seigneur le Roi :

Que d'autant qu'il est déclaré et arrêté par un statut fait sous le règne du roi Edouard I, connu sous le nom de *Statut de tallagio non concedendo*, que le roi ni ses héritiers ne mettraient point d'impôts ni ne levraient de subsides dans ce royaume, sans le consentement et l'approbation des archevêques, évêques, comtes, barons, chevaliers, députés, et autres membres libres des communes de ce royaume ;

Et que, par l'autorité du parlement, convoqué en la vingt-cinquième année du règne du roi Edouard III, il est déclaré et établi, que dès-lors personne ne pourrait être contraint de prêter de l'argent au roi, contre sa volonté, à cause que cela était contraire à la raison et à la liberté du pays.

Et il est ordonné par d'autres lois de ce royaume, qu'aucun ne pourrait etre chargé d'aucune imposition, sous le nom de *don gratuit* (1), ou de quelque autre taxe semblable.

Par lesquels statuts et autres bonnes lois de ce royaume, vos sujets ont hérité de cette franchise, qu'ils ne sauraient être contraints à contribuer à aucune taxe, impôts, subsides, ou autre charge semblable, sans que le parlement y ait donné son consentement.

Néanmoins, l'on a publié, depuis peu, plusieurs commissions adressées à divers commissaires dans plusieurs provinces, avec des instructions en vertu desquelles votre peuple a été assemblé en divers endroits, et requis de prêter certaines sommes

(1) *Bénévolence.*

d'argent à V. M.; et sur le refus de quelques-uns, on leur a fait prêter serment, et on les a obligés à comparaître et à se présenter, contre toutes les lois et les statuts de ce royaume, devant votre conseil privé ou en d'autres lieux. D'autres ont été arrêtés et emprisonnés, troublés et inquiétés de diverses autres manières. Plusieurs autres taxes ont été imposées et levées sur vos sujets, par les gouverneurs des provinces et leurs lieutenans, les commissaires pour la revue des troupes, les juges de paix et autres, par ordre de V. M., ou de votre conseil privé, contre les lois et les libertés de ce royaume.

Et comme il est aussi arrêté et établi, par le statut appelé la *grande charte des libertés d'Angleterre*, qu'aucun bourgeois passé maître ne pourra être arrêté ou mis en prison, ni dépossédé de son franc-fief, ni de ses libertés ou franchises, ni proscrit, ni exilé, ni mis à mort, si ce n'est en vertu d'une sentence légitime de ses pairs ou des lois du pays; et qu'il est déclaré par autorité du parlement, en la vingt-huitième année du règne du roi Edouard III, que nulle personne, de quelque rang ou condition qu'elle soit, ne peut être privée de ses terres ou maisons, ni arrêtée ou mise en prison, ni deshéritée, ni mise à mort, sans avoir été admise à se défendre en droit.

Néanmoins, il est arrivé, nonobstant ce statut et les autres bonnes lois et réglemens de votre royaume, faits pour la même fin, que plusieurs de vos sujets ont été emprisonnés sans qu'on en ait fait connaître le sujet; et lorsqu'on les a conduits devant vos juges, en vertu de l'*habeas corpus*, pour subir ce que la cour en ordonnerait, et que l'on a commandé à leurs geoliers de déclarer le sujet de leur détention, ils n'ont donné d'autres raisons, sinon qu'ils étaient arrêtés par un ordre particulier de V. M., notifié par les seigneurs de votre conseil privé; et néanmoins, on n'a pas laissé de les renvoyer en prison, sans qu'ils fussent chargés d'aucun crime sur lequel ils pussent donner leurs défenses, conformément aux lois.

Et d'autant que diverses compagnies de soldats et de matelots ont été dispersées depuis peu dans plusieurs provinces du royaume, et que les habitans ont été contraints de les recevoir et de les loger chez eux, contre les lois et les coutumes de ce royaume, à la grande oppression de votre peuple;

Et qu'il est arrêté, par autorité du parlement, en la vingt-cinquième année du règne d'Edouard III, qu'aucune personne ne serait condamnée à perdre la vie ou quelque membre, contre le contenu de la grande charte et les lois du pays; et que, par ladite grande charte et les autres lois et statuts de votre royaume, aucun homme ne doit être condamné à mort, que par les lois établies dans le royaume ou par les coutumes du royaume, ou par acte du parlement; que d'un autre côté, aucun criminel, de quelque condition qu'il soit, ne peut être exempté des formes de la justice ordinaire, ni éviter le châtiment que lui infligent les lois et les statuts du royaume, et qu'il y a eu néanmoins, depuis peu, plusieurs commissions du grand-sceau de V. M., par lesquelles certaines personnes ont reçu l'autorité et le pouvoir de procéder, selon la justice de la loi martiale, contre les soldats et matelots, ou autres personnes qui se seraient jointes à eux, pour commettre quelque meurtre, vol, félonie, sédition, ou autre crime quelconque, de connaître sommairement des causes, et de juger, condamner, exécuter et mettre à mort prévôtalement les coupables, conformément à la loi martiale, selon la méthode des conseils de guerre, et ainsi qu'on le pratique en temps de guerre dans les armées; que, sous prétexte de ce pouvoir, ceux qui étaient munis des commissions ont fait mourir plusieurs de vos sujets qui, s'ils avaient mérité le dernier supplice, selon les lois et les statuts du pays, n'auraient pu ni dû être condamnés ni exécutés qu'en vertu de ces mêmes lois et statuts; que d'un autre côté, sous le même prétexte, divers grands criminels, que les lois et statuts de ce royaume auraient condamnés aux plus grandes peines, les ont évitées en déclinant, à la faveur de ces commissions, la juridiction des tribunaux ordinaires; lesquelles et toutes autres commissions de cette nature sont directement contraires aux lois et statuts de votre royaume.

C'est pourquoi V. M. est suppliée que personne à l'avenir ne soit contraint à se soumettre à aucun don gratuit, à prêter de l'argent, ou à faire quelque présent volontaire, ni à payer aucune taxe ou impôt que par consentement commun du parlement; que personne ne soit appelé en justice, ni obligé à prêter serment, ni à se charger d'aucun service; qu'on ne soit enfin ni arrêté, ni inquiété ou molesté, pour avoir refusé de se soumettre à de telles choses; qu'il plaise à V. M. de faire retirer les soldats et les matelots dont nous avons parlé, et d'empêcher qu'à l'avenir, le peuple soit chargé de cette manière. Que les commissions pour juger selon la loi martiale, soient révoquées et annulées, et qu'il n'en soit plus donné de semblables, de peur que, sous ce prétexte, quelques-uns de vos sujets ne soient mis à mort, contre les lois et les franchises de ce pays.

Toutes lesquelles choses nous demandons humblement à V. M., comme étant nos droits et nos libertés, selon les lois et les statuts de ce royaume. Nous supplions aussi V. M. de déclarer que tout ce qui s'est fait à cet égard, procédures, sentences, exécutions, *ne tirera point à conséquence ni à exemple*, au préjudice de la nation. Enfin, qu'il plaise à V. M. de déclarer, pour une plus grande satisfaction et assurance de votre peuple, que votre intention et volonté royale est que dans les choses déduites ci-dessus, vos officiers et vos ministres vous servent conformément aux lois et statuts du royaume, pour l'honneur de V. M. et pour la prospérité de cet Etat.

Ire RÉPONSE DU ROI A LA REQUÊTE DE DROIT,

Lue dans le parlement par le Garde du Grand-Sceau.

Le roi veut que le droit soit fait selon les lois et les coutumes du royaume, et que les statuts soient duement exécutés, afin que ses sujets n'aient pas lieu de se plaindre d'aucun tort ou oppression contraires à leurs justes droits et libertés, que S. M. se croit obligée, en conscience, de conserver avec autant de soin que sa propre prérogative.

(Cette réponse du roi n'étant pas jugée satisfaisante, le parlement en demanda une plus claire).

2me RÉPONSE,

Prononcée par le roi dans le parlement.

Soit droit fait comme il est désiré. (1)

ACTE D'HABEAS CORPUS (2).

STAT. 31. *Char.* 2. *chap.* 2. (1679.)

Sect. 2. Lorsqu'une personne sera porteur d'un *habeas corpus* adressé à un Schériff, geolier ou autre officier, en faveur d'une personne soumise à leur garde, et que cet *habeas corpus* sera présenté auxdits officiers, ou laissé à la prison à un des sous-officiers, ceux-ci devront, dans les trois jours de cette présentation, (à moins que l'emprisonnement n'ait eu lieu pour cause de trahison ou de félonie, exprimée dans le

(1) Cette seconde réponse provoqua une acclamation générale dans l'une et dans l'autre Chambre; parce que, selon l'ancien usage, cette formule prononcée ainsi en français, en plein parlement, emporte un consentement pur et entier dont on ne peut plus se rétracter; de sorte que l'acte qui y donne lieu a dès-lors toute la validité et toute la force d'une loi: c'est un effet que n'avait pas la première réponse; car, 1° elle n'avait pas été prononcée par le roi, le parlement séant: elle y avait été apportée toute faite; 2° elle n'était point selon l'ancienne formule; 3° elle contenait des expressions dont les communes croyaient que le roi pourrait abuser pour éluder ce qu'il semblait promettre le plus fortement; c'est ce qui explique la sollicitude et la joie du parlement. *Voy.* Rymer, acta publ. ann. 1628. — Abrégé histor. des actes publics, même année.

Rapin Toyras rapporte la formule sans y mettre le mot *droit.* Larrey écrit *soit fait droit*; d'autres écrivent seulement : *soit fait comme il est requis.*

(2) Cet acte plus connu sous le titre d'*habeas corpus* est intitulé : *Acte pour rendre plus entière la liberté des sujets, et pour prévenir les emprisonnemens au-delà des mers.*

Warrant (1)) sur l'offre faite de payer les frais nécessaires pour enmener le prisonnier, fixés par le juge ou par la cour d'où émane l'*habeas corpus*, et écrit à la suite du Writ (2), frais qui ne pourront excéder douze deniers par mille, et après sûreté donnée par écrit de payer également les frais nécessaires pour ramener le prisonnier, si le cas échoit; et après garantie que le prisonnier ne s'évadera pas en route, renvoyer cet ordre ou *Writ* (3) et représenter l'individu devant le lord chancelier ou les juges de la cour d'où émane le *Writ*, ou devant telle autre personne qui doit en connaître, d'après la teneur dudit *Writ*: l'officier devra de même déclarer le motif de la détention. Ce délai de trois jours n'est applicable que lorsque le lieu de la prison n'est pas éloigné de plus de vingt mille de celui de la cour ou de celui où résident les juges. Si elle est éloignée de plus de vingt mille, mais non de 100 mille, alors le geolier ou autres officiers auront dix jours et vingt au-delà de cent mille.

Sect. 3. Tous les *Writs* d'*habeas corpus* porteront ces mots : *per stat. tricesimo primo Caroli secundi regis*, et seront signés par celui de qui ils émanent. Si une personne est pendant le temps de vacation emprisonnée ou détenue pour crime (excepté pour ceux de félonie ou de trahison exprimés dans le *Warrant*), elle aura le droit (à moins qu'elle ne soit déjà convaincue ou condamnée), ou tout autre à sa place, de s'adresser au lord chancelier, ou à tout autre juge de tel ou tel tribunal, ou aux *barons* (2) de la cour de l'échiquier; et le lord

---

(1) *Warrant*, *voy.* la note 2, page suivante.

(2) *Writ*, ce mot peut se rendre par les mots *injonction*, *cédule*. C'est en général un ordre émané du pouvoir, pour ordonner de faire quelque chose; c'est ainsi qu'on dit un *writ* de *venire facias*, qui enjoint à un officier d'obliger quelqu'un à comparaître devant un magistrat, un *writ* de *capias* qui enjoint à un shériff de se saisir d'une personne, etc. Ainsi un *writ* d'*habeas corpus* est un ordre donné au geolier et à tout autre officier de la prison, de représenter un détenu, en se conformant aux dispositions de l'acte d'*habeas corpus*.

(3) *Return*, le renvoi; *return of writs*, littéralement renvoi des writs, est un certificat du shériff envoyé à la cour, pour constater ce qu'il a fait touchant l'exécution d'un *writ* qui lui a été adressé. Voyez le dictionnaire des lois, *New. law.-dictionnary*, par Giles Jacob. Toutefois ce mot *return* qui se retrouve si souvent dans les lois anglaises, peut être pris dans une infinité d'acceptions, nous nous contentons d'indiquer la plus générale.

(4) *Barons of the exchequer of the degree of the coif.* La cour de l'échiquier a deux attributions différentes qui la font partager en deux divisions: la recette de l'échiquier qui regarde les revenus royaux, et la partie judiciaire plus particulièrement cour de l'échiquier, qui se subdivise en cour de justice et cour de

chancelier, les juges ou barons, sont requis de délivrer, sur le vu des copies des *Warrants* d'emprisonnement ou de détention, ou sur le serment que ces copies ont été refusées, et après requête par écrit des détenus ou de toutes autres personnes, à leur place, attestée alors par deux témoins présens lorsqu'elle leur a été remise, un *habeas corpus* sous le sceau de la cour à laquelle appartiendra l'un des juges, adressé à l'officier à la garde duquel sera commis le détenu, lequel *habeas corpus* devra être renvoyé immédiatement devant le lord chancelier ou tel juge ou *baron* desdites cours ; et après que le *Writ* lui aura été présenté, l'officier ou la personne commise par lui, représentera le prisonnier devant le lord chancelier ou tels autres juges ou devant celui d'entr'eux désigné par ledit *Writ*; et dans le cas d'absence de ce dernier, devant tout autre d'entr'eux, en représentant toujours ledit *Writ*; et en faisant connaître les causes de l'emprisonnement ou de la détention (2); après quoi, dans l'espace de deux jours, le lord chancelier, ou tel autre juge, délivrera le prisonnier en recevant sa reconnaissance, et comme sûreté, une somme telle qu'ils jugeront à propos, eu égard à la qualité du prisonnier ou à la

---

chancellerie. La cour de l'équité se tient dans la chambre de l'échiquier devant le grand-trésorier, le chancelier de l'échiquier, le premier baron ou chef baron, et trois plus jeunes barons, dit Blackstone. Le titre de barons donné aux juges de l'échiquier vient, selon un savant Anglais, de ce que ces juges ont été originairement tirés du corps des barons du royaume. Ces observations peuvent servir à expliquer le sens dans lequel on doit entendre ici le mot de *baron*, il est pris pour celui de *juge*, mais de juge dans la cour de l'échiquier seulement. Les attributions de cette cour sont très-étendues, quoi qu'elle soit d'un rang inférieur à la cour du banc du roi, et même à celle des plaids communs : mais elle connaît plus particulièrement des affaires qui touchent aux revenus de la couronne ou du roi, etc. Les appels de la cour de l'échiquier ne peuvent être portés qu'à la Chambre des pairs, qui est la cour souveraine de judicature du royaume.

(2) *Voy.* l'art. 48 de la grande Charte, qui défend d'emprisonner qui que ce soit, si ce n'est en vertu d'un jugement de ses pairs, ou par ordre exprès de la loi; *voy.* aussi la pétition des droits de Charles I, qui défend également l'emprisonnement d'un homme qui n'aurait pas eu connaissance auparavant du motif de son emprisonnement, et s'il n'a pas joui de la faculté de répondre aux accusations portées contre lui; aussi ne peut-on emprisonner un individu qu'après une procédure juridique et dans une cour de justice, ou bien en vertu d'un ordre d'un magistrat compétent; cet ordre (c'est ce qu'il nous importait de faire remarquer ici) doit être donné par écrit, signé par ce magistrat et scellé du sceau de ses armes; il faut aussi que le motif de l'emprisonnement y soit exprimé, afin que sur le rescrit de l'*habeas corpus*, le juge puisse voir si l'emprisonnement est bon et valable. Cet ordre s'appelle un *warrant*.

nature du délit, pour s'assurer qu'il comparaîtra à la session prochaine devant la cour du banc du roi (1), ou aux plus proches assises ou sessions ou tournées de la cour *d'élargissement général* (*goal delivery*) (2) dans le comté ou dans le lieu de la prison ou de l'offense commise, ou devant telle autre cour qui doit connaître du délit; le *Writ* et son *return*, ainsi que la reconnaissance, seront représentés dans la cour où doit avoir lieu la comparution. Tout ceci n'a pas lieu, s'il est constant pour lesdits chancelier, juges ou *barons*, que le prisonnier est détenu sur une action légale pour laquelle le prisonnier ne peut être reçu à donner caution, d'après un *Writ* ou *Warrant* signé et scellé de la main et du sceau de quelques-uns desdits juges ou *barons* ou de quelques juges de paix.

Sect. 4. — Si une personne a volontairement négligé pendant deux termes entiers, depuis son emprisonnement, de demander un *habeas corpus*, elle ne pourra plus l'obtenir dans le temps des vacances.

Sect. 5. — Si un officier, ou son suppléant, néglige de répondre au *Writ d'habeas corpus* ou de représenter le prisonnier, conformément à ce *Writ*, ou s'il refuse, à la demande du prisonnier, ou de tout autre personne pour lui, de délivrer, ou s'il ne délivre pas dans six heures, copie du *Warrant* d'emprisonnement et de détention, il paiera à la partie lésée 100 livres pour la première offense, et 200 livres pour la seconde, et sera déclaré incapable de remplir son office : ces condamnations seront recouvrées par le plaignant, ses exécuteurs ou administrateurs, contre le délinquant par forme d'action en dettes, etc., dans l'une des cours à *Westminster*. Une première condamnation à la poursuite d'une partie lésée, sera une preuve suffisante d'une première offense ; et une seconde condamnation pour toute offense, survenue depuis le premier jugement, une preuve pour une seconde.

Sect. 6. — Aucune personne élargie en vertu d'un *habeas*

(1) C'est la cour souveraine du droit coutumier; elle est composée d'un chef justicier et de trois juges. Le roi est toujours censé siéger en personne dans cette cour; c'est de là que lui vient son nom; le style de la cour est pour cette raison *coràm ipso rege*. La juridiction de cette cour est très-étendue.

(2) Nous traduisons ces mots par ceux-ci : *Commission d'élargissement général*. *Voyez* la note 1re de la page suivante.

corpus ne peut être emprisonnée de nouveau pour le même délit, si ce n'est par l'ordre ou l'action légale de la cour dans laquelle elle est obligée de reparaître par sa reconnaissance, ou de tout autre cour compétente; et si une personne réemprisonne, ou fait réemprisonner sciemment pour le même délit, quelque personne élargie, comme on vient de le dire, elle sera condamnée à 500 livres envers la partie lésée.

Sect. 7. — Si une personne emprisonnée pour haute trahison ou félonie exprimée dans le *Warrant*, demande en pleine cour, la première semaine du terme ou le premier jour de la session des commissions d'*oyer* et *terminer* (1), ou *d'élargissement général*, à être mise en jugement, elle ne pourra être ajournée aux termes ou aux sessions prochaines. Les juges du *banc du roi*, de la commission d'*oyer* et *terminer*, ou tous autres susdésignés, sont requis de mettre sous caution, le prisonnier en liberté sur une requête présentée à la cour, le dernier jour du terme des sessions ou des assises de la commission *d'élargissement général*; à moins qu'il ne paraisse aux juges, sur serment, que les témoins pour le roi ne peuvent être produits pour le même terme; et si la personne emprisonnée, comme on vient de le dire, n'est pas sur sa demande d'être mise en jugement, poursuivie et jugée, le second terme, elle sera mise en liberté.

Sect. 8. — Les dispositions de cet acte ne sont point applicables pour la délivrance d'une personne, en matière civile.

Sect. 9. — Un sujet de ce royaume commis à la garde d'un officier pour matière criminelle ne pourra être déféré à la garde d'un autre officier, si ce n'est en vertu d'un *habeas corpus* ou d'un autre *Writ* légal, ou lorsque le prisonnier est livré au *Constable* ou à tout autre officier inférieur, pour le conduire à quelque prison commune, ou lorsqu'il est envoyé par ordre de quelque juge d'assise ou juge de paix à quelque maison de travail ou de correction, ou lorsqu'il est transféré

(1) *D'oyer et terminer.* Cette cour se tient par-devant des commissaires du roi, deux fois par an dans chaque comté du royaume, excepté quelques-uns où elle ne se tient qu'une fois; elle doit entendre et déterminer toutes les trahisons, felonies et malversations; les termes de la commission sont de s'informer, d'entendre et de juger. Une autre branche des attributions de cette cour est le droit d'examiner et de delivrer tous les prisonniers qui sont dans la prison au moment de l'arrivée des juges dans une ville; elle prend alors le titre de *goal delivery, commission d'élargissement.* Cette cour a aussi au civil des attributions qu'il est inutile de rappeler ici.

d'un lieu dans un autre du même comté, pour être jugé, ou dans le cas d'un incendie subit ou d'une épidémie ou de tout autre force majeure ; et les personnes qui signeront ou contresigneront un *Warrant*, pour un transfert contraire à cet acte encourront, de même que l'officier qui le mettra à exécution, les amendes ci-dessus mentionnées, tant pour la première que pour la seconde offense, en faveur de la partie lésée.

Sect. 10. — Il sera loisible à tout prisonnier d'obtenir son *habeas corpus*, soit du chancelier de l'Échiquier, soit du banc du roi ou de la cour *des plaids communs* (1); et si le lord chancelier, ou tout juge ou *baron* de l'échiquier, en vacation, sur le vu des copies de l'ordre d'emprisonnement ou de détention, ou sur le serment que ces copies ont été refusées, refuse lui-même l'*habeas corpus* voulu par cet acte, il sera condamné à 500 livres envers la partie lésée.

Sect. 11. — Un *habeas corpus*, conformément à cet acte, aura force sur les terres d'un comte palatin, dans les cinq ports (2) et autres lieux privilégiés, de même que dans les îles de *Jersey* et de *Guernsey*.

Sect. 12. Aucun sujet de ce royaume, habitant de l'*Angleterre*, du pays de *Galles*, ou de *Berwick*, ne pourra être envoyé prisonnier en *Ecosse*, en *Irlande*, à *Jersey*, *Guernsey*, ou dans tout autre lieu au-delà des mers: tout emprisonnement semblable est par cela même déclaré illégal. Un sujet ainsi emprisonné peut intenter une action de *faux emprisonnement* aux cours quelconques de S. M., ou exercer un recours contre les personnes par lesquelles il sera ainsi arrêté, emprisonné et détenu, et contre tout autre personne qui aura provoqué, écrit, signé ou contresigné un *Warrant*, ou tout autre écrit, pour de tels actes, de même que contre ceux qui l'auront con-

(1) Les attributions de la cour des plaids communs se confondent quelquefois avec celles du banc du roi, mais ce n'est qu'à cette cour qu'on peut porter en première instance toutes les actions immobiliaires, tandis que la cour du banc du roi est sous ce point de vue cour souveraine. La cour des plaids communs est composée de quatre juges y compris le président. « Ils siégent chaque » jour, dit Blackstone, dans les quatre termes pour entendre et juger toutes » les questions de droit qui donnent lieu aux causes civiles, soit immobiliaires, » soit mobiliaires, soit mixtes. Ils connaissent de tous ces différents tant en première instance que sur l'appel des cours inferieures (qui sont la cour du *hundred*, la county-court, etc.) Mais de cette cour, on appelle à la cour du banc » du roi par un acte d'appel comme d'abus. »

(2) *Cinq ports*, ce sont Hastings, Douvres, Hithe, Rumney et Sandwich.

seillé, ou qui y auront donné leur consentement. Dans ce cas, l'offensé pourra exiger trois fois le montant des frais du procès, et en outre des dommages et intérêts qui ne pourront être fixés à moins de 500 livres; dans laquelle action, nuls délais ne seront accordés, sans préjudice de l'exécution des réglemens des cours, pour certains cas spéciaux prévus par ces réglemens; et toute personne qui écrira, scellera ou contresignera un *Warrant*, pour un semblable emprisonnement ou détention, ou qui emprisonnera quelqu'un contrairement à cet acte, ou qui y aura concouru, sera déclarée incapable de remplir une charge de confiance ou lucrative, encourra les peines du statut *de præmunire* (1), et ne pourra être absoute par le roi desdites forfaitures.

Sect. 13. Cet acte ne pourra profiter à celui qui se sera engagé par écrit avec tout négociant, propriétaire dans les colonies, ou autre, à être transporté dans quelque pays au-delà des mers.

Sect. 14. Si une personne convaincue de félonie demande à être transportée, et que pour le fait commis, la cour juge convenable de la laisser en prison, cette personne pourra être transportée au-delà des mers.

Sect. 15. Si une personne résidant dans ce royaume a commis un crime capital en *Écosse*, en *Irlande*, ou dans tout autre île ou colonie étrangère soumise au roi, cette personne pourra être transportée dans ce lieu pour y être jugée, comme par le passé.

Sect. 17. (2) Aucune personne ne sera poursuivie pour contravention à cet acte que dans les deux années qui suivront la contravention, dans le cas ou la partie offensée ne sera plus en prison; et si elle est en prison, dans deux ans après son décès ou après sa sortie de prison.

Sect. 18. Dès le moment que les assises auront été annoncées dans un comté, personne ne pourra, par suite de cet acte, être transféré de la prison commune, sur un *habeas*

(1) 16 *ric.* 2. *cap.* 5. Ces différens statuts *de præmunire* ont été faits pour opposer une digue au pouvoir pontifical en Angleterre. C'est à l'époque de la reformation qu'on leur donna la plus grande extension, car alors toute liaison avec la cour de Rome fut interrompue, et des peines plus sévères portées contre ceux qui contreviendraient aux dispositions des statuts; il serait trop long d'énumérer ici toutes les peines portées pour les différens cas; nous renverrons les lecteurs au l. IV, chap. 8, de *Blackstone*.

(2) Les dispositions de la section 16, sont purement transitoires.

corpus, que pour être emmené devant le juge de l'assise en pleine cour.

Sect. 19. Après les assises closes on ne pourra, en vertu de cet acte, avoir son *habeas corpus*.

Sect. 20. Si une action est intentée pour une contravention à cette loi, les défendeurs peuvent plaider *l'issue générale*, c'est-à-dire qu'ils ne sont pas coupables (not Guilty), ou qu'ils ne doivent rien.

Sect. 21. Lorsqu'une personne sera emprisonnée par un juge-de-paix ou autre, et chargée comme complice avant le fait, de petite trahison (*petty treason*) (1) ou de félonie, ou qu'elle en sera soupçonnée, ou qu'elle sera soupçonnée de petite trahison ou de félonie exprimées dans l'ordre d'arrestation; cette personne ne pourra, en vertu de cet acte, être élargie sous caution.

BILL DES DROITS.

Acte déclarant les droits et les libertés des sujets, et fixant la succession à la couronne.

Anno prim. Guill et Mar. (1688).

Ch. I. Attendu que les lords spirituels et temporels, et les communes assemblées à *Westminster*, représentant valablement, pleinement et librement toutes les classes du peuple de ce royaume ont fait, le trentième jour de *février*, l'an de Notre-Seigneur, mil six cent quatre-vingt-huit, en présence de leurs Majestés, alors appelées et connues sous les noms de *Guillaume* et *Marie*, prince et princesse d'*Orange*, étant présens en propre personne, une déclaration par écrit, dans les termes suivans; savoir :

« Comme le dernier roi, *Jacques II*, a cherché, avec le
» concours de divers méchans conseillers, juges et officiers
» employés par lui, à renverser et détruire la religion protes-
» tante, les lois et les libertés de ce royaume;

(1) La *petite trahison* est dans l'ordre civil ce qu'est dans l'ordre politique la *haute trahison*. Celle-ci a lieu dans toutes les offenses contre le roi et le gouvernement, comme lorsqu'un inférieur dans l'ordre politique, attente aux jours de son supérieur dans les choses qui ont quelques rapports avec les affaires de l'État; celle là lorsqu'un domestique tue son maître, une femme son mari, un ecclésiastique son évêque. *Voy. Blackstone*, tome IV, chap. 6.

» 1° En usurpant et exerçant le droit de soustraire à l'action des lois et d'en suspendre l'effet, sans le consentement du parlement;

» 2° En emprisonnant et poursuivant plusieurs dignes prélats, pour avoir demandé humblement d'être dispensés de donner leur assentiment audit pouvoir usurpé;

» 3° En portant un mandat scellé du grand-sceau, pour ériger une cour nommée *la Cour des Commissaires pour les causes ecclésiastiques;*

» 4° En levant des impôts pour et à l'usage de la couronne, en alléguant le prétexte de prérogative, dans un temps et d'une manière autres que ceux voulus par le parlement;

» 5° En levant et entretenant une armée dans ce royaume en temps de paix, sans le consentement du parlement, et en logeant des soldats, contre la volonté de la loi;

» 6° En faisant désarmer plusieurs fidèles sujets, par cela seul qu'ils étaient protestans, pendant que les papistes étaient armés et employés, contrairement à la loi;

» 7° En violant la liberté de l'élection des membres du parlement;

» 8° En faisant juger, dans la cour du banc du roi, des matières et des causes dont le parlement seul pouvait connaître; et par diverses autres mesures arbitraires et illégales;

» 9° Et comme dans les derniers temps, des personnes partiales, corrompues et sans titres, ont été choisies pour jurés dans les tribunaux, et particulièrement plusieurs jurés dans des causes de haute-trahison, sans être francs-tenanciers;

» 10° Que des cautions excessives ont été demandées aux personnes emprisonnées pour causes criminelles, afin d'éluder le bénéfice des lois faites pour la liberté des sujets;

» 11° Que des amendes excessives ont été imposées, et des châtimens cruels et illégaux infligés;

» 12° Et que diverses remises ou promesses d'amendes et de confiscations ont été faites avant que conviction ait été acquise, ou jugement porté contre les personnes qui pouvaient être dans le cas de les payer. »

Toutes choses entièrement et directement contraires aux lois communes, aux statuts et libertés de ce royaume.

Et comme ledit feu dernier roi, *Jacques II* ayant abdiqué, le gouvernement et le trône restant par là vacans, son altesse le prince d'*Orange* (dont il a plu au Dieu tout-puissant de faire le glorieux instrument qui devait délivrer ce royaume du papisme et du pouvoir arbitraire) a fait écrire, (par l'avis des lords spirituels et temporels, et de plusieurs principales personnes des communes), des lettres aux lords spirituels et temporels protestans; et d'autres lettres aux différens comtés, villes, universités, bourgs et aux cinq ports, pour qu'ils eussent à choisir des personnes capables, pour les représenter dans le parlement qui devait être rassemblé, et siéger à *Westminster*, le vingt-deuxième jour de *janvier* de cette année mil six cent vingt-huit, afin d'aviser à ce que la religion, les lois et les libertés ne puissent plus dorénavant être en danger d'être renversées; en vertu de quoi les élections ont été faites.

Et par suite, lesdits lords spirituels et temporels, et les communes maintenant assemblées, par suite de leurs lettres et élections formant pleinement et librement le corps représentatif de cette nation, prenant sérieusement en considération les meilleurs moyens d'atteindre le but susdit, déclarent d'abord (comme leurs ancêtres ont toujours fait en pareil cas), pour garantir et assurer leurs anciens droits et libertés :

1° Que le prétendu pouvoir de l'autorité royale de suspendre les lois ou l'exécution des lois, sans le consentement du parlement, est illégal;

2° Que le prétendu pouvoir de l'autorité royale de dispenser des lois ou de l'exécution des lois, comme il a été usurpé et exercé par le passé, est illégal;

3° Que la commission pour ériger la dernière cour *des Commissaires pour les causes ecclésiastiques* et toutes autres commissions, et cours de même nature sont illégales et pernicieuses;

4° Qu'une levée d'impôt pour et à l'usage de la couronne, sous ombre de prérogative, sans le consentement du parlement, pour un temps plus long et d'une manière autre qu'il n'est ou ne sera arrêté par le parlement, est illégale;

5° Que c'est un droit des sujets de présenter des pétitions au roi, et que tous emprisonnemens et poursuites de pétitionnaires sont illégaux;

6° Que la levée et l'entretien d'une armée dans le royaume,

en temps de paix, si ce n'est du consentement du parlement, est contraire à la loi ;

7° Que les sujets protestans peuvent avoir, pour leur défense, des armes conformes à leur condition, permises par la loi ;

8° Que les élections des membres du parlement doivent être libres ;

9° Que la liberté de parler des débats ou actes dans le sein du parlement ne peut être réprimée ou mise en question dans aucune cour ou lieu hors du parlement ;

10° Qu'on ne peut exiger une caution, ni imposer d'amendes excessives, ni infliger des peines cruelles et inusitées ;

11° Que la liste des jurés choisis doit être dressée en bonne et due forme, et notifiée ; que les jurés qui prononcent sur le sort des personnes, dans les questions de haute trahison, doivent être francs-tenanciers ;

12° Que les remises ou promesses d'amendes et confiscations faites avant que conviction ait été acquise ou jugement porté, sont illégales et nulles ;

13° Qu'enfin, pour remédier à tous ces griefs, et pour l'amendement, l'affermissement et la conservation des lois, il sera tenu fréquemment des parlemens.

Et ils réclament, demandent avec instance toutes les choses susdites, comme leurs droits et libertés incontestables ; et qu'on ne puisse, par la suite, induire ni tirer en aucune manière des conséquences d'aucunes déclarations, jugemens ou actes rappelés ci-dessus et faits au préjudice du peuple.

A laquelle demande de leurs droits, ils sont particulièrement encouragés par la déclaration de son altesse le prince d'*Orange*, comme étant le seul moyen d'obtenir réparation et d'y apporter remède.

Etant donc pleins d'une entière confiance que son altesse le prince d'*Orange* accomplira la délivrance qu'il a déjà tant avancée, et qu'il les préservera encore de voir la violation à ces droits qu'ils viennent de rappeler, et de toutes autres atteintes portées à leur religion, à leurs droits et à leurs libertés.

II. Lesdits lords spirituels et temporels, et les communes assemblées à *Westminster*, arrêtent que *Guillaume* et *Marie*, prince et princesse d'*Orange*, sont et restent déclarés roi et reine d'*Angleterre*, ~~de France~~ et d'*Irlande*, et des États qui en dépendent; pour tenir la couronne et la dignité royale desdits royaumes et États dépendans; lesdits prince et princesse, pendant leur vie et la vie du survivant des deux, que l'exercice du pouvoir royal appartiendra uniquement et pleinement audit prince d'*Orange*, et sera exercé par lui aux noms desdits prince et princesse pendant leur vie; et, après leur mort, ladite couronne et la dignité royale desdits royaumes et États dépendans passeront aux héritiers descendans de ladite princesse; et à défaut de descendans, à la princesse *Anne* de *Danemarck* et à ses descendans; et à défaut de descendans, aux héritiers descendans dudit prince d'Orange. Les lords spirituels et temporels et les communes prient lesdits prince et princesse d'accéder au présent acte selon sa teneur.

III. Que les sermens ci-après mentionnés seront prêtés par toutes les personnes qui peuvent être tenues par la loi de prêter les sermens de fidélité (*d'allegiance*) et de *suprématie*, au lieu de ces mêmes sermens de suprématie et d'allégeance qui restent abrogés.

« Je A. B. fais promesse sincère, et jure d'être fidèle et de » garder loyale *allegiance* à leurs Majestés le roi *Guillaume* et » la reine *Marie*. »

(*So help me God*) Avec l'aide de Dieu.

« Je A. B. jure que j'abhorre de tout mon cœur, que j'ab- » jure et je déteste, comme impie et hérétique, cette thèse et » cette doctrine condamnables que *les princes excommuniés ou* » *déposséďés par le pape ou tout autre autorité du Siége de* » ROME, *peuvent être déposés ou mis à mort par leurs sujets ou* » *par tout autre personne quelconque*. Et je reconnais qu'au- » cun prince étranger, aucune personne, prélat, État ou po- » tentat, n'a ni ne doit avoir aucune juridiction, pouvoir, » supériorité, prééminence ou autorité ecclésiastique ou spi- » rituelle dans ce royaume. »

(*So help me God*) Avec l'aide de Dieu.

IV. Sur quoi leursdites Majestés ont accepté la couronne et la dignité royale des royaumes d'*Angleterre*, de *France* et d'*Irlande* et des États en dépendant, conformément à la résolution et au désir desdits lords et des communes, contenus dans ladite déclaration.

V. Et il a plu à leurs Majestés, que lesdits lords spirituels et temporels, et les communes formant les deux chambres du parlement, continueraient à siéger et feraient conjointement avec leurs Majestés royales un réglement pour l'établissement de la religion, des lois et libertés de ce royaume, afin qu'à l'avenir, ni les unes, ni les autres ne pussent être de nouveau en danger d'être détruites; à quoi lesdits lords spirituels et temporels et les communes ont donné leur consentement et ont procédé conformément.

VI. Maintenant, par suite des choses susdites, lesdits lords spirituels et temporels, et les communes assemblées en parlement, pour ratifier, confirmer et établir ladite déclaration et les articles, clauses et points y contenus par la force d'une loi faite en due forme par l'autorité du parlement, supplient qu'il soit déclaré et arrêté que tous et chacuns des droits et libertés rapportés et réclamés dans ladite déclaration, sont les vrais, anciens et incontestables droits et libertés du peuple de ce royaume, et seront estimés, approuvés, adjugés, crus, regardés comme tels; que tous et chaque articles susdits seront formellement et strictement tenus et observés comme ils sont exprimés dans ladite déclaration, que tous officiers et ministres quelconques serviront à l'avenir leurs Majestés et leurs successeurs, conformément à cette déclaration.

VII. Lesdits lords spirituels et temporels et les communes considérant sérieusement comment il a plu au Dieu tout-puissant dans sa merveilleuse providence, et sa miséricordieuse bonté pour cette nation, de conserver et de placer sur le trône de leurs ancêtres, leursdites Majestés royales, personnes les plus capables de régner sur nous; ce pourquoi ils lui rendent du fond de leurs cœurs leurs humbles actions de grâce et pensent véritablement, formellement, certainement et dans la sincérité de leur âme, reconnaissent et déclarent que le roi, *Jacques II*, ayant abdiqué le gouvernement, et leurs Majestés, ayant accepté la couronne et la dignité royale, comme il a été dit ci-dessus, deviennent, sont et seront de droit, par les lois de ce royaume, nos souverains seigneur et dame, roi et reine d'*Angleterre*, de *France* et d'*Irlande*, et des pays en dépendant; lesquelles personnes restent investies du titre royal, de la couronne et des dignités desdits royaumes, avec tous honneurs, titres, droits royaux, prérogatives, pouvoirs, juridiction et autorité qui s'y rattachent, qui sont ainsi entièrement, pleinement et légalement comme incorporés, annexés et unis à leurs personnes.

VIII. Pour prévenir toutes discussions et divisions dans ce royaume, au sujet des prétendus titres à la couronne, de même que pour conserver un ordre fixe dans la succession, ce qui constitue et d'où dépendent, après Dieu, l'unité, la paix, la tranquillité et la stabilité de cette nation; lesdits lords spirituels et temporels et les communes supplient leurs Majestés, qu'il soit établi par un acte, arrêté et déclaré que la couronne et le gouvernement royal de ces royaumes et des Etats dépendans, avec toutes et chaque choses déjà dites, et tout ce qui s'en suit, appartiendront et continueront d'appartenir à leursdites Majestés, et au survivant des deux, pendant leur vie et la vie du survivant; et que l'exercice entier, plein et parfait du pouvoir royal et du gouvernement, résidera uniquement dans la personne de S. M. le roi, et sera exercé par lui, au nom de leurs Majestés, pendant la vie de tous deux; et après leur mort, ladite couronne et choses déjà dites passeront et resteront aux héritiers descendans de S. M. la reine *Marie*; et à défaut d'héritiers descendans de S. M. à son altesse royale la princesse *Anne de Danemarck* ou à ses héritiers descendans; et à défaut de tels héritiers, aux héritiers descendans de sadite M. le roi. A ces causes, lesdits lords spirituels et temporels et les communes, au nom de tout le peuple, se soumettent très-humblement et fidèlement, eux et leurs héritiers et descendans à jamais, et promettent de reconnaître fidèlement, maintenir et défendre leursdites Majestés, de même que les bornes posées à l'autorité de la couronne, et l'ordre de succession à cette couronne, spécifiés et contenus dans ce présent acte, de tout leur pouvoir, aux dépens de leurs biens et de leur vie, contre toutes personnes quelconques qui pourraient y porter atteinte.

IX. Et comme l'expérience a prouvé que ce royaume protestant ne pouvait jouir de la paix, de la tranquillité, ni de la prospérité sous un prince papiste ou sous un roi ou une reine mariés à des papistes, lesdits lords spirituels et temporels et les communes supplient encore qu'il soit établi par un acte, que tous ceux qui sont ou seront reconciliés ou qui entretiennent des liaisons avec le Siége ou l'église de *Rome*, ou qui professent la religion papiste, ou qui sont mariés à des papistes, seront exclus et déclarés à jamais incapables d'hériter et de jouir de la couronne et du gouvernement de ce royaume, du royaume d'*Irlande* et des États qui en dépendent, ou d'une partie quelconque de ces Etats; d'avoir ou d'exercer le pouvoir royal, d'en retenir l'autorité ou la juridiction; et dans tous ces cas, le peuple de ces royaumes sera, et est par là, délié de toute obéissance et fidélité (*allégiance*). Et alors, la couronne et le gouvernement passeront et resteront aux personnes protestantes qui en auraient hérité, en cas de mort naturelle des personnes ainsi réconciliées, entretenant communication, professant la religion, ou mariées comme nous venons de le dire.

X. Que tout roi ou reine de ce royaume qui viendront ou succéderont dorénavant à la couronne impériale de ce royaume, feront, souscriront et prononceront à haute voix dans le premier jour de l'assemblée du premier parlement qui suivra leur couronnement; assis sur leur trône, dans la chambre des pairs, en présence des lords et des communes assemblées, ou bien, lors de leur couronnement, devant la personne ou les personnes qui recevront d'eux le serment de couronnement, au moment où ils prononceront ce serment (qui sera fait le premier), la déclaration (1) mentionnée dans le statut fait dans la trentième année du règne du roi Charles II, intitulé acte pour, etc. (2); mais s'il arrive que le roi ou la reine

(1) Voici cette déclaration : Je A. B. professe, affirme et déclare, solennellement et sincèrement en présence de Dieu, croire que dans le sacrement de la communion il n'y a point transubstantiation des élémens du pain et du vin en corps et en sang de Jésus-Christ, au moment de leur consécration, ou après cette consécration par une personne quelconque. Que l'invocation ou l'adoration de la vierge *Marie* ou de tout autre saint, et le sacrifice de la messe tels qu'ils sont maintenant pratiqués dans l'Eglise de Rome, doivent être regardés comme des actes superstitieux et idolâtres. Je professe aussi, affirme et déclare solennellement, que je fais cette déclaration dans le sens plein et entier des ouvrages qui m'ont été lus, tels qu'ils sont généralement interprétés par l'église protestante, sans subterfuge, équivoque ou réserve mentale quelconque, et sans m'être fait donner à cet effet des dispenses préalables par le pape ou par tout autre autorité ou personne quelconque, sans aucun espoir d'obtenir une semblable dispense, d'être ou de pouvoir être acquitté devant Dieu ou devant un homme, ou delié de cette déclaration, bien que le pape ou tout autre personne, ou autorité m'en délie ou l'annule, ou la déclare de nul effet dès le commencement.

(2) An act for the more effectual preserving the king's person and government, by disabling papist from sitting in either house of parliament.

n'aient pas atteint l'âge de douze ans, lorsqu'ils monteront sur le trône, alors ils feront, souscriront et prononceront à haute voix ladite déclaration à leur couronnement, ou le premier jour de l'assemblée du premier parlement qui suivra l'époque où ils auront atteint l'âge de vingt ans.

XI. Toutes lesquelles choses, il a plu à leurs Majestés de voir déclarées, établies et sanctionnées par l'autorité de ce présent parlement, afin qu'elles soient et demeurent lois perpétuelles de ce royaume. Elles sont, en conséquence, déclarées, établies et sanctionnées par leursdites Majestés, par et avec l'avis et le consentement des lords spirituels et temporels, et des communes formées en parlement.

XII. Qu'il soit en outre déclaré et arrêté par acte de l'autorité susdite, qu'à partir de cette présente session du parlement, il ne sera donné aucune dispense de *non obstante* de se soumettre aux statuts, ou à quelques-unes de leurs dispositions, que ces dispenses seront regardées comme nulles et de nul effet, à moins qu'elles ne soient accordées par le statut lui-même, excepté encore les cas auxquels il sera pourvu spécialement par des *bills* portés dans cette présente session de parlement.

XIII. Il est aussi arrêté qu'aucune charte, pardon ou garantie accordés avant le vingt-troisième jour d'*octobre*, de l'année de Notre-Seigneur, mil six cent vingt-neuf, ne seront annulés par cet acte, mais auront et conserveront autant de force devant la loi, que si cet acte n'eût point été fait.

BILL DES DROITS.

Acte du parlement pour assurer la succession de la couronne d'Angleterre, et pour mieux assurer la liberté des sujets (1).

(10 février 1701.)

Attendu que dans la première année du règne de V. M. et de feue notre très-gracieuse souveraine, la reine *Marie*, d'heureuse mémoire, un acte du parlement avait été fait et intitulé *Acte pour déclarer les droits et les libertés des sujets, et pour établir la succession à la couronne*; acte dans lequel, entre autres choses, il avait été établi, déclaré et passé en loi, que la couronne et le gouvernement royal des royaumes d'*Angleterre*, de *France* et d'*Irlande*, et des domaines qui en dépendent, seraient et continueraient dans V. M. et ladite feue reine, pendant qu'ils vivraient conjointement, et pendant la vie de celle qui survivrait, et qu'après le décès de V. M. et de ladite reine, ladite couronne et gouvernement royal seraient et demeureraient aux héritiers issus de ladite feue reine, et au défaut d'une telle lignée, à son altesse royale la princesse *Anne* de Danemarck et à ses descendans; et au défaut d'une telle lignée, aux héritiers descendans de V. M. Qu'il fût d'ailleurs par là, passé en loi, que toutes et chaque personne ou personnes qui seraient alors, ou dans la suite, réconciliées, ou qui auraient communication avec le Siége ou l'église de Rome, ou qui feraient profession de la religion papiste, ou qui se marieraient à des papistes, seraient exclues et rendues incapables pour toujours d'hériter, posséder, ou tenir la couronne et le gouvernement de ce royaume, de l'*Irlande* et des domaines qui en dépendent, ou d'aucune partie d'iceux; et d'avoir, ou

(1) *Voy.* Dum. Corps dipl. t. 8, part. 1, p. 3. Nous avons cru bien faire de prendre la traduction qui se trouve dans cet ouvrage, après l'avoir soigneusement comparée à l'original, et y avoir fait les changemens que nous avons cru utiles, parce qu'elle nous a paru très-littérale, et que l'auteur a pu, au temps où il écrivait, se permettre des façons de parler que ne pourrait maintenant employer un traducteur; façons de parler qui cependant rendent mieux que tout autre l'esprit de l'acte original.

exercer aucun pouvoir, autorité ou juridiction royale dans iceux. Et que dans tous et chacun desdits cas, les peuples de ces royaumes seraient et sont, par là, absous de leur fidélité; et ladite couronne et gouvernement descendraient successivement et seraient possédés par telles personnes ou personnes qui, étant protestantes, auraient hérité et joui d'iceux, en cas que ladite personne ou personnes ainsi réconciliées, ayant communion, professant ou se mariant, comme dessus, fussent naturellement mortes.

Qu'après avoir fait un tel statut, et l'établissement qui y est contenu, les bons sujets de V. M. qui ont été rétablis dans l'entière et libre possession et jouissance de leur religion, de leurs lois et de leurs libertés, par la providence de Dieu, qui a béni d'un heureux succès les justes entreprises et les infatigables efforts que V. M. a faits pour cela, n'avaient point à espérer ou à souhaiter un plus grand bonheur temporel que celui de voir une royale lignée venant de V. M. (à laquelle, après Dieu, ils doivent leur tranquillité, et dont les ancêtres ont été, pendant une longue suite d'années, les principaux appuis de la religion réformée et des libertés de l'Europe), et de notredite très-gracieuse souveraine la reine *Marie*, dont la mémoire sera toujours précieuse aux sujets de ces royaumes. Et comme il a depuis plu au Tout-Puissant de prendre à lui notredite souveraine, comme aussi le prince *Guillaume*, duc de Glocester, qui faisait toute notre espérance, et qui était le seul rejeton vivant de son altesse royale la princesse *Anne* de Danemarck, au déplaisir et au regret inexprimable de V. M. et de vosdits bons sujets, qui réfléchissant avec douleur, par de telles pertes, qu'il dépend entièrement du bon plaisir du Tout-Puissant de prolonger la vie de V. M. et celle de son altesse royale, et d'accorder à V. M. ou à son altesse royale une lignée qui puisse hériter de la couronne et du gouvernement royal, comme dessus, selon les établissemens respectifs contenus dans l'acte ci-dessus mentionné, implorent la miséricorde divine pour obtenir ces bénédictions. Et lesdits sujets de V. M. ayant une expérience journalière du soin et de l'intérêt que V. M. prend pour la prospérité présente et future de ces royaumes, et particulièrement par la recommandation que V. M. a faite, étant assise sur son trône, pour étendre la succession de la couronne dans la ligne protestante, pour le bonheur de la nation et la sûreté de notre religion : et étant absolument nécessaire pour la sûreté, la paix et la tranquillité de ce royaume, de prévenir en icelui, tous les doutes et disputes qui pourraient y survenir, à cause de quelques prétendus titres à la couronne, et de maintenir une certitude dans la succession d'icelle, à laquelle vos sujets puissent sûrement avoir recours pour leur protection, au cas que la succession établie par l'acte sus-mentionné vînt à finir.

A ces causes, pour une plus ample provision de la succession de la couronne dans la ligne protestante, nous, les très-obéissans et très-fidèles sujets de V. M., les seigneurs spirituels et temporels et les communes assemblées, en ce présent parlement, supplions V. M. qu'il soit établi et déclaré, ainsi qu'il est établi et déclaré par S. M. le roi, par et avec l'avis et consentement des seigneurs spirituels et temporels, et des communes assemblées en ce présent parlement, et par l'autorité d'iceux, que la très-excellente princesse *Sophie*, électrice et duchesse douairière d'Hanôvre, fille de la feue très-excellente princesse *Elisabeth*, reine de Bohême, fille de feu notre souverain seigneur le roi *Jacques Ier*, d'heureuse mémoire, soit, et est par celle-ci, déclarée être la plus proche à la succession, dans la ligne protestante, à la couronne impériale et à la dignité desdits royaumes d'*Angleterre*, de *France* et d'*Irlande*, et des domaines qui en dépendent, après S. M. et la princesse *Anne* de Danemarck; et à défaut respectivement de lignée de ladite princesse *Anne* et de S. M. Et que dès et après le décès de sadite Majesté, à présent notre souverain seigneur, et de son altesse royale la princesse *Anne* de Danemarck, et à défaut respectivement de lignée de ladite princesse *Anne* de Danemarck et de S. M., la couronne et le gouvernement royal desdits royaumes d'*Angleterre*, de *France* et d'*Irlande* et des domaines qui en dépendent, avec l'état et dignité royale desdits royaumes, et avec tous les honneurs, qualités, titres, régales, prérogatives, pouvoirs, juridictions et autorités qui en dépendent et qui leurs appartiennent, seront et continueront à ladite très-excellente princesse *Sophie* et aux héritiers issus de son corps, étant protestans. Et c'est à quoi lesdits seigneurs spirituels et temporels et les communes, au nom de tout le peuple de ce royaume, se soumettent très-humblement et loyalement, tant eux que leurs héritiers et postérité, et promettent fidèlement qu'après le décès de S. M. et de son altesse royale, et à défaut d'héritiers issus de leurs respectifs corps, ils soutiendront, maintiendront et défendront ladite princesse *Sophie* et les héritiers issus de son corps, étant protestans, selon la limitation et la succession à la couronne ci-spécifiée et contenue, de tout leur pouvoir, et aux dépens de leur vie et de leurs biens, contre toute personne que ce soit qui attentera quelque chose au contraire.

Bien entendu toujours, ainsi qu'il est établi par celle-ci, que toutes et chacune personne ou personnes qui hériteront ou pourront hériter de ladite couronne, en vertu de la limitation de ce présent acte, qui est, sont ou seront réconciliées ou qui auront communion avec le Siége ou l'église de Rome, ou qui feront profession de la religion papiste, seront sujettes aux incapacités; lesquelles, dans tous et chacun desdits cas, sont déclarées, statuées et établies par ledit acte sus-mentionné. Et que chaque roi ou reine de ce royaume, qui viendra ou succédera à ce royaume et à la couronne impériale de ce royaume, en vertu de ce présent acte, prêtera le serment du couronnement qui sera administré à lui, à elle, ou à eux, à leurs respectifs couronnemens, selon l'acte de parlement fait en la première année du règne de S. M. et de ladite feue reine *Marie*, intitulé *Acte pour établir le serment du couronnement*; et fera, souscrira et répétera la déclaration mentionnée dans ledit acte, et rapportée en premier lieu ci-dessus, en la manière et forme qui y est prescrite.

Et d'autant qu'il est requis et nécessaire de pourvoir plus amplement à la sûreté de notre religion, de nos lois et de nos libertés, dès et après le décès de S. M. et de la princesse *Anne* de Danemarck, et à défaut de lignée respective, issue du corps de ladite princesse ou de S. M. le roi. Il est établi par et avec l'avis et consentement des seigneurs spirituels et temporels, et des communes assemblées en parlement, et par l'autorité d'iceux.

« Que quiconque viendra ci-après à la possession de cette couronne, se conformera à la communion de l'église Anglicane, ainsi qu'elle est établie par les lois.

» Qu'au cas que la couronne et la dignité impériale de ce royaume viennent à tomber à quelque personne qui ne sera pas native de ce royaume d'Angleterre, la nation ne sera point obligée de s'engager dans aucune guerre pour la défense de quelques États ou territoires qui n'appartiendront point à la couronne d'Angleterre, sans le consentement du parlement.

» Que nulle personne qui viendra ci-après à la possession de cette couronne, ne sortira des domaines d'*Angleterre*, d'*Ecosse* ou d'*Irlande*, sans le consentement du parlement.

» Que dès et après le temps que cette plus ample limitation faite par cet acte aura lieu, toutes les matières et affaires relatives au bon gouvernement de ce royaume, qui sont proprement, par les lois et coutumes de ce royaume, du ressort du conseil privé, y seront traitées; et toutes les résolutions qui y seront prises, seront signées par ceux du conseil privé, qui y donneront leur avis et leur consentement.

» Qu'après que ladite limitation aura lieu, nulle personne née hors des royaumes d'*Angletrre*, d'*Ecosse* et d'*Irlande* ou des domaines qui en dépendent, quoiqu'elle soit naturalisée ou dénisée, excepté celles qui seront nées de père et mère Anglais, ne sera capable d'être du conseil privé ou membre de l'une ou l'autre des chambres du parlement, ou de jouir d'aucun office ou poste de confiance, soit civil ou militaire, ou d'avoir aucune concession de terres, maisons ou héritages de la couronne, pour elle-même ou pour aucun autre ou autres en commission pour elle.

» Que nulle personne qui a un office ou charge de profit sous le roi, ou qui reçoit une pension de la couronne, ne sera capable de servir comme membre de la chambre des communes.

» Qu'après que ladite limitation aura lieu, ainsi que dessus, les commissions des juges seront faites, *tandis qu'ils se comporteront bien*, et leurs salaires assurés et établis : mais il sera loisible de les déplacer sur une adresse de l'une et de l'autre chambre du parlement.

» Que nul pardon, sous le grand-sceau d'*Angleterre*, ne sera reçu contre une accusation des communes en parlement.

» Et comme les lois d'*Angleterre* sont les droits naturels du peuple d'icelle, et que tous les rois et reines qui monteront sur le trône de ce royaume doivent le gouverner conformément auxdites lois; et que tous leurs officiers et ministres doivent respectivement les servir selon les mêmes lois : à ces causes, lesdits seigneurs spirituels et temporels et les communes supplient aussi avec humilité que toutes les lois et statuts de ce royaume qui tendent à assurer la religion établie et les droits et les libertés du peuple d'icelui, et tous autres lois et statuts dudit royaume qui sont à présent en force puissent être ratifiés et confirmés : et suivant cela, les mêmes sont par S. M., par et avec l'avis et consentement desdits lords spirituels et temporels et des communes, et par l'autorité d'iceux, ratifiés et confirmés. »

ACTE D'UNION (1).

Des Parlemens d'Ecosse et d'Angleterre.

Stat. 5. *Ann. chap.* 8. (1707).

Sect. 1 Les articles de l'union, approuvés par les parlemens d'Ecosse sont :

1. Du 1er de mai 1707, et à jamais, les deux royaumes d'*Angleterre* et d'*Ecosse* ne feront plus qu'un seul royaume, sous le nom de *Grande Bretagne*; les armes du royaume uni seront déterminées par S. M., et les croix de St-Georges et de St-André seront jointes ensemble, de la manière que S. M. jugera convenable, et on les emploiera dans tous pavillons, drapeaux, étendards, bannières, tant de mer que de terre.

2. La succession à la monarchie de la *Grande Bretagne*, à défaut de descendans de S. M., passera à la très-excellente princesse *Sophie*, électrice et duchesse douairière d'Hanôvre, et à ses héritiers protestans. Tous papistes ou personnes mariées à des papistes seront exclus de la couronne impériale de la *Grande Bretagne*; et dans ce dernier cas, la couronne passera à la personne protestante, qui en aurait hérité dans le cas où le prince papiste, ou la personne mariée à un papiste, serait mort naturellement; selon les dispositions établies par le stat. 2., chap. 2., *Guill.* et *Mar.*, sur la succession à la couronne d'*Angleterre*.

---

(1) Sous ce titre on réunit plusieurs statuts qu'on peut regarder comme faisant partie des conditions de l'union.

3. Le royaume uni sera représenté par un seul parlement, qui portera le titre de *Parlement de la Grande Bretagne.*

4. Tous les sujets du royaume uni auront pleine liberté de commerce et de navigation dans tous les ports du royaume uni et des Etats en dépendant; ils jouiront tous également des droits qui appartiennent aux sujets de l'un et de l'autre royaume, sauf les exceptions portées par ces articles.

5. Tout vaisseau appartenant aux sujets écossais de S. M., à l'époque de la ratification du traité d'union dans le parlement d'*Ecosse*, quoique de construction étrangère, sera considéré comme les vaisseaux sortis des chantiers de la *Grande Bretagne:* pourvu que les propriétaires qui, dans douze mois, à compter du 1er de mai prochain, fassent serment qu'au moment de la ratification du traité d'union dans le parlement d'*Ecosse*, ces vaisseaux appartenaient en totalité ou en partie à eux, ou à d'autres sujets d'*Ecosse* qu'ils seront tenus de faire connaître, ainsi que le lieu de leur demeure; et qu'au moment de la déclaration, ces mêmes vaisseaux leur appartiennent en totalité, et qu'aucun étranger n'y a d'intérêt; lequel serment sera prêté devant les principaux officiers des douanes, dans le port le plus voisin du lieu du séjour des propriétaires; ce serment sera certifié par les officiers qui l'auront reçu, et après avoir été enregistré, copie en sera délivrée au maître du vaisseau; un double sera transmis aux principaux officiers de la douane du port d'Edimbourg, et de là envoyé au port de Londres, où il sera transcrit sur le registre général.

6. Toutes les parties du royaume uni jouiront des mêmes avantages et priviléges, seront soumises aux mêmes réglemens de commerce et sujettes aux mêmes douanes; les mêmes priviléges, avantages et réglemens de commerce, et les droits d'importation et d'exportation établis en *Angleterre*, seront étendus dans tout le royaume uni, excepté les droits sur l'exportation et l'importation de tels articles de consommation, pour les personnes qui en sont spécialement exemptées en vertu des droits particuliers (*La suite de cet article ne contient que des dispositions transitoires sur l'importation ou l'exportation de telle ou telle denrée ou marchandise*).

7. Toutes les parties du royaume uni seront à perpétuité soumises aux mêmes impôts sur les liqueurs; et les impôts qui se trouveront être mis en *Angleterre* sur telles liqueurs, au commencement de l'union, auront lieu dans tout le royaume uni.

(*L'art.* 8 *a également rapport au montant des droits qui devront être prélevés sur les marchandises importées en Angleterre ou en Ecosse*).

9. Lorsque le parlement de la *Grande Bretagne* arrêtera qu'une somme de 1,997,763 livres 8 sous 4 deniers et demi sera levée en *Angleterre* sur les biens fonciers, ou autres choses taxées ordinairement dans ledit royaume, par ordre du parlement, pour donner des subsides à la couronne, l'*Ecosse* sera chargée, par le même acte, d'une somme de 48,000 liv., et ainsi, dans cette proportion ; et cette quotité, pour l'*Ecosse*, sera levée de la même manière qu'elle se lève maintenant en *Ecosse*; mais sujette à tels réglemens, pour la forme du prélèvement, qu'il plaira au parlement de la *Grande Bretagne* d'arrêter.

(*Les art.* 10, 11, 12 *et* 13 *sont purement transitoires et de très-peu d'importance : ils sont relatifs aux droits prélevés sur le papier timbré, le vélin, les fenêtres, le charbon, la drèche, etc.*).

14. L'*Ecosse* ne sera chargée d'aucuns autres droits établis par le parlement d'*Angleterre*, avant l'union, excepté de ceux dont on est convenu dans ce traité. Il est arrêté que si le parlement d'*Angleterre* établit une imposition ultérieure, par voie de douanes, ou tels impôts dont l'*Ecosse* se trouve, par ce traité, chargée conjointement avec l'*Angleterre*, l'*Ecosse* sera soumise au même impôt, et supportera un équivalent fixé par le parlement de la *Grande Bretagne*; avec ce réglement particulier, que toute drèche destinée à être consommée en *Ecosse* ne paiera aucun des impôts établis sur la drèche, pendant cette guerre; et il ne sera point établi d'exception nouvelle pour aucune partie du royaume uni.

(*L'art.* 15, *dont la plupart des dispositions sont transitoires, porte en substance*),

Que tout ce que paiera de taxes le royaume uni, qui sera employé à acquitter les dettes d'Angleterre contractées avant l'union, sera tenu en compte au royaume uni, et que l'équivalent qui lui en reviendra sera employé à acquitter ses dettes contractées aussi avant l'union, et d'autres charges qui lui sont particulières; et que S. M. sera autorisée à nommer des commissaires qui auront inspection sur ces équivalens et sur leur emploi, et qui en rendront compte au parlement de la *Grande Bretagne*.

16. Les monnaies porteront le même titre dans tout le

royaume uni (celui qui est maintenant en usage en Angleterre); l'*Ecosse* continuera à avoir un hôtel des monnaies soumis aux mêmes règles que l'hôtel des monnaies d'*Angleterre* : les officiers de cet hôtel sont maintenus dans leurs places, sans préjudice des modifications qui seront portées par S. M. ou par le parlement de la *Grande Bretagne*.

17. Les mêmes poids et mesures (ceux qui sont maintenant établis en Angleterre) seront en usage dans tout le royaume uni; et les modèles de ces poids et mesures seront gardés dans les bourgs d'*Ecosse* qui jouissent du droit spécial de poinçonner les poids et mesures. Tous lesquels modèles seront envoyés à ces bourgs, d'après les modèles conservés dans l'Echiquier à *Westminster*, et seront néanmoins sujets aux réglemens qu'il plaira au parlement de la *Grande Bretagne* d'établir.

18. Les lois concernant les réglemens de commerce, les douanes et les taxes auxquelles est soumise l'*Ecosse*, par ce traité, seront les mêmes pour l'*Ecosse* et pour l'*Angleterre*; et toutes les autres lois en usage en *Ecosse*, seront après et nonobstant l'union, maintenues dans toute leur force (excepté celles qui sont contraires à ce traité), mais elles pourront être modifiées par le parlement de la *Grande Bretagne*; avec cette différence, entre les lois concernant le droit public, la police et le gouvernement civil, et celles qui concernent le droit privé, que les lois qui concernent le droit public, la police et le gouvernement civil peuvent être étendues à tout le royaume uni; mais qu'aucune altération ne peut être portée aux lois qui concernent les droits privés, si ce n'est pour l'utilité manifeste des sujets d'*Ecosse*.

19. La cour de session ou collége de justice, restera à jamais après et nonobstant l'union, telle qu'elle est maintenant établie en *Ecosse*, et conservera la même autorité; sujette toutefois à tels réglemens qui pourront être faits par le parlement de la *Grande Bretagne*, pour une meilleure administration de la justice. Ne pourront être nommés par S. M., lords ordinaires de session, que ceux qui auront été attachés au collége de justice comme avocats, ou principaux greffiers de session, pendant cinq ans, ou comme écrivain au cachet du roi, pendant dix ans; en observant toutefois, qu'un écrivain au cachet du roi ne pourra être admis comme lord de la session, qu'après avoir subi un examen public, et parti-

culier, sur les lois civiles devant la faculté des avocats, et avoir été jugé capable de remplir l'office, deux ans au moins avant sa nomination; toutefois, le parlement de la *Grande Bretagne* pourra modifier les formes prescrites pour être déclaré capable d'être nommé lord ordinaire de session. La cour de justice restera de même après, et nonobstant l'union, telle qu'elle est maintenant établie en *Ecosse*, et avec la même autorité, mais sujette à tels réglemens qui seront faits par le parlement de la *Grande Bretagne*; et toutes juridictions de l'amirauté relèveront du lord grand-amiral, ou des commissaires de l'amirauté de la *Grande Bretagne*. La cour d'amirauté maintenant établie en *Ecosse* sera maintenue, et toutes révisions, réductions ou suspensions des sentences dans les causes maritimes, compétant à la juridiction de cette cour continueront à être réglées comme elles le sont maintenant en *Ecosse*, jusqu'à ce que le parlement de la *Grande Bretagne* ait fait les réglemens qui seront jugés convenables pour tout le royaume uni. Il sera conservé en *Ecosse*, de même qu'en *Angleterre*, une cour d'amirauté pour connaître des causes maritimes relatives aux droits particuliers d'*Ecosse*, qui appartiennent à la juridiction de la cour d'amirauté, sujette néanmoins à telles modifications qu'il plaira au parlement de la *Grande Bretagne* d'apporter; et les droits héréditaires d'amirauté et des vice-amirautés d'*Ecosse* seront réservés aux propriétaires comme droits de propriété, sujets toutefois, quant à la manière d'exercer ces droits, à tels réglemens qui paraîtront convenables au parlement de la *Grande Bretagne*, et toutes les autres cours existantes maintenant en *Ecosse* seront maintenues, mais sujettes à modifications par le parlement de la *Grande Bretagne*; toutes les cours inférieures, dans lesdites limites, resteront subordonnées aux cours supérieures de justice dans le même pays. Aucune des causes d'*Ecosse* ne pourra être évoquée ni renvoyée de la connaissance des cours, à *la Chancellerie*, *au banc de la reine*, *aux plaids communs* ou à tout autre cour de *Westminster*; et lesdites cours, ou toutes autres de même nature, ne pourront connaître, réviser ou altérer les actes ou sentences de judicature d'*Ecosse*, ou en suspendre l'exécution. Il y aura en *Ecosse* une cour de l'échiquier, pour décider les questions concernant les revenus des douanes et des taxes, qui aura le même pouvoir dans les causes de son attribution que la cour de l'échiquier en *Angleterre*, et que celle qui existe maintenant en *Ecosse*. Et cette cour actuelle de l'échiquier, établie en *Ecosse*, restera jusqu'à ce qu'une nouvelle cour de l'échiquier y soit établie par le parlement de la *Grande Bretagne*. La reine gardera un conseil privé en *Ecosse*, pour conserver la paix et l'ordre public jusqu'à ce que le parlement de la *Grande Bretagne* juge convenable d'établir tout autre voie.

20. Tous offices ou juridictions héréditaires, charges et juridictions à vie, sont conservés à ceux qui les possèdent, comme droits de propriété.

21. Les droits et priviléges des bourgs royaux d'*Ecosse* resteront entiers après et nonobstant l'union.

22. L'*Ecosse* aura, dans la chambre des lords du parlement de la *Grande Bretagne*, seize lords pris parmi les pairs actuels de l'*Ecosse*, et quarante-cinq représentans dans la chambre des communes. Et lorsqu'il plaira à S. M. d'assembler un parlement de la *Grande Bretagne*; jusqu'à ce que ce parlement y ait pourvu par un réglement, il sera envoyé un ordre sous le grand-sceau du royaume uni adressé au conseil privé d'*Ecosse*, qui lui enjoindra d'inviter les seize pairs qui doivent siéger au parlement, dans la chambre des lords, à s'y rendre, et de faire élire les quarante-cinq membres qui doivent siéger dans la chambre des communes, de la manière qui sera fixée par un acte de cette session du parlement d'*Ecosse*; et les noms des personnes ainsi désignées ou élues, seront renvoyés par le conseil privé d'*Ecosse*. Si S. M. le déclare expédient, les lords du parlement d'Angleterre et les communes du présent parlement formeront les membres des chambres respectives du premier parlement de la *Grande Bretagne*, pour l'*Angleterre*. Chaque lord du parlement, et chaque membre des communes, dans tous les parlemens à venir de la *Grande Bretagne*, jusqu'à ce que le parlement de la *Grande Bretagne* en ait autrement ordonné, prêtera, au lieu des sermens d'allégeance et de suprématie, les sermens requis par le chap. 8 du 1er stat. de *Guill.* et *Mar.*, souscrira et réitérera la déclaration mentionnée dans le stat. 2 de Charles II, prêtera et souscrira le serment mentionné dans le chap. 22 du stat. 1 de la reine *Anne* (altéré par *Geo.* I, chap. 13).

23. Les pairs d'*Ecosse* jouiront des mêmes priviléges de parlement que les pairs d'*Angleterre*, et, en particulier, du droit de connaître des jugemens des pairs : et en cas de la

mise en jugement d'un pair, pendant le temps d'ajournement ou de prorogation d'un parlement, lesdits seize pairs seront assignés; et dans le cas où il arriverait que des pairs fussent mis en jugement, pendant que le parlement n'est pas assemblé, les seize pairs d'*Ecosse* qui siégeaient dans le parlement précédent seront appelés. Tous les pairs d'*Ecosse* seront pairs de la *Grande Bretagne*, et auront rang immédiatement après les pairs de même degré en *Angleterre*, au moment de l'union, seront jugés comme pairs de la *Grande Bretagne*, et jouiront de tous les priviléges des pairs, excepté du droit de siéger dans la chambre haute et les priviléges qui en dépendent; particulièrement le droit de connaître des jugemens des pairs.

24. Il n'y aura qu'un grand-sceau pour tout le royaume uni. A S. M. sera laissé le droit d'écarteler les armes, comme elle jugera à propos. On emploira le grand-sceau du royaume uni pour sceller les ordres d'assembler le parlement de la *Grande Bretagne*, et tous les traités conclus avec les Etats étrangers, de même que tous les actes publics de l'Etat qui concernent le royaume uni, et dans toutes les autres matières relatives à l'*Angleterre*, et pour lesquelles on se sert maintenant du grand-sceau d'*Angleterre*. Il y aura un sceau en *Ecosse*, dont on se servira dans toutes les choses relatives aux droits et priviléges particuliers qui ont habituellement reçu le grand-sceau d'*Ecosse*, et qui concernent seulement les offices, permissions, commissions et droits privés dans ce royaume. On continuera à faire usage en *Ecosse* du sceau privé, du cachet des cours de justice, et de tous les sceaux de cours dont on se sert maintenant; mais approprié à l'état de l'union, comme S. M. le jugera convenable. Lesdits sceaux seront sujets aux réglemens arrêtés par le parlement de la *Grande Bretagne*. La couronne, le sceptre et l'épée de l'Etat, les journaux (*records*) du parlement et autres journaux, rôles et registres, soit publics, soit privés, seront, à l'avenir, tenus et conservés en *Ecosse*, de la même manière qu'ils le sont maintenant.

25. Toutes lois, dans les deux royaumes, sont annulées et déclarées nulles par les parlemens respectifs, en ce qui serait contraire à ces articles.

Sect. 2. *L'acte pour garantir la religion protestante et l'établissement du culte presbytérien*, *en Ecosse*, *porte ce qui suit :*

S. M., de l'avis et consentement du parlement, établit et confirme la vraie religion protestante et le culte, la discipline et le gouvernement de cette église, pour être conservés sans aucune altération, au peuple de ce pays et à ses descendans; et plus spécialement l'acte cinquième du premier parlement du roi *Guillaume* et de la reine *Marie*, intitulé: *Acte qui ratifie la confession de foi, et qui fixe le gouvernement de l'église presbytérienne*, de même que tous les autres actes du parlement qui y ont rapport. Elle déclare que ladite vraie religion protestante, contenue dans la confession de foi, avec la forme du culte et la pureté du dogme en usage dans cette église, de même que son gouvernement et sa discipline, arrêtés dans les assemblées des anciens de l'église presbytérienne, les synodes provinciaux, et les assemblées générales, ne pourront être altérés, et que ledit gouvernement presbytérien sera le seul observé en *Ecosse*.

Les universités et les colléges de *St-André*, *Glasgow*, *Aberdeen* et *Edimbourg* établis par loi, sont maintenus pour toujours; et aucun professeur, principal, régent, maître ou autre, ayant un emploi dans toute université, collége ou école, dans ce royaume, ne pourra être admis à remplir des fonctions, s'il ne reconnait le gouvernement civil de la manière prescrite par les actes du parlement; de même, lors de leur admission, ils devront reconnaître et souscrire ladite confession de foi, et promettre de se conformer au culte en usage dans cette église, et de se soumettre à son gouvernement et à sa discipline; de ne jamais chercher à lui nuire ou à la renverser; et cela devant les anciens des églises presbytériennes respectives, dans les ressorts desquelles ils se trouvent.

Aucun des sujets de ce royaume ne pourra prêter de serment, ou donner témoignage ou souscription, dans ce royaume, contraires à la vraie religion protestante et au gouvernement de l'église presbytérienne, à son culte et à sa discipline. Après la mort de S. M., ses successeurs dans le gouvernement royal du royaume de la *Grande Bretagne*, jureront et signeront, à l'avenir, à leur avènement au trône, qu'ils maintiendront inviolablement et garantiront ledit établissement de la vraie religion protestante, de même que le gouvernement, le culte, la discipline, les droits et priviléges de cette église.

Cet acte sera une condition essentielle et fondamentale de l'union entre les deux royaumes, et sera inséré dans chaque acte de parlement pour la conclusion de l'union : néanmoins, le parlement d'*Angleterre* peut, pour la sûreté de l'église d'*Angleterre*, en ordonner comme il jugera convenable; mais ses actes n'auront d'effet qu'en *Angleterre*, sans déroger nullement aux sûretés garanties à l'église d'*Ecosse*; de même le parlement d'*Angleterre* peut étendre, aux sujets d'*Angleterre*, les dispositions contenues dans les articles de l'union en faveur des sujets d'*Ecosse*.

Toutes lois, dans ce royaume, sont annulées après l'union en ce qui serait contraire à ces articles.

Sect. 3. *L'acte pour garantir l'église d'*Angleterre, *comme il est établi par la loi* (5. d'Anne, cap. 5.) *est aussi inséré dans cet acte.*

Sect. 4. *Lesdits articles d'union, de même que ledit acte du parlement d'*Ecosse, *pour l'établissement de la religion protestante et du gouvernement de l'église presbytérienne dans ce royaume, seront confirmés pour toujours.*

Sect. 5. *Ledit acte, pour garantir l'église d'*Angleterre *selon qu'il a été établi par loi, de même que ledit acte du parlement* d'Ecosse, *pour garantir la religion protestante et le gouvernement de l'église presbytérienne, seront observés à perpétuité, comme conditions fondamentales et essentielles de l'union.*

Sect. 6. *Acte qui établit le mode d'élection des seize pairs et des quarante-cinq membres, pour représenter l'Ecosse dans le parlement de la* Grande Bretagne.

Passé dans le parlement d'*Ecosse*, à *Edimbourg*, le 5 février 1707.

S. M., de l'avis et consentement des Etats du parlement, ordonne que les seize pairs qui auront droit de siéger dans la chambre des pairs, dans le parlement de la *Grande Bretagne*, pour l'*Ecosse*, seront nommés par les pairs d'*Ecosse*, et pris parmi eux par voie d'élection publique, et à la pluralité des voix des pairs présens et de ceux qui les représentent pour les pairs absens; lesdits représentans étant eux-mêmes pairs, et produisant une procuration duement signée devant témoins, et le mandant et le mandataire ayant qualité conformément à la loi. De même, les pairs absens, et ayant qualité, peuvent envoyer à l'assemblée des listes des pairs qu'ils jugent le plus convenable de nommer : ces listes, valablement signées par ces pairs, seront comptées comme si les parties avaient été présentes. En cas de mort ou d'incapacité légale de quelqu'un des seize pairs, lesdits pairs d'*Ecosse* nommeront parmi eux un autre pair.

Quant aux quarante-cinq représentans d'*Ecosse* dans la chambre des communes du parlement de la *Grande Bretagne*, trente seront choisis par les comtés ou sénéchaussées, et quinze par les bourgs royaux comme il suit, savoir : un pour chaque comté et sénéchaussée, excepté les comtés de *Bute* et de *Catchness* qui en choisiront un tour à tour; Bute ayant la première élection, excepté aussi les comtés de *Clackmanan* et de *Kinross*, de *Nairn* et de *Cromarty; Clackmanan* et *Nairn*, ayant la première élection. Au cas de mort ou d'incapacité de quelqu'un des membres nommés par quelques-uns des comtés ou sénéchaussées respectifs, le comté ou la sénéchaussée qui a nommé ledit membre en nommera un autre à sa place.

Les quinze représentans, pour les bourgs royaux, seront choisis comme suit, savoir : la ville d'*Edimbourg* enverra un membre au parlement de la *Grande Bretagne*. Tous les autres bourgs d'*Ecosse* choisiront un commissaire dans la forme usitée pour élire les députés au parlement d'*Ecosse*; lesquels commissaires et bourgs étant divisés en 15 districts, se rassembleront à l'époque et dans le bourg qu'il plaira à S. M. de fixer dans leur district, et choisiront un membre pour tout le district, savoir : les bourgs *de Kirkwell*, *Week*, *Dornock*, *Dingwall* et *Taine* 1; les bourgs de *Fortrose*, *Inverness*, *Nairn* et *Forress* 1; les bourgs de *Elgin*, *Cullen*, *Banff*, *Inverury* et *Kintore* 1; les bourgs d'*Aberdeen*, *Inverbervy*, *Montrose*, *Aberbrothock* et *Brochine* 1; les bourgs de *Forfar*, *Perth*, *Dundee*, *Couper* et *Saint-André* 1; et les bourgs de *Craill*, *Kilrennée*, *Anstruther-Easter*, *Anstruther-Wester* et *Pittenweem* 1; les bourgs de *Dysart*, *Kirkaldie*, *Kinghorn* et *Bruntisland* 1; les bourgs de *Innerkithen*, *Dunsermline*, *Queensferry*, *Culross* et *Sterling* 1; les bourgs de *Glasgow*, *Reufrew*, *Ruglen* et *Dumbarton* 1; les bourgs de *Haddington*, *Dunbarr*, *Nort*, *Berwick*, *Lauder* et *Jedburgh* 1; les bourgs de *Dumfreies*, *Sanguhar*, *Annan*, *Lockmaben* et *Kirkendbright* 1; les bourgs de *Wigtoun*, *New-Galloway*, *Stranraver* et *Whitchern* 1; et les bourgs d'*Air*, *Irvin*, *Rothesay*, *Compbletoun* et *Inverary* 1. Et lorsque les votes des députés, pour les bourgs assemblés, pour élire les représentans, seront partagés, le président de l'assemblée aura un vote formant majorité, outre son vote, comme député d'un des bourgs. Le député du plus ancien bourg présidera la première assemblée, et les députés des autres bourgs, chacun à leur tour, dans l'ordre où ils sont désignés dans les rôles du parlement d'*Ecosse*; et dans le cas où quelqu'un des quinze députés des bourgs mourrait ou deviendrait légalement incapable, la ville d'*Edimbourg*, ou le district qui aurait choisi le membre, en élira un autre à sa place. Il est arrêté que personne ne pourra élire ou être élu, s'il n'a vingt-un ans accomplis, s'il n'est protestant: excluant tous papistes, ou suspects de papisme, ou ceux qui refuseraient de jurer et de souscrire la formule contenue dans le troisième acte, fait dans les huitième et neuvième sessions du parlement du roi *Guillaume*, pour prévenir l'accroissement du papisme. Les seules personnes pourront élire ou être élues pour représenter un comté ou un bourg de cette partie du royaume uni, qui sont maintenant capables, d'après les lois de ce royaume, d'élire ou d'être élues comme députés des comtés ou des bourgs au parlement d'*Ecosse*. Lorsque S. M. déclarera sa volonté de rassembler un parlement de la *Grande Bretagne*, et qu'un writ sera envoyé, par elle, au conseil privé d'*Ecosse*, conformément au vingt-deuxième article, jusqu'à ce que le parlement de la *Grande Bretagne* en ait autrement ordonné, ledit writ contiendra un commandement au conseil privé de publier une proclamation requérant les pairs d'*Ecosse* de s'assembler dans un temps, et dans le lieu d'*Ecosse* déterminé par S. M., pour procéder à l'élection des seize pairs; requérant aussi le lord greffier ou deux des secrétaires de session de se trouver à toutes les assemblées, de recevoir les sermens, de recueillir les votes et de renvoyer au secrétaire du conseil privé d'*Ecosse*, après avoir formé les listes en présence de l'assemblée, les noms des seize pairs choisis (certifiés sous la signature du lord greffier ou des secrétaires présens); Et requérant de la même manière les francs-tenanciers dans les comtés et les sénéchaussées respectifs de se réunir au bourg principal de leur comté ou de leur sénéchaussée, pour choisir leurs députés; et ordonnant qu'immédiatement après les élections, les secrétaires des assemblées renverront les noms des personnes choisies aux secrétaires du conseil privé; ordonnant enfin, que la ville d'*Edimbourg* ait à nommer son député; que les autres bourgs royaux choisissent aussi chacun un député, qui doivent se réunir dans le bourg de leur district et dans le temps qu'il plaira à S. M. de fixer par une proclamation; requérant le secrétaire commun des bourgs où se fera l'élection de se trouver à l'assemblée et de renvoyer, immédiatement après l'élection faite, le nom de la personne élue (sous son seing) au secrétaire du conseil privé, afin que les noms des seize pairs, des trente députés pour les comtés et des quinze députés pour les bourgs puissent être renvoyés à la cour d'où émane le writ. Les seize pairs, et les quarante-cinq députés pour les comtés et les bourgs qui seront choisis par les pairs, les barons et les bourgs respectivement, dans cette session du parlement et hors de ses membres, seront membres des chambres respectives du premier parlement de la *Grande Bretagne* pour l'*Ecosse*.

Sect. 7. *Ce dernier acte mentionné passé en* Ecosse *sera valable, comme s'il avait fait partie des articles de l'union.*

STAT. 6. Ann. chap. 6.

Sect. 1. La reine n'aura qu'un conseil privé pour le royaume de la *Grande Bretagne*, et ce conseil privé aura les mêmes pouvoirs qu'avait le conseil privé d'*Angleterre* au moment de l'union, et rien de plus.

Sect. 2. Dans chaque comté et sénéchaussée d'*Ecosse*, de même que dans tels villes, bourgs; terres-franches et juridictions en *Ecosse*, que S. M. jugera convenable; S. M. nommera, sous le grand-sceau de la *Grande Bretagne*, un nombre d'hommes probes et capables pour remplir les fonctions de juges-de paix; lesquelles personnes, indépendamment des pouvoirs attribués aux juges-de-paix par les lois d'*Ecosse*, seront, en outre, préalablement autorisées à user de tous les droits qui appartiennent à l'office de juge-de-paix, en vertu des lois faites en Angleterre avant l'union, pour l'avantage de la paix publique. Toutefois, dans les sessions des justices-de-paix, on suivra la forme de procéder et de juger prescrite par les lois d'*Ecosse*.

Sect. 3. Aucune disposition de cet acte ne portera atteinte aux lois, libertés et priviléges garantis à la ville d'*Edimbourg* ou à tout autre bourg royal, d'être justices-de-paix dans leur ressort.

Sect. 4. Deux fois par an, il sera tenu des assises de cours ambulantes aux mois d'*avril* ou de *mai* et d'*octobre* (1).

(1) Suivant les lois d'Angleterre, les douze juges du royaume vont deux fois l'année dans les provinces pour administrer la justice, en vertu de leurs commissions, chacun dans son département; c'est ce qu'ils appellent *to go the circuit.*

Sect. 5. Lorsqu'un parlement sera rassemblé, les quarante-cinq représentans d'*Ecosse*, dans la chambre des communes, seront convoqués en vertu des writs de la reine, sous le grand-sceau de la *Grande Bretagne*, envoyés à chaque shériff et sénéchal des comtés et sénéchaussées respectives; dès que ces writs seront reçus, les shériffs et sénéchaux donneront incontinent connaissance du temps de l'élection pour les représentans des comtés ou sénéchaussées; et à ce temps fixé pour l'élection, les franc-tenanciers se rendront au bourg principal de leurs comtés et sénéchaussées, et procéderont à l'élection de leurs représentans. Les secrétaires de ladite assemblée enverront, immédiatement après les élections, les noms des personnes élues au shériff ou sénéchal qui les annexera au writ reçu, et renverra le tout à la cour d'où émane cet writ. Quant au mode d'élection des quinze représentans des bourgs royaux, le shériff du comté d'*Edimbourg* enverra, immédiatement après avoir reçu le writ, son ordre au lord prévôt d'*Edimbourg*, pour faire élire un représentant de la ville. Au reçu de cet ordre, la ville d'*Edimbourg* choisira son membre et le secrétaire commun fera connaître son nom au shériff d'*Edimbourg* qui l'annexera au writ reçu et renverra le tout. Quant aux autres bourgs royaux divisés en quatorze districts, les shériffs ou sénéchaux de chaque comté ou sénéchaussée, enverront à chaque bourg royal, au reçu du writ, leurs ordres, rapportant le contenu du writ et sa date, et ordonnant de s'assembler incontinent pour choisir chacun un commissaire; et pour chaque bourg ordonner à ces députés de s'assembler dans le bourg principal de leur district (en nommant ce bourg), le treizième jour après le serment du *test*, à moins que ce jour ne soit un dimanche; dans ce cas, le jour suivant, et de choisir alors le député pour le parlement. Le secrétaire commun du bourg principal renverra, immédiatement après l'élection, le nom du membre élu au shériff ou sénéchal du comté, ou de la sénéchaussée, dans le ressort duquel se trouve le bourg principal qui l'annexera à son writ et le renverra. Et dans le cas où une *vacance* arriverait, par la mort ou l'incapacité légale de quelque membre, en temps de session de parlement, un nouveau membre sera choisi dans la même chambre, conformément au mode voulu; dans le cas de vacance d'un représentant de quelqu'un des quatorze districts ou bourgs royaux, le bourg qui a été bourg principal gardera le même rang dans cette nouvelle élection.

Sect. 6. Si lors de la publication des writs de sommation pour procéder à l'élection d'un parlement, un comté ou une sénéchaussée où se trouve un bourg royal n'a pas le droit ou ne doit pas ce tour-ci nommer un député ou représentant du comté pour ce parlement, il ne sera point envoyé au shériff ou sénéchal de writ pour faire élire un député pour ce comté.

ACTE D'UNION.

Des Parlemens de la Grande Bretagne et d'Irlande.

Première résolution. Que pour le bien et la sûreté de la *Grande Bretagne* et de l'*Irlande*, et pour consolider la force, la puissance et les ressources de l'Empire *Britannique*, il convient de prendre telles mesures qui seront jugées les plus propres à réunir en un seul ces deux royaumes de la *Grande Bretagne* et d'*Irlande*, en la manière et aux conditions qui seront réglées par les actes des parlemens respectifs de la *Grande Bretagne* et d'*Irlande*.

ART. Ier. Résolu que pour établir une union sur la base posée dans les résolutions des deux chambres du parlement de la *Grande Bretagne* et communiquée par ordre de S. M. dans le message envoyé à la chambre par son Excellence le lord lieutenant, il convient de proposer pour premier article de l'union, que les royaumes de la *Grande Bretagne* et d'*Irlande* seront, à dater du 1er jour de janvier 1801, et pour toujours, unis en un seul royaume, sous le nom de *royaume uni de la Grande Bretagne et d'Irlande*, et que la formule royale et les titres appartenant à la couronne impériale du royaume uni et aux possessions qui en dépendent, ainsi que les armoiries, les pavillons et les drapeaux, seront tels qu'il plaira à S. M. de les déterminer par sa proclamation royale, scellée du grand-sceau du royaume uni.

II. Résolu que, dans le même dessein, il convient de proposer que la succession à la couronne impériale du royaume uni et des domaines qui en dépendent soit réglée conformément aux lois existantes et aux formes de l'union entre l'*Angleterre* et l'*Ecosse.*

III. Résolu qu'il sera proposé que ledit royaume uni soit représenté dans un seul et même parlement, qu'on appellera *le Parlement du royaume uni de la Grande Bretagne et d'Irlande.*

IV. Résolu de proposer que les pairs d'*Irlande*, au temps de l'union, 4 lords spirituels par tour de session et 28 pairs temporels, à vie, siégent et votent dans la chambre des lords, et que 100 représentans des communes, (1) savoir : 2 par comté; 2 pour la cité de Dublin, 2 pour la cité de Corck, 1 pour l'Université et 1 pour chacune des trente-trois cités, villes ou bourgades les plus considérables, représentent l'*Irlande* dans la chambre des communes du parlement du royaume uni; qu'il soit alloué à chaque propriétaire des bourgs qui perdraient leurs priviléges, pour dédommagement, la somme de quinze mille livres sterling; que le parlement d'*Irlande*, avant l'union, règle le mode d'après lequel les lords spirituels, les pairs temporels et les représentans des communes destinés à siéger dans le parlement du royaume uni seront appelés audit parlement, considérés comme faisant partie de l'union et compris dans les actes des parlemens respectifs, par lesquels ladite union sera ratifiée et établie; que toutes les questions relatives à l'élection des pairs d'Irlande pour le parlement uni y soient décidées par la chambre des lords, et que toutes les fois qu'il y aura égalité de votes, les noms des pairs qui auront cette égalité soient inscrits sur des bulletins de papier semblables, et enfermés dans un vase de verre : le pair dont le nom sera tiré le premier du vase, par le clerc de la chambre, sera élu; qu'un pair d'Irlande ne puisse être élu pour représenter un comté, une cité, ou un bourg de la *Grande Bretagne*, dans la chambre des communes du parlement uni, qu'à condition qu'aussi longtemps qu'il siégera dans la chambre des communes, il ne puisse être éligible ou électeur, pour la chambre des pairs de la part de l'*Irlande*, et qu'il soit jugé comme membre

(1) Parmi les membres Irlandais, 20 seulement pour le premier parlement uni, pouvaient tenir des emplois du gouvernement.

des communes, s'il se trouve impliqué dans un procès; que S. M. et ses successeurs aient le droit de créer des pairs pour l'Irlande, pourvu que le nombre des pairs n'excède pas celui qui existait au 1er janvier 1801; qu'on ne puisse créer un pair que lorsqu'une pairie sera restée vacante pendant un an, sans qu'il se soit présenté personne pour réclamer l'héritage, le titre étant alors censé éteint : mais, si par la suite il se présentait un réclamant dont les droits soient fondés, sa réclamation serait admise, et l'on ne pourrait pas créer un nouveau titre pour remplacer celui qui se trouverait anéanti en conséquence de ladite réclamation; que toutes les questions touchant l'élection des représentans de l'Irlande à la chambre des communes du parlement uni, soient décidées de la même manière que pour les représentans de la *Grande Bretagne*, en ayant égard cependant aux circonstances locales; que les conditions et qualités requises pour être représentant soient les mêmes pour l'*Irlande* et pour la *Grande Bretagne;* que lorsque S. M., ses héritiers ou successeurs, déclareront qu'il leur plaît de tenir le premier parlement uni des deux royaumes, ou tout autre par la suite, une proclamation scellée du grand-sceau du royaume uni soit adressée aux 4 lords spirituels, aux 28 pairs temporels et aux 100 membres des communes, pour qu'ils aient à se rendre au parlement uni, en la manière qui sera réglée par un acte de la présente session; et que si S. M., le 1er janvier, ou avant, déclare par un acte scellé du grand-sceau de la *Grande Bretagne*, qu'il est convenable que les membres de la session présente du parlement de la *Grande Bretagne* soient membres du premier parlement du royaume uni, pour la *Grande Bretagne;* alors les membres composant le parlement actuel seront reconnus comme représentant la *Grande Bretagne* dans le premier parlement du royaume uni; et si S. M. convoque ce premier parlement pour un jour ou pour un lieu qu'elle aura déterminés, les 4 lords spirituels, les 28 pairs temporels et les 100 représentans des communes seront envoyés audit parlement, et se réuniront aux membres représentant la *Grande Bretagne* dans leurs chambres respectives. Ce parlement ne pourra durer que le temps qu'aurait duré le parlement actuel de la *Grande Bretagne* si l'union n'avait pas eu lieu. Pourra néanmoins S. M. le dissoudre auparavant. Que les lords et les représentans des communes dans le parlement uni, soient tenus aux mêmes sermens et déclarations que la loi prescrit maintenant au parlement de la *Grande Bretagne*, jusqu'à ce que le parlement du royaume uni en ait décidé autrement; que les 4 lords spirituels, les 28 pairs temporels et les 100 membres des communes, pour l'Irlande, jouissent des mêmes priviléges que les pairs et les membres des communes de la *Grande Bretagne;* que lesdits lords ou pairs, si l'un ou plusieurs d'eux sont dans le cas de subir un jugement, pendant l'ajournement ou la prorogation de la session, soient convoqués de la même manière, et aient, pour le jugement, les mêmes prérogatives que les autres pairs du royaume uni; que les lords spirituels d'Irlande et leurs successeurs aient rang et préséance immédiatement après ceux de la *Grande Bretagne*, de même ordre et du même degré; qu'il en soit de même pour les pairs temporels; qu'ils conservent leur rang avant les pairs qui pourraient être créés pour la *Grande Bretagne* après l'union. Enfin, qu'ils jouissent absolument des mêmes priviléges, et que le rang des pairs créés pour l'*Irlande* après l'union se règle sur la date de la création de la pairie.

V. Résolu qu'il convient de proposer que l'église d'*Angleterre* et celle d'*Irlande* soient réunies en une seule; que les archevêques, évêques et prêtres d'*Angleterre* et d'*Irlande* puissent être convoqués et se rassembler de temps en temps conformément aux réglemens existans pour l'église d'*Angleterre;* que la doctrine, le culte et la discipline de l'église unie soient maintenues par les règles maintenant établies pour l'église d'*Angleterre*; et que l'église d'Ecosse soit maintenue dans son culte, sa doctrine et sa discipline selon la loi établie pour l'église d'Ecosse.

VI. Résolu qu'il sera proposé, 1° que les sujets de S. M. dans la *Grande Bretagne* et dans l'*Irlande* soient, à dater du 1er janvier 1801 et dans la suite, appelés à jouir des mêmes priviléges et encouragemens, pour les mêmes articles, productions du sol, de l'industrie ou des manufactures dans tous les ports et sur toutes les places du royaume uni ou des possessions qui en dépendent. Que dans tous les traités faits avec les puissances étrangères par S. M. ou par ses héritiers, ses sujets d'*Irlande* soient appelés aux mêmes priviléges que ceux de la *Grande Bretagne*, et sur le même pied; 2° qu'à dater du même jour, 1er janvier 1801, toutes prohibitions et tous droits sur l'exportation des productions du sol, de l'industrie ou des manufactures de l'un et de l'autre royaume cessent; et que lesdits articles soient dorénavant exportés d'un des deux pays dans l'autre sans payer de droits; 3° que tous les articles qui ne sont pas rapportés ci-après, comme sujets à droits particuliers, soient dorénavant importés d'un des deux pays dans l'autre libres de tous droits, autres que le droit *countervailing*, ainsi qu'il est spécifié dans la cédule n° 1 annexée à cet article, et que les articles rapportés ci-après soient assujettis pendant vingt années, à dater de l'union, aux droits spécifiés par la cédule n° 2 annexée à cet article : ces articles sont les habits, l'airain travaillé, etc.

VII. Résolu qu'il sera proposé que la charge qui provient du paiement de l'intérêt du *sinking fond*, pour la réduction du principal de la dette contractée dans les deux royaumes avant l'union, continue d'être acquittée séparément par la Grande Bretagne et par l'Irlande, chacune pour ce qui la concerne : que pendant vingt années, à dater de l'union, les contributions de la *Grande Bretagne* et de l'*Irlande*, pour les dépenses annuelles, seront acquittées dans la proportion de 15/17 pour la *Grande Bretagne*, et de 2/17 pour l'*Irlande*; qu'à l'expiration de ce terme de vingt années, les dépenses futures du royaume uni, autres que l'intérêt et les charges de la dette contractée avant l'union, soient payées dans la proportion que le parlement uni jugera convenable; comparaison faite de la valeur réelle de l'importation et de l'exportation dans les deux pays, sur une estimation d'après les trois années qui précéderont immédiatement la révision; ou comparaison faite de la quantité des articles suivans, consommés pendant les trois dernières années. Ces articles sont : la bière, les esprits, le vin, le thé, le tabac, la drèche, le sel et le cuir; ou d'après le résultat de ces deux combinaisons sur une comparaison du montant du revenu dans chacun des deux pays, estimé par le produit d'une taxe générale pendant le même espace de temps, et sur les revenus de même espèce, si l'on juge à propos de l'imposer; et que le parlement du royaume uni procède par la suite en la même manière à réviser et fixer lesdites propositions d'après les mêmes règles, à des époques distantes de vingt ans au plus, et de sept ans au moins, à moins qu'avant ce terme, mais toujours après le 1er janvier 1812, le parlement uni ne déclare que les dépenses générales de l'empire seront indistinctement acquittées par des taxes égales, imposées sur les articles de même espèce dans les deux pays; que pour satisfaire à ces dépenses, les revenus de l'*Irlande* constitueront dorénavant un fonds consolidé sur lequel péseront d'abord les charges égales à l'intérêt de la dette extinguible, et que le reste soit employé à acquitter la part des dépenses communes aux deux pays à laquelle l'*Irlande* sera assujettie; que ces contributions soient levées dans les deux pays par le moyen des taxes que le parlement du royaume uni jugera convenable d'y asseoir; que le surplus des revenus de l'*Irlande*, à la fin de chaque année, les intérêts, la dette extinguible et la portion de contributions, enfin ses charges particulières acquittées, soit appliqué par le parlement à des usages particuliers à l'*Irlande*; que tout l'argent qui sera levé dans la suite par voie d'emprunt pendant la paix et pendant la guerre, pour le service du royaume uni, soit considéré comme ajouté à la dette, et que les charges soient supportées par les deux pays, en proportion de leurs contributions respectives; et que si un jour à venir les dettes particulières de chaque royaume se trouvaient liquidées, ou que la valeur de leurs dettes respectives fût dans la même proportion que leurs contributions, ou que l'excédant ne fût pas de plus de 1/100, et si le parlement uni estime que les deux pays peuvent désormais payer leurs contributions indistinctement par des taxes imposées également sur les articles de même espèce, à dater de ce moment, il ne soit plus nécessaire de régler la contribution de l'un et de l'autre pays, d'après une proportion spécifiée ou d'après les règles ci-dessus énoncées.

VIII. Résolu qu'il sera proposé que toutes les lois en vigueur au temps de l'union, et toutes les cours de juridiction civile et ecclésiastique restent, telles qu'elles sont maintenant, subordonnées seulement aux changemens ou réglemens que le parlement du royaume uni jugera devoir faire de temps en temps.

———

ÉLECTIONS.

Stat. 7. *Henri.* 4. *chap.* 15.

Les élections des chevaliers des comtés seront faites comme il suit : à la première assemblée de la cour du comté, après l'expédition du *writ*, il sera fait une proclamation indiquant le jour et le lieu de l'assemblée du parlement, et annonçant que tous ceux qui sont présens doivent s'occuper de l'élection de leurs chevaliers; et alors en pleine cour du comté, on procédera à l'élection librement. Et après que le choix aura été fait, les noms des membres élus seront écrits dans un acte public, scellé du sceau des électeurs, et attaché au *writ*. Lequel acte tiendra lieu de renvoi (*return*). Dans les writs du parlement, on devra insérer la clause suivante : *Votre élection, dans votre pleine cour du comté, sera certifiée par vous, sans délai, clairement et distinctement sous le sceau de ceux qui ont été compris dans l'élection, à nous, dans notre chancellerie, au jour et lieu indiqués dans le writ.*

Stat. 1. *Henri* 5. *chap.*

Les chevaliers de comté ne pourront être choisis à moins qu'ils ne résident dans le comté à la date du jour du *writ de convocation* (*of summons*); et les chevaliers, écuyers ou autres qui seront électeurs de chevaliers devront aussi être résidans dans le comté; et les citoyens et bourgeois des villes et bourgs ne pourront être choisis qu'autant qu'ils seront libres et résidans également dans lesdites villes ou dans lesdits bourgs.

Stat. 8. *Henri* 6. *chap.* 7.

Les chevaliers des comtés devront être choisis par les gens habitant dans les mêmes comtés; chaque électeur devra avoir une terre ou une tenure libre d'un revenu annuel de 40 shillings; et ceux qui seront élus devront être résidans dans les comtés où a lieu l'élection. Le nombre de ceux qui ont un revenu annuel de 40 schillings sera certifié (*returned*) par les shériffs dans des actes scellés par les shériffs et les électeurs. Chaque shériff pourra faire prêter serment sur l'Évangile à chaque électeur, pour établir la quotité de son revenu; et si quelque shériff envoie (*return*) des chevaliers, contrairement à cette règle, les juges des assises pourront le vérifier; si le fait est établi et le shériff dûment convaincu, il encourra une amende de 100 livres et une année d'emprisonnement, et les chevaliers envoyés contrairement aux règles susdites perdront leurs indemnités (1). Il est donc établi que celui qui n'a pas un revenu annuel de 40 shillings ne peut être électeur de chevaliers : et dans chaque writ expédié pour faire nommer des chevaliers au parlement, il sera fait mention de cette disposition.

Stat. 5 et 6. *Guill.* et *Marie*, *chap.* 7.

Sect. 57. Un membre de la chambre des communes ne pourra être intéressé, ni un autre pour lui, dans la perception des droits accordés par cet acte (c'est-à-dire, les *droits sur le sel et sur un excise additionnel*), ou des droits qui seront accordés par un autre acte du parlement, excepté les commissaires de la trésorerie, et les officiers et commissaires chargés du maniement des droits de douanes et d'excise, qui n'excèdent pas le présent nombre (2).

Stat. 5 et 6. *Guill.* et *Marie chap.* 20.

Sect. 48. Les collecteurs, inspecteurs, jaugeurs et autres employés à la perception et au maniement des droits d'excise ne pourront, par paroles, messages ou écrits, ou de tout autre manière, tenter de persuader ou de dissuader un électeur de donner son vote pour le choix d'un chevalier, citoyen, bourgeois ou baron pour siéger au parlement; et tout infracteur sera puni d'une amende de 100 liv.; moitié pour le dénonciateur (*informer*), moitié pour les pauvres de sa paroisse. Cette amende sera recouvrée par toute personne qui la poursuivra dans une des cours de S. M. à Westminster; et toute personne condamnée sur cette poursuite sera incapable d'occuper aucun emploi dans la perception des droits d'excise, ou tout autre place de confiance sous leurs Majestés.

Stat. 7. *Guill.* 3. *chap.* 4.

Sect. 1. Aucune personne éligible au parlement pour une place quelconque ne pourra, après le test du *writ* de sum-

(1) Wages, littéralement leurs gages ; les membres du parlement ont cessé de recevoir des indemnités sous le règne de Henri VIII.

(2) Les membres de la banque peuvent être membre de la chambre des communes.—Stat. 5 et 6. Guill. et Mar. Ch. 20. Sect. 33.

mons, ou après l'ordonnance des writs d'élection pour la convocation d'un parlement, ou après qu'une place est devenue vacante dans le parlement, allouer ou donner, avant l'élection, à une personne ayant voix dans cette élection, soit de l'argent, soit à manger, soit à boire, soit des provisions, ou lui faire quelque présent, promesse ou engagement de lui donner de l'argent, et cela dans l'intention de se faire élire : et ces dons ne peuvent être faits, ni à une personne en particulier, ni en général à celles qui se trouveraient dans tel ou tel lieu.

Sect. 2. Toute personne, donnant, allouant, promettant ou s'engageant, comme il est dit ci-dessus, sera incapable d'occuper aucune place au parlement d'après cette élection.

Stat. 7 et 8. *Guill.* 3. *chap.* 25.

Sect. 1. Lorsqu'il sera convoqué un nouveau parlement, il y aura quarante jours entre le *test* et le renvoi des *writs*; le lord chancelier expédiera les *writs* pour l'élection des membres le plus tôt que cela se pourra. Sur la convocation d'un nouveau parlement aussi bien que dans le cas de vacance pendant sa durée, les *writs* seront délivrés à l'officier qui doit les faire exécuter et non à d'autres. Lorsqu'il les aura reçus, cet officier inscrira au dos de ces *writs* le jour de la réception, et sur-le-champ il donnera un ordre (*a precept*) à chaque bourg ou chaque lieu; ces ordres seront délivrés dans les trois jours qui suivront la réception du *writ* à l'officier particulier de chaque bourg, etc., et non à d'autres personnes; au dos de ce *precept* l'officier inscrira, en présence de la personne par laquelle il l'aura reçu, le jour de cette réception, et fera de suite donner connaissance publique du temps et du lieu de l'élection. Il procédera ensuite dans les huit jours qui suivront la réception du *precept*. Il donnera, au moins huit jours avant, connaissance du jour fixé pour l'élection.

Sect. 2. Ni le shériff ou son sous-shériff, ni le maire, baillif, constable, *port-reeve* ou autre officier d'un bourg, etc., qui doit mettre à exécution un *writ* ou un *precept* pour l'élection d'un membre, ne paiera ou ne prélèvera de frais pour donner le *precept*, le recevoir pour la délivrance, le renvoi ou l'exécution de ces *writs* ou *precepts*.

Sect. 3. Sur chaque élection d'un chevalier pour un comté, le shériff tiendra sa cour de comté, pour l'élection, dans le lieu le plus public et le plus habituellement consacré à cet usage depuis 40 ans. Il procédera là à l'élection lors de la prochaine cour du comté; à moins qu'elle n'ait lieu dans les six jours qui suivront la réception du *writ* ou le même jour, alors il ajournera la cour à un jour convenable, en donnant, dix jours d'avance, connaissance du temps et du lieu de l'élection. (Voy. plus bas 18 Geor. 2. ch. 18. sect. 10). Au cas où l'élection ne pourrait être déterminée à vue, et qu'un *poll* (un vote) serait requis, le shériff ou le sous-shériff, ou les autres officiers députés par lui, procéderont de suite à recevoir les *polls* en public. Le shériff ou sous-shériff, ou tous autres officiers députés par lui, nommeront un tel nombre de secrétaires qu'il leur paraîtra convenable pour les aider. Lesquels secrétaires recevront le *poll* en présence du shériff ou de son sous-shériff, ou de ceux qu'il aura députés; et le shériff ou le sous-shériff feront prêter serment à chaque secrétaire avant qu'il commence à recevoir le *poll*, de le faire de bonne foi et impartialement, et d'inscrire les noms de chaque franc-tenancier, le lieu de sa franche tenure et celui pour qui il votera; de ne laisser voter aucun franc-tenancier qui n'aurait pas prêté serment, s'il en est requis par les candidats; les shériff, etc., nommera pour chaque candidat une personne qu'ils auront choisie eux-mêmes, pour surveiller chaque secrétaire.

Sect. 5. Le shériff, etc., ou telle personne députée par lui, procédera au reçu des *polls* de tous les francs-tenanciers présens. Il ne pourra ajourner la cour du comté à un autre lieu, sans le consentement des candidats; de même il ne pourra, à moins d'un cas de nécessité, prolonger l'élection par un ajournement; mais il devra procéder du jour au lendemain.

Sect. 6. Tout shériff, sous-shériff, maire, baillif ou autre officier qui doit mettre à exécution les *writs* ou les *precepts* pour l'élection des membres, délivrera de suite à tous ceux qui le desireront copie du *poll*, en payant ce qu'il sera raisonnable pour celui qui l'aura écrit. Chaque shériff, etc., et autre officier chargé de mettre à exécution les *writs* ou *precepts* pour l'élection des membres, paiera à chaque partie lésée, pour chaque contravention commise volontairement contre les dispositions de cet acte, 500 liv., qui seront recouvrées par la partie lésée ou ses administrateurs, avec frais.

Sect. 7. Aucune personne n'aura droit de voter pour l'élection des membres, en vertu d'un dépôt ou d'un hypothèque, à moins que ce dépositaire ou celui qui a hypothèque ne soit actuellement en possession, ou ne reçoive les rentes; mais celui qui a hypothéqué ou *cestui que trust* (celui qui a fait le dépôt), et qui est encore en possession, peut voter selon son état. Toutes cessions d'héritages, afin de multiplier les votes ou de diviser les intérêts sur des maisons ou sur des terres entre plusieurs personnes, afin de les rendre capables de voter aux élections, sont déclarées nulles, et il ne sera admis qu'une voix pour une même maison ou tenure.

Sect. 8. Personne avant l'âge de 21 ans ne pourra donner sa voix dans une élection. Personne ne pourra être élu, s'il n'a également l'âge de 21 ans; et si un mineur de 21 ans siége ou vote dans le parlement, il encourra les mêmes peines que s'il avait siégé ou voté sans être élu.

Stat. 10 et 11. *Guill.* 3. *chap.* 7.

Sect. 1. Le shériff ou autre officier chargé de l'exécution et du renvoi d'un *writ* pour le choix d'un membre renverra ou avant, ou au jour même, où un parlement sera convoqué avec toute la promptitude convenable, et au moins dans les quatorze jours après l'élection, le *writ* de cette élection au secrétaire de la couronne, dans la chancellerie, pour y être inscrit; le shériff, etc. paiera à ce secrétaire les anciens frais de 4 s. pour chaque chevalier de comté, et de 2 s. pour chaque citoyen (*citizen*), bourgeois (burgess) ou baron des cinq ports, ce qui lui sera passé en compte.

Sect. 3. Tout shériff, etc., qui ne ferait pas le renvoi conformément à cet acte, paiera 500 liv. d'amende, moitié à S. M., l'autre moitié à celui qui la poursuivra dans une des cours de S. M., à Westminster.

Stat. 11 et 12. *Guill.* 3. *chap.* 2.

Sect. 150. Aucun membre de la chambre des communes ne pourra être commissaire ou fermier des droits d'excise sur la bière, etc., ou commissaire pour connaître des contestations touchant les mêmes droits, ou contrôleur, ou juge des comptes des mêmes droits, ni tenir en son propre nom, ou par un autre pour son compte, un office ou emploi touchant la ferme, la levée ou le maniement desdits droits.

Sect. 151. Si un membre de la chambre des communes remplit un office ou un emploi, touchant la ferme, le maniement ou la levée de ces droits, ou auquel se rapporte la connaissance des discussions, ou le contrôle, ou le jugement des comptes qui y ont rapport, il sera déclaré incapable de siéger, de voter, ou d'agir comme membre de la chambre des communes dans le parlement.

Stat. 12 et 13. *Guill.* 3. *chap.* 10.

Sect. 89. Un membre de la chambre des communes ne pourra être commissaire ou fermier des douanes, ni tenir ou remplir, en son nom ou par un autre, une place ou un emploi touchant les fermes, la levée ou le maniement des douanes.

Sect. 90. Si un membre tient ou remplit une semblable place ou emploi, il sera déclaré incapable de siéger ou de voter dans le parlement.

Sect. 91. Aucun commissaire, percepteur ou autre personne employée dans la levée ou le maniement des douanes, ne tentera de vive voix, ou par message, ou par écrit, ou de tout autre manière de persuader à un électeur, ou de le dissuader de donner son vote pour le choix d'un chevalier de comté, d'un citoyen ou d'un bourgeois; et toute personne qui contreviendra à cette prohibition sera condamnée à 100 livres, moitié au profit de celui qui poursuivra, l'autre moitié pour les pauvres de la paroisse; laquelle amende sera recouvrée dans l'une des cours de S. M., à Westminster.

Stat. 6. *Ann. chap.* 7.

Sect. 4. Le parlement ne sera point dissout par la mort de S. M., ses héritiers ou successeurs; mais s'il est rassemblé, il continuera à siéger pendant 6 mois, à moins qu'il ne soit, avant cette époque, prorogé ou dissout par celui qui prendra la couronne; et s'il est prorogé, il s'assemblera et siégera le jour où il sera prorogé, et continuera pendant le reste des 6 mois, à moins qu'il ne soit, avant ce temps, prorogé ou dissout.

Sect. 5. S'il y a un parlement au moment de la mort de S. M., ses héritiers ou successeurs, mais qu'il soit séparé par ajournement ou prorogation, ce parlement se rassemblera immédiatement après cette mort, et siégera pendant 6 mois, à moins qu'il ne soit, avant cette époque, prorogé ou dissout.

Sect. 6. Dans le cas où il n'y aurait pas de parlement au moment de la mort de S. M., etc., alors le dernier parlement se rassemblera de suite à Westminster, comme s'il n'avait jamais été dissout, mais il sera sujet à être prorogé et dissout.

Stat. 6. *Ann. chap.* 7.

Sect. 25. Sont incapables d'être élus, de siéger ou de voter, en qualité de membre de la chambre des communes, toute personne qui a en son nom, ou qui a sous le nom d'un autre, une nouvelle place ou charge avec émolumens, à la nomination de la couronne, qui a été créée depuis le 25 octobre 1705, ou des places qui seront créées par la suite; tous commissaires ou sous-commissaires, receveurs ou secrétaires des prises maritimes, tous contrôleurs des comptes de l'armée, commissaires des vaisseaux de transports, des soldats et marins malades ou blessés, tous agens des régimens, tous commissaires des licences pour la vente du vin, tous gouverneurs des colonies ou leurs députés, tous commissaires de la marine employés dans les ports au dehors, toutes personnes ayant des pensions de la couronne qui peuvent être retirées à volonté.

Sect. 26. Si une personne élue membre de la chambre des communes accepte un office avec émolumens de la couronne, son élection sera nulle, et un nouveau writ sera donné pour une nouvelle élection; toutefois, cette personne pourra être élue de nouveau.

Sect. 27. On ne peut nommer, pour chaque office, un nombre d'employés plus grand que celui qui existait au premier jour de ce parlement.

Sect. 28. Aucune disposition de cet acte n'est applicable à un membre de la chambre des communes, officier dans les armées ou sur les vaisseaux de S. M., qui recevrait une nouvelle commission, dans l'armée, ou dans la marine.

Sect. 29. Si une personne déclarée, par cet acte, incapable de siéger ou de voter en parlement, est renvoyée par un comté, l'élection est déclarée nulle; et si une personne déclarée incapable, par cet acte, siége ou vote comme membre, elle encourra une amende de 500 liv., qui pourra être recouvrée sur la poursuite de toute personne en Angleterre.

Stat. 9. *Ann. chap.* 5.

Sect. 1. Personne ne pourra siéger ou voter comme membre de la chambre des communes, pour un comté, une ville, un bourg ou les cinq ports en *Angleterre*, pays de *Galles* et *Berwick*, s'il n'a un état de franc-tenancier ou de fermier que pour sa vie, ou quelque état plus considérable devant la loi ou l'équité, dont il jouit à son propre profit en terres ou héritages, d'un revenu annuel déterminé ci-après, indépendamment de toutes charges qui peuvent le grever, savoir : un revenu annuel de 600 liv. pour un chevalier de comté; de 300 liv. pour un citoyen, bourgeois ou baron des cinq ports. Toute élection d'une personne élue comme chevalier, citoyen, bourgeois, etc. qui ne jouira pas au moment de son élection, ou qui n'aura pas le titre d'un état pareil, sera nulle.

Sect. 2. Aucune disposition de cet acte ne rendra incapable d'être élu, le fils aîné ou l'héritier présomptif d'un pair, ou de toute personne ayant qualité pour être nommée chevalier d'un comté.

Sect. 3. Les dispositions de cet acte ne seront étendues à aucune des universités.

Sect. 4. Aucune personne, dans l'esprit de cet acte, n'aura qualité en vertu d'une hypothèque qui peut être éteinte par une autre personne, à moins que celui qui a cette hypothèque n'en soit en possession depuis sept ans, avant l'époque de son élection.

Sect. 5. Toute personne (excepté celles dont on vient de parler) qui se présentera comme candidat, ou qu'on proposera d'élire, prêtera, s'il y a lieu, au moment de l'élection ou avant le jour fixé dans le *writ* de convocation, sur la requête d'un autre candidat ou de deux personnes quelconques ayant droit de voter aux élections, le serment suivant :

« Je A. B. jure avoir réellement *et bonâ fide* un état tel que
» je me donne, que telle est sa valeur, dont j'ai seul l'usage
» et le profit, consistant en terres, tenures ou héritages d'une
» valeur annuelle de 600 liv., indépendamment des reprises
» tel que je me qualifie afin d'être élu et envoyé comme re-
» présentant pour le comté de. . . . . selon la teneur et l'es-
» prit de l'acte du parlement à ce sujet, et que mes terres,
» tenures ou héritages sont situés dans la paroisse, juridic-
» tion ou ressort de. . . . . *ou* dans les diverses paroisses,
» juridictions ou ressorts de. . . . . dans le comté de. . . .
» *ou* dans les différens comtés de. . . . . »

Et dans le cas où le candidat devrait représenter un cité, un bourg ou les cinq ports; le serment portera seulement un revenu de 300 liv. *per annum*.

Sect. 6. Les sermens susdits peuvent être reçus par le shériff ou le sous-shériff pour un comté; et, pour une ville, un bourg ou port, par le maire, le baillif ou autre officier auquel il appartient de prendre le *poll* ou de faire le renvoi, ou par deux juges-de-paix en Angleterre, dans le pays de Galles et Berwick : et lesdits shériffs, etc., qui recevront les sermens, sont requis de certifier ce fait dans trois mois à la chancellerie ou à la cour du banc de la reine, sous peine de 100 liv. d'amende, moitié à la reine, l'autre moitié à la personne qui en poursuivra la rentrée qui sera recouvrée avec frais dans une des cours de S. M., à Westminster. Si l'un des candidats refuse sciemment de prêter le serment, son élection sera nulle.

Stat. 10. *Ann. chap.* 19.

Sect. 182. Aucun commissaire, officier ou autre personne employée dans la levée ou le maniement des droits accordés par cet acte, savoir : droits sur le savon, le papier, etc. ne pourra, par paroles, messages, écrits ou de toute autre manière, tenter de persuader ou de dissuader un électeur de donner sa voix pour le choix d'un chevalier de comté, commissaire, citoyen, bourgeois ou baron, pour un comté. Tout infracteur encourra une amende de 100 liv., applicable pour moitié à l'accusateur, et pour moitié aux pauvres de la paroisse. Cette amende pourra être recouvrée sur la poursuite de toute personne, dans les cours de S. M., à Westminster en *Angleterre*, et à la cour de l'échiquier en *Écosse* : et toute personne déclarée coupable sur cette poursuite, sera incapable d'occuper aucune charge ou office de confiance sous sa majesté.

Stat. 10. *Ann. chap.* 23.

Sect. 1. Tous arrangemens faits d'une manière frauduleuse pour composer à une personne les biens suffisans pour donner son vote dans les élections d'un chevalier de comté, (arrangemens soumis à des conventions qui ont pour but de les détruire et de remettre les choses au même état), auront néanmoins un effet entier et absolu contre les contractans; ensorte que toutes les conventions pour annuler les cessions frauduleuses de biens, et pour recouvrer ces mêmes biens seront nulles et sans effet. Toute personne qui aura fait de semblables transports, ou qui en aura été complice, ou qui les aura préparés; et toute personne qui, à la faveur de pareils arrangemens, aura donné son vote à une élection de chevalier de comté, encourra une amende de 40 liv., au profit de toute personne qui la poursuivra, et qui sera recouvrée avec dépens dans les cours de S. M., à Westminster.

Stat. 1. *Georg.* 1. *chap.* 56.

Sect. 1. Toute personne ayant une pension de la couronne pour une ou plusieurs années, soit en son propre nom, soit sous le nom d'un autre, sera incapable d'être élue membre de la chambre des communes.

Sect. 2. Si une personne qui aura une pension de cette espèce siége ou vote, elle encourra une amende de 20 livres pour chaque jour qu'elle aura voté ou siégé. Cette amende sera perçue avec frais par celui qui la poursuivra dans une des cours de Westminster.

Stat. 2. *Georg.* 2. *chap.* 24.

Sect. 1. Sur toute élection d'un membre pour la chambre des communes dans le parlement, chaque franc tenancier, citoyen, homme libre, bourgeois ou toute autre personne ayant droit de voter devra, avant d'être admis au *poll*, prêter le serment suivant (ou faire l'affirmation solennelle si c'est un quaker), dans le cas où il serait demandé par un des candidats ou deux des électeurs, savoir :

« Je A. B. jure (*ou* j'affirme solennellement *si c'est un quaker*) que je n'ai reçu ni obtenu par moi-même ni par » une personne quelconque pour moi, ou pour mon usage » et profit, directement ou indirectement aucune somme ou » sommes d'argent, aucun office, place, emploi, don ou ré» compense, ou aucune promesse ou sûreté d'une somme » quelconque, d'un office, emploi ou don, afin de donner » mon vote dans cette élection et que je n'ai eu aucune voix » dans cette élection. »

Lequel serment, etc., doit être reçu gratis par l'officier qui reçoit le *poll*, sous peine d'une amende de 50 liv. applicable à la personne qui en poursuivra la rentrée dans une des cours de Westminster. Pour les contraventions commises en *Écosse*, les amendes seront recouvrées par action sommaire, ou par plainte devant la cour de session, ou par poursuite devant la cour *de justiciary* d'Ecosse. Aucune personne ne sera admise à voter jusqu'à ce qu'elle ait prêté le serment, s'il est requis, devant l'officier qui doit faire le renvoi ou devant tout autre légalement commis par lui.

Sect. 2. Si un shériff ou autre officier qui doit faire le renvoi admet comme candidat une personne qui aura refusé de prêter le serment, etc., lorsqu'il sera requis, cet officier paiera une amende de 100 liv. avec frais; et celui qui votera sans avoir préalablement prêté le serment, etc., s'il est requis, encourra la même peine.

Sect. 3. Tout shériff, ou tout autre officier, devra immédiatement après la clôture du writ ou ordre d'élection prêter et signer le serment suivant :

« Je A. B. jure solennellement que je n'ai reçu ni directement ni indirectement aucune somme d'argent, aucun office, place ou emploi, gratuitement ou a titre de récompense, ni aucune obligation, ou billet, ni aucune promesse ou quoique ce soit gratuitement, soit par moi-même, soit par une personne interposée, ni aucun bénéfice ou avantage, pour faire aucun renvoi (*a return*) à la présente élection de membres du parlement, et que je renverrai (*will return*) telle personne, qui, à mon avis, paraîtra avoir la majorité des votes légalement donnés (1). »

Tout juge-de-paix du comté, de la cité, corporation ou bourg, où l'élection sera faite, ou en son absence, trois électeurs devront recevoir le serment ci-dessus prescrit, qui d'ailleurs sera enregistré dans les procès-verbaux des sessions.

Sect. 4. Les votes seront réputés légaux, qui auront été déclarés tels par la dernière détermination de la chambre des communes. Laquelle détermination pour tout comté, cité, bourg, les cinq ports ou tout autre lieu, sera définitive sous tous les rapports.

Sect. 5. Si quelque officier, électeur, ou personne prêtant serment, se rend coupable de parjure volontaire, ou de fausse affirmation, et en est convaincu, il encourra la peine infligée au parjure volontaire.

Sect. 6. Toute personne convaincue de parjure volontaire,

(1) Revoqué quant à l'Ecosse, par le statut 16, George 2, chap. 11, Sect. 38.

ou d'avoir suborné un parjure, sera incapable de voter dans aucune élection des membres du parlement.

Sect. 7. Si une personne qui réclamera le droit de voter dans une élection, reçoit de l'argent ou autre récompense, ou convient, pour de l'argent, dons, offices, emplois ou autres récompenses, de donner ou de refuser son vote dans une élection, ou si une personne corrompt quelqu'un et l'engage à donner ou à refuser son vote, par un don ou récompense, ou par promesses ou assurances d'un don ou récompense : cette personne encourra une amende de 500 livres, qui sera recouvrée avec dépens; et toute personne qui aura contrevenu dans les cas ci-dessus, après jugement obtenu contre elle, ou après qu'elle aura été convaincue légalement d'une manière quelconque, sera pour toujours incapable de voter dans l'élection des membres du parlement, et de posséder aucun office, et aucune franchise, comme membre d'une cité, d'un bourg, ou des cinq ports.

Sect. 8. Si une personne qui aura contrevenu à cet acte découvre, dans l'année après l'élection, une autre personne coupable de la même contravention, et que cette autre personne soit condamnée, celle qui l'aura découverte, et qui elle-même n'aura pas été déjà condamnée, sera relevée de toutes les peines et incapacités qu'elle avait encourues par sa propre contravention.

Sect. 9. Tout shériff ou autre officier à qui l'exécution d'un *writ* ou ordre d'élection sera confiée, devra, au temps de l'élection, faire lire le présent acte, immédiatement après le *writ*, devant les électeurs. En outre, le même acte sera lu une fois par an, savoir aux premières *quarter sessions* après Pâques, pour chaque comté ou cité; à l'élection du principal magistrat (*chief magistrate*), dans chaque bourg, ville libre, ou dans les cinq ports; et enfin à l'élection annuelle des magistrats et conseillers de ville, pour chaque bourg en *Ecosse*.

Sect. 10. Tout shériff, sous-shériff, ou autre officier à qui appartiendra l'exécution d'un ordre d'élection, encourra, pour chaque contravention volontaire aux dispositions de cet acte, une amende de 50 livres, qui sera recouvrée avec dépens.

Sect. 11. Une personne ne sera condamnée à une incapacité, ou à une peine prononcée par cet acte, qu'autant que la poursuite aura été commencée dans les deux ans de la contravention, et continuée sans intervalle.

Stat. 8. *Georg.* 2, *chap.* 30.

Sect. 1. Toutes les fois qu'une élection de pairs, pour représenter les pairs d'Ecosse au parlement, ou qu'une élection d'un membre quelconque du parlement aura été ordonnée; le secrétaire de la guerre, ou celui qui en fera les fonctions, devra, avant le jour marqué pour l'élection, envoyer des ordres par écrit, pour éloigner à la distance de deux milles, tous régimens, troupes ou compagnies, ou corps de soldats cantonnés dans les cité, bourg, ville, ou place, où doit se faire l'élection, un jour au moins avant celui fixé pour l'élection, et pour les empêcher d'y revenir plutôt qu'un jour après que le vote (*Poll*) sera terminé.

Sect. 2. Si le secrétaire de la guerre, ou celui qui remplira ses fonctions, néglige d'envoyer ces ordres, et s'il est convaincu de cette négligence, sur un *indictement* pour être traduit aux prochaines assises, ou sessions d'*oyer et terminer* dans le comté où la contravention a été commise, ou sur une *information* pour être traduit a la cour du banc du roi, il sera dépouillé de son office, et déclaré incapable d'occuper aucun office ou emploi au service de sa majesté.

Sect. 3. Aucune disposition de cet acte n'est applicable à la cité de Westminster, ou au bourg de Soutwark, du moins relativement aux *gardes* de S. M., également cet acte n'est pas applicable à tout lieu où résidera S. M. ou sa famille, mais seulement relativement aux troupes qui seront considérées comme *gardes* de S. M. ou de sa famille. Enfin sont également exceptés tous les châteaux et places fortifiées, où il y a ordinairement garnison, mais seulement par rapport aux troupes de cette garnison.

Sect. 4. Cet acte ne sera point applicable à tout soldat ou officier qui aura le droit de voter à l'élection.

Sect. 5. Le secrétaire de la guerre ne sera condamnable à aucune peine pour n'avoir pas envoyé d'ordre, à l'occasion d'une élection, pour nommer à une place vacante, si une notice du nouveau *writ* ne lui a été donnée par le clerc de la couronne, qui est tenu de la donner avec la diligence convenable.

Stat. 15. *Georg. II*, *chap.* 22.

Sect. 1. Sont incapables d'être élus, et de siéger ou de voter comme membres de la chambre des communes, tout commissaire du revenu en Irlande, tout commissaire de la marine ou des vivres, tout député ou clerc dans lesdits offices, ou dans les offices suivans, savoir : l'office de lord grand-trésorier, de commissaire du trésor, d'auditeur de la recette de l'échiquier, ou de compteur de l'échiquier, ou de chancelier de l'échiquier, de lord grand-amiral, ou des commissaires de l'amirauté, ou des payeurs de l'armée ou de la marine, ou des principaux secrétaires d'État de S. M., ou des commissaires du sel, etc., ou toutes personnes ayant un emploi civil ou militaire dans l'île de Minorque, ou à Gibraltar, autres que les officiers ayant des commissions dans des régimens, là seulement.

Sect. 2. Si une personne ainsi déclarée incapable est renvoyée (*returned*) comme membre du parlement, son élection et son renvoi sont déclarés nuls; et si une personne déclarée incapable d'être élue, par le présent acte, siége ou vote comme membre de la chambre des communes, elle encourra une amende de 20 liv. pour chaque jour qu'elle aura voté ou siégé dans ladite chambre, au profit de toute personne qui la poursuivra dans une cour à Westminster. L'amende ainsi encourue sera recouvrée avec dépens, par action de dette, sans qu'on puisse admettre d'excuse; et le contrevenant sera dès-lors incapable d'occuper aucun office honoraire, ou avec émolumens, sous S. M.

Sect. 3. Cet acte n'exclut point le trésorier ou contrôleur de la marine, les secrétaires du trésor, le secrétaire du chancelier de l'échiquier, les secrétaires de l'amirauté, les sous-secrétaires des principaux secrétaires d'État de S. M., ou le député, payeur de l'armée : également cet acte n'exclut point les personnes ayant une charge ou un emploi *à vie*, ou du moins qui ne peut leur être ôté, tant qu'elles l'exercent convenablement.

Stat. 18, *Georg. II*, *chap.* 18.

Sect. 1. Dans toute élection, en *Angleterre* ou dans le pays de *Galles*, d'un chevalier de comté pour le parlement, tout franc-tenancier, au lieu du serment prescrit par le stat. 10. *Ann.*, chap. 23, prêtera le serment suivant, ou si c'est un quaker, fera l'affirmation suivante, avant d'être admis au vote (*Poll.*), s'il en est requis par un candidat, ou par une personne ayant droit de voter.

« Vous jurez (ou, si c'est un quaker, vous affirmez) » que vous êtes franc-tenancier dans le comté de........ » et que vous avez un franc-fief consistant en..... (*spécifier » sa nature; s'il consiste en maisons, terres, ou dîmes dont on » a la possession; ou si c'est en rentes, indiquer les noms des » propriétaires ou possesseurs des tenures sur lesquelles ces rentes » sont établies, ou de quelques-uns d'entre eux*)..., situé dans le » comté de....., d'un revenu net et annuel de 40 shillings, » outre les charges et les rentes qui le grèvent, ou bien qui » procure ce revenu; et que vous avez été dans la possession » actuelle, ou que vous avez eu la recette de ces rentes pour » votre propre usage, depuis douze mois, ou que cette pos- » session ou recette vous est échue dans le temps susdit, par » succession, mariage, legs ou promotion à un bénéfice dans » l'église, ou promotion à un office, et que ce franc-fief ne » vous a pas été accordé ou procuré frauduleusement, dans le » dessein de vous donner qualité pour voter; — que votre do- » micile est à...., dans.....; — que vous avez vingt-un » ans, et que vous n'avez pas voté auparavant dans cette » élection. »

Le shériff, ou sous-shériff, ou tel clerc assermenté qui sera préposé par eux pour recevoir les votes, fera prêter ce serment ou prononcer cette affirmation. Dans le cas où une personne, en prêtant ce serment, aura commis un parjure volontaire, et en sera convaincue; et dans le cas où une personne en aura corrompu ou suborné une autre, pour lui faire prêter ce serment, dans le dessein d'être admise au vote, et aura par là commis un parjure volontaire; ces personnes encourront, pour chaque crime, les peines prononcées par le stat. 5, *Eliz.* chap. 9, et Stat 2, *Georg.* 2, chap. 25.

Sect. 2. Cet acte annule toutes les dispositions du stat. 10 *Ann.* cap. 23, sect. 2 et 12; *Ann.* stat. 1, cap. 5, qui déclarent incapables de voter pour l'élection d'un chevalier d'un comté, en vertu de terres ou tenures, toutes personnes qui n'auraient pas été cotisées selon le vœu de ces statuts.

Sect. 3. Nul ne votera pour l'élection d'un chevalier pour un comté d'*Angleterre* ou du pays de *Galles*, en vertu d'un *messuage* (maison avec les terres qui en dépendent) de terres ou tenures qui n'ont pas été soumises à la cotisation pour quelque aide accordée à S. M. par une taxe foncière, 12 mois avant cette élection.

Sect. 4. Il est établi que cet acte ne restreint en rien le droit que peut avoir une personne de voter, en vertu de quelques rentes, ou d'un office, dans les colléges des jurisconsultes de la chancellerie, ou de quelque *messuage* ou siéges appartenant à quelque office, par le motif que ces propriétés n'ont pas été habituellement soumises à la taxe foncière; — que les commissaires pour la rentrée de la taxe foncière, ou trois d'entre eux, dans leurs assemblées pour les divisions respectives, signeront et scelleront les uns et les autres un duplicata des copies des cotisations respectives, après tous les appels voulus, et qu'ils les délivreront aux clercs de la paix pour leurs comtés respectifs, pour être conservés dans les registres des sessions, où toutes personnes payant 6 d. pourront en prendre connaissance, et en demander copie auxdits clercs de la paix ou à leurs remplaçans, en payant 6 d. pour chaque 300 mots.

Sect. 5. Nul ne votera dans une élection s'il n'a, dans le comté pour lequel il vote, un état de franc-tenancier d'un revenu annuel de 40 s., indépendamment de toutes rentes et reprises qui peuvent le grever, ou s'il n'en est en possession ou n'en touche les rentes et les profits à son usage depuis 12 mois, à moins qu'il n'ait acquis ledit état depuis ce temps, par héritage, mariage, établissement par mariage, legs ou promotion à un bénéfice dans une église, ou par promotion à un office : de même, il ne pourra voter en vertu d'un état de franc-tenancier acquis par fraude, afin de lui donner qualité pour voter; de même il ne pourra voter plus d'une fois dans la même élection; et si quelqu'un vote dans une élection contrairement à cet acte, il paiera à chaque candidat, auquel son vote n'aura pas profité et qui le poursuivra, 40 liv., qui seront recouvrées par ce candidat, ses exécuteurs ou administrateurs, avec frais, par action de dette dans une des cours de Westminster, sans qu'aucune excuse, etc., soit recevable. Dans ces actions, la preuve sera à la charge de la personne contre laquelle l'action sera intentée, à moins que le fait qui y donnera lieu soit d'avoir voté plus d'une fois dans la même élection.

Sect. 7. A chaque élection en *Angleterre* ou dans le pays de *Galles*, le shériff, ou en son absence le sous-shériff, ou toute personne qu'ils auront déléguée, devra désigner ou élever, aux dépens des candidats, autant de loges (*booths*) ou d'endroits pour recevoir les votes, que les candidats en au ront demandé, trois jours au moins avant le commencement du *poll* : pourvu toutefois qu'ils n'excèdent pas le nombre de divisions, cantons, *wapentakes*, quartiers, ou centaines qui sont dans les comtés, et sans qu'ils puissent jamais être au-dessus de quinze. Les officiers sus-désignés afficheront sur la partie la plus apparente de chaque loge, le nom de la division pour laquelle elle est destinée : et ils assigneront à chaque loge un ou plusieurs clercs pour recevoir les votes (les clercs seront payés aux dépens des candidats à raison d'une guinée par jour, pour chaque clerc au plus). Les shériffs, etc., feront aussi une liste, pour chaque loge, des villes, villages, paroisses, hameaux, situés en tout ou en partie, dans la division à laquelle la loge est affectée ; et ils en délivreront une copie, sur la demande des candidats ou de leurs agens, en prenant pour chaque copie 2 shillings, et non au-delà.

Sect. 8. Les shériffs, sous-shériffs ou clercs désignés pour recevoir les votes, n'admettront pas à voter une personne dont le franc-fief sera situé dans une paroisse, ou dans un lieu non mentionné dans la liste de la loge, à laquelle cette personne se présentera, à moins que le fief soit situé dans un lieu qui n'est mentionné dans aucune liste.

Sect. 9. Le shériff, ou en son absence le sous-shériff, ou toute personne par eux déléguée, devra à chaque élection accorder un *cheque book*(1) pour servir de registre, pour chaque candidat, qui sera gardé par leurs inspecteurs respectifs, à chaque lieu où les votes auront été recueillis.

Stat. 19, *Georg.* 2, *chap.* 28.

Sect. 1. Toute personne demandant à voter pour l'élection d'un membre du parlement, pour une cité ou ville qui est comté d'elle-même, en *Angleterre*, en conséquence de la possession d'un franc-fief du revenu de 40 shillings par an, devra, avant d'être admise au vote (*Poll*) (si elle en est requise par un des candidats, ou autre personne ayant droit de voter), prêter serment (ou si c'est un quaker faire une affirmation) comme il suit :

« Vous jurez (*ou si c'est un quaker*, vous affirmez solem-

(1) Rôle ou livre où sont ordinairement écrits les noms de certains fonctionnaires, ou de certains officiers de la maison du roi.

nellement) que vous avez un franc-fief consistant en....... (*spécifier la nature du franc-fief, s'il consiste en maisons, terres ou dîmes, et alors spécifier sur qui elles sont prises; et si c'est en rentes, spécifier les noms des propriétaires ou possesseurs des tenures d'où elles proviennent*)....... situé dans la cité et comté, ou ville et comté (selon les cas) de......., d'un revenu net et annuel de 40 shillings, indépendamment de toutes charges et rentes....., ou que ce revenu est acquis à raison de ce franc-fief, et que vous êtes en possession, ou que vous recevez les rentes et bénéfices depuis douze mois, ou bien que cette possession ou ces revenus vous sont échus dans le temps susdit, par succession, mariage, contrat de mariage, legs, ou promotion à un bénéfice dans l'Eglise, ou par promotion à un office; et que ce franc-fief n'a pas été concédé frauduleusement, à l'effet de procurer le droit de voter, et que votre domicile est à.......; que vous avez vingt-un ans, ou que du moins vous le croyez, et que vous n'avez pas été admis précédemment à voter dans cette élection. »

C'est au shériff ou sous-shériff ou au clerc assermenté commis pour recueillir les votes, à faire prêter le serment.

Dans le cas où quelqu'un sera convaincu d'avoir, en prêtant ledit serment, commis un parjure, ou si quelqu'un corrompt ou suborne une personne pour prêter ledit serment dans le but de se faire admettre au vote, alors ils encourront pour chaque parjure, les peines prononcées par le statut 5, *Elisabeth* chap. 9 et stat. 2, *Geor.* 2, chap. 25.

Sect. 2. Est révoquée la partie du stat. 13, *Geor.* 2, chap. 20 qui étend aux villes et cités qui sont comtés d'elles-mêmes, en *Angleterre*, les dispositions du stat. 10, *Ann.* cap. 23 et 12, *Ann.* cap. 5, portant que le droit de voter pour l'élection d'un chevalier de comté est retiré aux personnes dont les biens n'ont pas été soumis aux taxes publiques, aux taxes de l'Eglise ou droits de paroisses.

Sect. 3. Une personne ne pourra voter pour l'élection d'un membre du parlement, dans une ville ou cité qui est comté d'elle-même en *Angleterre*, à raison d'un franc-fief consistant en maisons, terres, etc., d'un revenu annuel de 40 shillings; si ce fief n'a été soumis à quelque aide accordée à S. M. par une taxe sur les terres dans la *Grande Bretagne*, douze mois avant l'élection. Il est établi que rien en cela n'empêchera une personne de voter dans les élections pour les cités et villes qui sont comtés d'elles-mêmes, par le motif que les rentes, les maisons ou les sièges d'un office n'ont pas été habituellement portés pour la taxe foncière : et les commissaires pour l'impôt foncier, ou trois d'entre eux, dans leurs tournées, signeront ou scelleront, l'un ou l'autre, un double des copies de la cotisation qui leur seront délivrées par les cotiseurs, après tous les appels déterminés, et les mêmes les délivreront aux personnes remplissant les fonctions de *clercs de la paix* dans les districts desdites cités ou villes, comtés d'elles-mêmes, pour être, par eux, enregistrées parmi les actes publics des sessions, afin que toutes personnes payant 6 d. puissent en prendre connaissance, et lesdites personnes remplissant les fonctions de clercs de la paix, ou leurs suppléans, donneront copie de ces duplicata, ou d'une partie quelconque, à tous ceux qui le requerront, moyennant un paiement de 6 d. pour chaque 300 mots.

Sect. 4. Une personne ne pourra voter pour l'élection d'un membre du parlement dans une ville ou cité, comté d'elle-même, et dans laquelle elle auroit droit de voter, soit par la possession de terres ou d'héritages d'une valeur annuelle de 40 shillings, si elle n'est franc-tenancier dans la ville et le comté ou dans la cité et le comté, pour lesquels elle vote, ayant un revenu annuel et net de 40 shillings, en outre des rentes et charges dont il peut être chargé; et si elle ne tient la possession ou ne recueille la rente pour son compte depuis 12 mois, à moins qu'elle ne les ait acquises dans le temps susdit par succession, par mariage, par établissement de mariage, par legs, ou par promotion à quelque bénéfice ecclésiastique, ou par promotion à un office; et personne ne pourra voter à cause de son état de franc-tenancier acquis frauduleusement afin de lui donner qualité pour voter; personne ne pourra voter plus d'une fois pour la même élection. Si une personne vote dans une élection contrairement aux dispositions de cet acte, elle paiera à chaque candidats pour lesquels elle n'aura pas voté, 40 l. dont la rentrée sera poursuivie par lesdits candidats, leurs exécuteurs ou administrateurs, avec dépens, par action de dette dans une cour quelconque, à Westminster. Dans laquelle action aucune excuse légitime d'absence etc., ne pourra être reçue. Au surplus la preuve devra être faite par la personne contre qui l'action est dirigée, à moins qu'elle ne soit accusée d'avoir voté plusieurs fois dans la même élection.

Sect. 5. Aucune taxe publique ou parlementaire, fonds d'églises ou de paroisses, ou tout autre taxe ou fonds de cotisation levés dans les villes ou cités, comtés d'elles-mêmes ne seront comptés au rang des charges voulues par cet acte pour les possessions de franche-tenure et ne pourron t être l'objet du serment d'affirmation voulu par ce même acte.

Sect. 6. Le shériff ou les shériffs d'un comté ou d'une ville comté d'elle-même, en *Angleterre*, ou, en leur absence, le sous-shériff ou les sous-shériffs, ou telle personne désignée par eux, donneront, à chaque élection d'un membre d'un parlement, un *cheque book* pour servir de registre pour chaque candidat, lequel sera conservé par leurs inspecteurs respectifs au lieu où les votes seront recueillis.

Sect. 7. Le shériff ou les shériffs de chaque cité ou ville, comté d'elle-même, et ayant droit d'élire un membre du parlement, aussitôt après le reçu et ouverture du *writ* envoyé de la chancellerie et sans autre commandement, feront connaître publiquement, en *Angleterre*, le temps et le lieu de l'élection et procéderont à cette élection dans les huit jours qui suivront la réception du *writ* : ils en donneront connoissance, au moins trois jours avant, sans compter le jour de la réception du *writ* et celui de l'élection.

Sect. 8. Dans le cas où quelque shériff ou sous-shériff, présidant à l'élection d'un membre du parlement pour une ville ou cité, comté d'elle-même, en *Angleterre*, contreviendrait sciemment aux dispositions de cet acte, il pourra être poursuivi par voie d'information ou d'accusation, dans la cour du banc du roi à Westminster, ou aux assises de la ville ou cité où la contravention aura été commise; dans lequel cas il ne pourra obtenir de *noli prosequi* ou de *cessat processus*.

Sect. 9. Il suffira, pour celui qui poursuivra une action de dette ouverte par cet acte, de dire, dans sa déclaration, que le défendeur est son débiteur pour une somme de........, et d'alléguer l'offense particulière pour laquelle l'action est intentée, et que le défendeur a agi contrairement à cet acte, sans faire mention du *writ de summons* et de son renvoi. Il sera suffisant dans toute accusation ou procédure relative à quelque offense contrairement à cet acte, d'alléguer l'offense particulière, et que le défendeur en est coupable, sans faire mention du *writ de summons* au parlement, et de son renvoi.

Sur le jugement en telles actions, accusations, et procédures, le plaignant ou celui qui est chargé de poursuivre ne sera pas obligé de prouver l'existence d'un *writ de summons* au parlement et de son renvoi, ou d'un *varrant* au shériff fondés sur un pareil *writ de summons*.

Sect. 10. Toute action, accusation ou information autorisée par cet acte, sera commencée dans les neuf mois après le fait qui y aura donné lieu.

Sect. 11. Tous les statuts de *jeofails* s'appliqueront à toutes poursuites dans les actions, accusations ou informations autorisées par cet acte.

Sect. 12. Dans le cas où le plaignant ou celui qui est chargé d'informer dans une accusation ou action autorisée par cet acte, ne poursuivra pas, ou si le jugement est prononcé contre lui, le défendeur aura droit à des dépens triples.

Sect. 13. Cet acte et toute disposition y comprise (excepté les clauses faites pour délivrer des *cheque books* ou pour faire connoître l'époque et le lieu de l'élection et les formes de la même élection), ne seront pas applicables à toutes cités ou villes comtés d'elles-mêmes, ou à toutes personnes auxquelles appartient le droit de voter pour l'élection d'un membre de telle cité ou ville en vertu d'une tenure de bourg, ou qui ont pareillement le droit de voter en vertu d'une franche-tenure ; pour l'exercice duquel droit il n'est pas nécessaire d'avoir un revenu annuel de 40 shillings.

Stat. 31, *Georg.* 2, *chap.* 14.

Stat. 1. Les personnes qui ne justifieront de leur état que par des copies du *rôle de la cour*, n'auront point par-là qualité pour voter dans l'élection d'un chevalier pour un comté en *Angleterre* ou dans le pays de *Galles* : et si elles y votent contrairement au contenu de cet acte, leur vote sera nul, et elles paieront à chaque candidat auquel elles n'auront pas donné leur voix 50 l. dont la rentrée sera poursuivie par ces candidats, leurs exécuteurs ou administrateurs, ainsi que les frais, par action de dette dans l'une des cours de Westminster; pour laquelle action aucune excuse légitime ne pourra être reçue. Dans toutes ces actions la preuve sera à la charge de la personne contre qui elles sont intentées.

Sect. 2. Il suffira pour le plaignant dans une action de dette, de dire, dans la déclaration, que le défendeur est son débiteur d'une somme de 50 l., de faire connaître l'offense qui donne lieu à l'action, et que le défendeur a agi contrairement à cet acte, sans faire mention du *writ de summons* au parlement ou de son renvoi; et lors du jugement le, plaignant ne sera point tenu de prouver l'existence d'un *writ de summons* au parlement, ou de son renvoi, ou d'un *warrant* au shériff fondé sur un pareil *writ de summons*.

Sect. 3. Il est établi que toute action semblable sera commencée dans les neuf mois qui suivront le fait qui y donnera lieu.

Sect. 4. Tous les statuts de *jeofails* seront étendus à toutes les procédures dans de pareilles actions.

Sect. 5. Au cas que le plaignant se désiste de sa poursuite d'une pareille action, ou cesse ses poursuites, ou que le jugement soit rendu contre lui, le défendeur aura droit à des dépens triples.

Stat. 33, *Georg.* 2, *chap.* 20.

Sect. 1. Toute personne (si ce n'est celles qui sont exceptées par cet acte) qui sera élue membre de la chambre des communes devra, avant de voter dans cette chambre ou d'assister aux débats, après que le président aura été choisi, délivrer au secrétaire de ladite chambre, à la table qui est au milieu de la salle et pendant que la chambre des communes est duement assemblée, le président à sa place, une déclaration signée par elle, contenant les noms des paroisses, des villes ayant juridiction, ou des juridictions quelconques, de même que des comtés dans lesquels se trouvent ses terres ou héritages, les faire connaître et déclarer qu'elles sont d'un revenu annuel de 600 l., indépendamment des charges; si c'est un chevalier pour un comté; et d'une valeur annuelle de 300 l., aussi indépendamment des charges; si c'est le député d'une ville, d'un bourg, ou un baron des cinq ports, elle prêtera et signera en même-temps le serment qui suit:

« Je, A. B., jure que je possède réellement et *bonâ fide*, aux » yeux de la loi et de la justice, l'état que je me donne; que telle » est sa valeur, dont j'ai seul l'usage et le profit, consistant en » terres, tenures ou héritages, indépendamment de tout ce » qui pourrait les grever ou diminuer; que je suis tel que je

» me qualifie, élu et envoyé pour représenter le lieu qui m'en » a donné la mission, selon la teneur et le vrai sens des actes » du parlement, et que ces terres, tenures ou héritages, sont » tels que je l'ai écrit et signé dans ma déclaration délivrée au » secrétaire de la chambre des communes.

Avec l'assistance de Dieu.

Et par là, la chambre des communes acquiert le droit d'administrer et de requérir ledit serment, de même que la signature, conformément à cet acte, de la part de chaque personne qui le demande, immédiatement après que ces personnes auront prêté le serment d'*allegiance* (de fidélité), de suprématie et d'abjuration à la même table. Lesdits sermens et la signature seront consignés sur un registre de parchemin, pour être conservés par le secrétaire de la chambre des communes; et les déclarations ainsi signées et délivrées audit secrétaire seront rédigées et conservées par lui.

Sect. 2. Si une personne élue membre d'un parlement à former, comme chevalier d'un comté, ou comme représentant d'une ville, d'un bourg, ou comme baron des cinq ports, siége ou vote comme membre de la chambre des communes, avant d'avoir fait cette déclaration, et prêté ou signé le serment, ou n'a pas qualité aux termes du stat. 9, *Ann.* chap. 5, et de ce présent acte, son élection sera nulle, et un nouveau *writ* sera envoyé pour élire un autre membre.

Sect. 3. Aucune disposition de cet acte ne pourra être étendue au fils aîné ou à l'héritier présomptif d'un pair, ou de toute personne ayant qualité, pour être chevalier d'un comté, ou aux membres pour les universités d'*Angleterre* et d'*Ecosse*.

TABLEAU

DES LIEUX D'ÉLECTION ET DU NOMBRE DES DÉPUTÉS

DE LA GRANDE BRETAGNE.

Angleterre, Pays de de Galles, 513.

Abingdon (c. de Berk)	1
Agmonderham (Bucks)	2
Albans (c. de St-Hertford)	2
Aldborough (c. de York)	2
Aldeburgh (Suffolk)	2
Andover (Hamp)	2
Anglesey (c. d')	1
Apleby (Westmorland)	2
Arundel (Sussex)	2
Ashburton (c. de Devonshire)	2
Aylesbury. (Buckingham)	2
Bambury (c. d'Oxford)	1
Barnstaple (Devonshire)	2
Bath	2
Beaumaris (c. d'Anglesey)	1
Bedford (c. de)	2
Bedford	2
Bedwin (Wilt)	2
Beralston (Devonshire)	2
Berkshire	2
Berwick (Northumberland)	2
Beverley (c. d'York)	2
Bewdley (c. de Worcester)	1
Bishop (château de) c. de Shrop.	2
Blechingly (Surrey)	2
Bodmyn (Cornwall)	2
Boroughbridge (c. d'York)	2
Bossiney (Cornwall)	2
Boston (Lincoln)	2
Braclay (c. de Northampton)	2
Bramber (Sussex)	2
Brecon (c. de.)	1
Brecon	1
Bridgenorth (c. de Shrop)	2
Bridgewater (c. de Sommerset)	2
Bridport (c. de Dorset)	2
Bristol	2
Buckingham (c. de)	2
Buckingham	2
Callingt n (Cornwall)	2
Calne (c. de Wilt)	2
Cambridge (c. de)	2
Cambridge (univers. de)	2
Cambridge (bourg de)	2
Camelford (Cornwall)	2
Canterbury	2
Cardiff (c. de Glamorgan)	1
Cardigan (c. de)	1
Cardigan	1
Carlisle (Cumberland)	2
Carmarthen (c. de)	1
Carmarthen	1
Carnarvon (c. de)	1
Carnarvon	1
Castle-Rising (Norfolk)	2
Cheshire	2
Chester	2
Chichester (Sussex)	2
Chippenham (Wilt)	2
Christchurch (Hamp)	2
Cirencester (c. de Glocester)	2
Clitbero (c. de Lancastre)	2
Cockermouth (Cumberland)	2
Colchester (Essex)	2
Corf-Castle (c. de Dorset)	1
Cornwall	2
Coventry (c de Warwick)	2
Criclade (c. de Wilt)	2
Cumberland	2
Dartmouth (c. de Devon)	2
Denbigh (c. de)	1
Denbigh	1
Derby (c. de)	2
Derby	2
Devizes (c. de Wilt)	2
Devon (c. de)	2
Dorset (c. de)	2
Dorchester (c. de Dorset)	2

Douvres (Kent)............... 2
Downton (c. de Wilt).......... 2
Droitwich (c. de Worcester).... 2
Dunwich (Suffolk)............. 2
Durham (c de)... 2
Durham (v. de)............... 2
East-Looe (Cornwall).......... 2
Edmundsbury (St-Suffolk)...... 2
Essex........................ 2
Evesham (c. de Worcester)..... 2
Exeter.................. 2
Eye (Suffolk)............... . 2
Flint (c. de)................. 1
Flint........................ 1
Fowey (Cornwall)............. 2
Gatton (Surrey).............. 2
Germant Saint (Cornwall)...... 2
Glamorgan (c. de)............ 1
Glocester (c. de)............. 2
Glocester 2
Grampound (Cornwall) (1) 2
Gratham (c. de Lincoln)....... 2
Grimsby (c. de Lincoln)....... 2
Grinstead (Sussex)............ 2
Guilford (Surrey) 2
Hamp (c. de)................. 2
Harwich (Essex) 2
Haslemere (Surrey)........... 2
Hastings (Sussex)............ 2
Haverfordwest (c. de Pembroke. 1
Hellestone (Cornwall)......... 2
Hereford (c. de).............. 2
Hereford (v. de).............. 2
Hertford (c. de).............. 2
Hertford..................... 2
Heydon (c. d'York)............ 2
Heytesbury (Wilt)............. 2
Higham-Ferrers (c. de Northampton)......................... 1
Hindon (Wilt.)............... 2
Honiton (Devonshire).......... 2
Horsham (Sussex)............. 2
Huntingdon (c. de)........... 2
Huntingdon................... 2
Hythe (Kent)................. 2
Ilchester (c. de Sommerset).... 2
Ipswich (Suffolk)............. 2
Ives Saint (Cornwall)......... 2
Kent......................... 2
Kings-Lynn (Norfolk).... 2
Kingston-sur-Hull (c. d'York)... 2
Knaresborough (c. d'York)..... 2

Lancaster (c. de).............. 2
Lancaster.................... 2
Launceston (Cornwall)......... 2
Leicester (c. de)............. 2
Leicester..................... 2
Leominster (c. de Hereford).... 2
Leskeard (Cornwall)........... 2
Lestwithiel (Cornwall)......... 2
Lewes (Sussex)............... 2
Lichfield (c. de Stafford)...... 2
Lime-Regis (c. de Dorset)...... 2
Lincoln (c. de)............... 2
Lincoln...................... 2
Liverpool (c. de Lancastre)..... 2
Londres... 4
Ludgershall (c. de Wilt)....... 2
Ludlow (c. de Shrop).......... 2
Lymington (Hamp)............ 2
Maidstone (Kent)............. 2
Malden (Essex)............... 2
Malmesbury (Wilt)............ 2
Malton (c. d'York).. 2
Marlborough (Wilt) 2
Marlow (Buck)................ 2
Mawes (St-Cornwall).......... 2
Merioneth (c. de)............ 1
Michael (St-Cornwall)......... 2
Middlesex.................... 2
Midhurst (Sussex)............ 2
Milborne-Port (c. de Sommerset). 2
Minehead (c. de Sommerset).... 2
Monmouth (c. de)............. 2
Monmouth.................... 1
Montgomery (c. de)........... 1
Montgomery 1
Morpeth (Northumberland)..... 2
Newart (c. de Nottingham)..... 2
Newcastle, (c. de Stafford).... 2
Newcastle, sur la Tyne (Northumb.)....................... 2
Newport (Cornwall)............ 2
Newport (ile de Wight)........ 2
Newton (c. de Lancastre)....... 2
Newtown (ile de Wight)....... 2
Norfolk...................... 2
Northallerton (c. d'York)...... 2
Northampton (c. de).......... 2
Northampton................. 2
Northumberland............... 2
Norwich (Norfolk)............ 2
Nottingham (c. de)............ 2
Nottingham.................. 2

(1) Ce bourg a été récemment défranchisé.

Oakhampton (Devonshire) 2
Orford (Suffolk) 2
Oxford (c. d') 2
Oxford (université d') 2
Oxford (ville) 2
Pembroke (c. de) 1
Pembroke 1
Penryn (Cornwall) 2
Peterborough (c. de Northampton) 2
Petersfield (Hamp) 2
Plymouth (Devonshire) 2
Plympton (Devonshire) 2
Pontefract (c. d'York) 2
Poole (c. de Dorset) 2
Portsmouth (Hamp) 2
Preston (c. de Lancastre) ..... [illegible]
Queenborough (Kent) 2
Radnor (c. de) 1
Radnor (nouvelle) 1
Reading (c. de Berk) 2
Retford (Notting) 2
Richemond (c. d'York) 2
Ripon (c. d'York) 2
Rochester (Kent) 2
Romney (Kent) 2
Rutland 2
Rye (Sussex) 2
Ryegate (Surrey) 2
Salop (ou c. de Salop) 2
Saltash (Cornwall) 2
Sandwich (Kent) 2
Sarum, nouvelle (Wilt) 2
Sarum, vieille (Wilt) 2
Scarborough (c. d'York) 2
Seaford (Sussex) 2
Shaftesbury (c. de Dorset) 2
Shoreham (Sussex) 2
Shrewsbury 2
Sommerset (c. de) 2
Southampton (Hamp) 2
Southwark (Surrey) 2
Stafford (c. de) 2
Stafford 2
Stamford (c. de Lincoln) 2
Steyning (Sussex) 2
Stockbridge (c. de Hamp) 2
Sudbury (Suffolk) 2
Suffolk 2
Surrey 2
Sussex 2
Tamworth (c. de Stafford) 2
Tavistock (Devonshire) 2
Taunton (c. de Sommerset) 2
Tewkesbury (c. de Glocester) .. 2
Thetford (Norfolk) 2
Thirsk (c. d'York) 2
Tiverton (c. de Devon) 2
Totness (Devonshire) 2
Tregony (Cornwall) 2
Truro (Cornwall) 2
Wallingford (c. de Berk) 2
Wareham (c. de Dorset) 2
Warwick (c. de) 2
Warwick 2
Wells (c. de Sommerset) 2
Wendower (Buck.) 2
Wenlock (c. de Shrop) 2
Weobley (c. de Hereford) 2
Westbury (c. de Wilt) 2
West-Looe (Cornwall) 2
Westminster 2
Westmoreland 2
Weymouth et Melcombe-Regis (c. de Dorset) 4
Whitechurch (c. de Hamp) 2
Wigan (c. de Lancastre) 2
Wilton (c. de —ut) 2
Wilt (c. de) 2
Winchester (c. de Hamp) 2
Winchilsea (Sussex) 2
Windfor (c. de Berk) 2
Woodstock (c. d'Oxford) 2
Worcester (c. de) 2
Worcester 2
Wotton-Besset (c. de W[illegible]) 2
Wuombe (c. de Buckingham) 2
Yarmouth, Grande (Norfolk) 2
Yarmouth (ile de Wight) 2
York (c. de) 2
York 2

Écosse, 45.

Aberdeen (c. de) 1
Aberdeen 1
Ayr (c. de) 1
Annan, etc. (c. de Dumfries) .. 1
Anstruther, etc. (c. de Fife) . 1
Argyll (c. d') 1
Banf (c. de) 1
Berwick (c. de) 1
Bute et le comté de Caithness . 1
Clackmanan et le c. de Kinross. 1
Cullen, etc. (c. de Banf) 1
Dornoch (c. de Sutherland) 1
Dumbarton (c. de) 1
Dumfermling, etc. (c. de Fife). 1

Dumfries (c. de)............. 1
Edimbourg (c. de)............ 1
Edimbourg.................... 1
Elgin (c. de)................ 1
Fife (c. de)................. 1
Forfar (c. de)............... 1
Fortrose, etc. (c. de Ross).... 1
Glasgow, etc................. 1
Hadington (c. de)............ 1
Hadington, etc. (c. d'Hadington) 1
Inverness (c. de)............ 1
Kincardine (c. de)........... 1
Kircaldy, etc. (c. de Fife)...... 1
Kirkendbright (sénéchaussée)... 1
Lanerk (c. de)............... 1
Linlithgow (c. de)........... 1
Nairn et c. de Comarty....... 1
Orkney (c. de) et Shetland (c. de). 1
Peebless (c. de)............. 1
Perth (c. de)................ 1
Renfrew (c. de).............. 1
Ross (c. de)................. 1
Rothsay, etc. (c. de Bute)..... 1
Roxburgh (c. de)............. 1
St-Andrew's etc. (c. de Fife).... 1
Selkirk (c. de).............. 1
Selkirk, etc................. 1
Sterling (c. de)............. 1
Stranraer, etc. (c. de Wigtoun).. 1
Sutherland (c. de)........... 1
Wightoun (c. de)............. 1

Irlande, 100.

Antrim (c. de)............... 2
Armagh....................... 1
Armagh-Borough............... 1
Athlone (Westmeath).......... 1
Baudon-Bridge (Cork)......... 1
Belfast (Antrim)............. 1
Carlow (c. de)............... 2
Carlow (bourg)............... 1
Carrickfergus (Antrim)....... 1
Cashel (Tipperary)........... 1
Cavan (c. de)................ 2
Clare (c. de)................ 2
Clonmel (Tipperary).......... 1
Coleraine (Londonberry)...... 1
Cork (c. de)................. 2
Cork (ville)................. 2
Donegall (c. de)............. 2
Down (c. de)................. 2
Downpatrick (c. de Down)...... 1
Drogheda (Louth)............. 1
Dublin (c. de)............... 2
Dublin....................... 2
Dublin (université de)........ 1
Dundalk (Louth).............. 1
Dungannon (Tyrone)........... 1
Dungarvan (Waterford)........ 1
Ennis (Clare)................ 1
Enniskillen (Fermanagh)....... 1
Fermanagh (c. de)............ 2
Galway (c. de)............... 2
Galway....................... 1
Kerry (c. de)................ 2
Kildare (c. de).............. 2
Kilkenny (c. de)............. 2
Kilkenny (bourg)............. 1
King's (County).............. 2
Kinsale (Cork)............... 1
Lietrim (c. de).............. 2
Limeric (c. de).............. 2
Limeric (ville).............. 1
Lisburn (Antrim)............. 1
Londonderry (c. de).......... 2
Londonderry (ville).......... 1
Longford (c. de)............. 2
Louth (c. de)................ 2
Mallow (Cork)................ 1
Mayo (c. de)................. 2
Meath (c. de)................ 2
Monaghan (c. de)............. 2
Newry (Down)................. 1
Portarlington (Queen's County). 1
Queen's-County............... 2
Roscommon (c. de)............ 2
Ross, la nouvelle (Wexford).... 1
Sligo (c. de)................ 2
Sligo (bourg)................ 1
Tipperary (c. de)............ 2
Tralee (Kerry)............... 1
Tyrone (c. de)............... 2
Waterford (c. de)............ 2
Waterford (ville)............ 1
Westmeath (c. de)............ 2
Wexford (c. de).............. 2
Wexford...................... 1
Wicklow (c. de).............. 2
Youghall (Cork).............. 1

RIOTS.

Stat. 13, *Henr. IV*, *chap.* 7.

Sect. 1. S'il se forme quelque émeute, rassemblemens contraires à la loi, ou attroupemens tumultueux, les juges de paix, ou deux d'entre eux, et le shériff viendront avec la force publique du lieu (s'il est besoin), et les réprimeront. Lesdits juges et le shériff auront le droit de constater les faits qui ont eu lieu en leur présence contre la loi; et les coupables seront convaincus par ce seul procès-verbal, dans la forme voulue par le statut de *forcible entry* (entrée à main armée). Si les coupables ont disparu avant l'arrivée des juges et du shériff, lesdits juges et le shériff, ou deux d'entre eux, rechercheront diligemment, dans l'espace d'un mois, les fauteurs de ces émeutes, rassemblemens ou attroupemens, et rendront leur jugement.

Sect. 2. S'ils ne peuvent parvenir à découvrir la vérité, les juges, ou deux d'entre eux, et le shériff, certifieront le mois suivant au roi et à son conseil tous les faits et les circonstances qui s'y rapportent, lequel certificat aura la même force que la dénonciation de douze autres personnes. Sur ce certificat, les accusés seront mis en jugement, et ceux qui seront jugés coupables seront punis comme le roi et son conseil jugeront convenable.

Sect. 3. Si les accusés nient le contenu du certificat, ce certificat et l'allégation seront envoyés au banc du roi pour être jugés et éclaircis; et si les accusés ne comparaissent pas devant le roi et son conseil, à la première injonction, il sera envoyé un commandement au shériff d'arrêter les accusés, s'ils peuvent être découverts, et de les amener à jour marqué devant le roi, dans son conseil, ou devant le banc du roi. S'il ne peut les découvrir, le shériff, immédiatement après la réception du commandement, publiera une proclamation dans son comté, pour les avertir de se rendre devant le roi, dans son conseil, devant la cour du banc du roi; ou bien à la chancellerie, si c'est dans le temps de vacance du conseil et du banc du roi, dans les trois semaines qui suivront; et au cas où les prévenus ne se présenteraient pas après la proclamation faite ou envoyée par le shériff, ils seront déclarés convaincus d'émeute, de rassemblement ou d'attroupement.

Sect. 4. Les juges de paix, à la plus proche résidence du lieu de l'émeute, du rassemblement ou de l'attroupement, ensemble avec le shériff et les juges des assises, pendant le temps de leurs sessions, exécuteront ce statut, chacun à peine de 100 l. d'amende.

Par le Stat. 17, Rich. 2, chap. 8, *tous les officiers du roi, en général, ont le droit d'arrêter les fauteurs d'émeute à main-armée.*

2 *Henr.* 5, *Stat.* 1, *chap.* 8.

Sect. 1. Si les juges de paix, ou les juges d'assises (nommés dans le stat. 13 de *Henr.* 4, cap. 7) sont trouvés en défaut, de même que le shériff ou sous-shériff du comté où ont eu lieu les émeutes, attroupemens ou rassemblemens, touchant l'exécution dudit statut, le roi enverra, à la requête de la partie lésée, une commission sous son grand-sceau, pour rechercher aussi bien la véritable cause et le motif du trouble que les défauts des juges, du shériff, ou sous-shériff; cette commission sera adressée à des personnes quelconques, désignées par le chancelier; et ces personnes ainsi nommées enverront à la chancellerie le résultat de l'enquête faite devant elles, et les *coroners* (1) feront les listes des jurés, pendant le temps que le shériff, qui est supposé en défaut, sera suspendu de son office; lesquels *coroners* ne pourront y porter que des personnes qui auront en terres un revenu annuel de 10 livres. Les *coroners* paieront pour dépenses aux personnes ainsi inscrites: le premier jour 20 shillings, le second jour 40, le troisième 100, et chaque jour suivant le double au moins; et si les *coroners* sont trouvés en défaut, touchant la liste des personnes portées comme jurés, ou touchant le remboursement de leurs dépenses, chacun d'eux paiera au roi 40 livres; et si le shériff est exclu de son office, le nouveau shériff dressera la liste des jurés. Dès que le chancelier pourra avoir connaissance d'émeutes, rassemblemens ou attroupemens, il fera expédier un ordre du roi aux juges de paix et aux shériffs, pour leur enjoindre de mettre le statut à exécution, sous

(1) Ce titre n'a point d'équivalent en français; dans le sens de ce statut, le Coroner est un officier nommé par la couronne, et chargé d'examiner, avec douze assistans ou jurés, si un corps trouvé mort a été tué et assassiné, ou s'il est mort naturellement.

peine d'être condamnés conformément à ces dispositions, sans que les juges et shériffs puissent alléguer, comme excuse valable, que l'ordre ne leur est pas parvenu.

Sect 2. Il est déclaré que les juges et autres officiers rempliront leurs charges aux frais du roi; le paiement sera effectué par le shériff et fixé entre lui, les juges et les autres officiers. Les personnes convaincues d'avoir participé à des émeutes considérables, et dans de mauvais desseins, seront punies d'un emprisonnement d'un an; celles qui n'auront participé qu'à des troubles moins considérables, d'un emprisonnement aussi court qu'il plaira au roi et à son conseil de l'ordonner; mais les amendes imposées aux coupables seront augmentées par lesdits juges, et rendues plus fortes qu'elles n'avoient coutume de l'être. Les sujets du roi dans le comté (*liege-people vassal*) prêteront assistance aux juges, commissaires, shériff, ou sous-shériff, quand ils en seront valablement (*reasonably*) requis, afin de s'opposer avec eux à de telles émeutes, etc., sous peine d'emprisonnement, et de payer au roi des amendes et rançons. Les baillifs des terres franches feront dresser des listes suffisantes de jurés, sous peine de payer au roi 40 livres. Ces dispositions seront applicables dans les cités, bourgs, et autres lieux qui ont des juges de paix.

2 *Henr. V*, *Stat.* 1, *chap.* 9.

Sect. 1. Si quelqu'un se plaint à la chancellerie, qu'il y a eu des meurtres, homicides, vols, rixes, attroupemens considérables et insurrectionnels, et autres émeutes punissables; si l'un des fauteurs de ces troubles a fui, un *bill* sera présenté au roi, et le chancelier, après que ce *bill* lui aura été renvoyé, (s'il est dûment informé qu'il contient la vérité) pourra délivrer un ordre d'arrestation (*of capias*), adressé au shériff, qui devra le renvoyer à la chancellerie, à jour marqué; si les prévenus sont arrêtés par le shériff, ou se rendent d'eux-mêmes à la chancellerie, ils seront mis en prison, à moins qu'ils ne soient valablement cautionnés; et on enverra des commissaires pour prendre connaissance de la nature de l'accusation; si le shériff annonce que les personnes n'ont pu être arrêtées, et que ces personnes ne se présentent pas à la chancellerie, le chancelier fera expédier au shériff un ordre de publier une proclamation qui devra être renvoyée au banc du roi, lui enjoignant de faire proclamer dans deux comtés, que les personnes nommées dans ledit ordre aient à se rendre, pour répondre aux inculpations portées dans le *bill*, sous peine d'être déclarées convaincues; dans tous les *writs* semblables de proclamation, sera contenue la substance du *bill*, et si les prévenus ne se rendent pas au jour marqué, ils seront déclarés convaincus.

Sect. 2. Il est arrêté que lorsque des instigations de semblables émeutes seront dénoncées au chancelier, par lettres de deux juges de paix et du shériff, avant que l'ordre de *capias* ait été envoyé, le contenu du *bill* sera exprimé dans cet ordre, de même que dans l'ordre de proclamation; et si ces choses avaient lieu dans le comté palatin de *Lancastre*, ou dans quelque terre franche qui a son chancelier particulier; le chancelier d'*Angleterre* fera connaître, par ordre du roi, à ce chancelier, toutes les instigations énoncées dans le *bill*, en lui donnant ordre de poursuivre; de telle manière toutefois que l'ordre du roi ne soit pas envoyé de la chancellerie d'*Angleterre*, dans le comté ou la terre franche, autrement qu'il n'est voulu par l'usage.

Rendu perpétuel la 8ᵉ *année de Henri VI, chap.* 14.

Stat. 8, *Henr. VI*, *chap.* 14.

Sect. 1. Le statut 2, *Henri V*, *chap.* 9, sera conservé.

Sect. 2. Il est établi qu'il sera constaté par deux juges de paix, que le bruit public des émeutes dénoncées courait dans les comtés, avant que l'ordre de *capias* ait été donné. Il est arrêté aussi, que si le cas arrive dans le comté palatin de *Lancastre*, ou dans tout autre lieu affranchi, qui ait un chancelier particulier, ce chancelier du comté ou du pays affranchi, après avoir reçu des plaintes certifiées par un juge ou par le lieutenant d'un juge, et le shériff des comtés palatins ou des lieux affranchis, aura le droit d'accorder lui-même un ordre de *capias* et un ordre de proclamation, de même que le chancelier d'Angleterre.

Stat. 19, *Henri* 7, *chap.* 13.

Si quelque émeute, attroupement, ou assemblée défendue a lieu, le shériff qui en aura reçu l'ordre choisira vingt-quatre personnes habitant le comté, dont chacune possédera, dans ce comté, un revenu annuel de 20 s., en terres de franche-tenure, ou de 26 s. 8 d., en terres relevant d'un fief ou mi-parties de l'une et de l'autre nature, pour connaître desdites émeutes, attroupemens ou assemblées illégales, et paiera à chaque personne ainsi désignée pour les dégrever des frais occasionnés, le premier jour 20 s., le second 40; et si le shériff est en défaut, il sera condamné envers le roi à une amende de 20 livres; si, par protection, ou à la sollicitation de tierces personnes (1), le jury juge qu'il n'y a pas émeute, attroupement, ou assemblée illégale, les juges et le shériff dénonceront dans le certificat les noms des protecteurs et des embaucheurs, et ce dont ils sont coupables, sous peine pour chacun des juges, du shériff ou sous-shériff; d'une amende de 20 l., s'ils n'allèguent une excuse valable, lequel certificat aura la même valeur que si les choses qu'il contient étaient déclarées par douze personnes. Toute personne convaincue de protection ou d'embauchage, par le même certificat, sera condamnée envers le roi à une amende de 20 livres; et les uns et les autres seront mis en prison, si les juges le trouvent nécessaire.

Stat. 1, *Geor.* 1, *chap.* 5.

Sect. 1. Si plusieurs personnes, au nombre de douze assemblées contre la loi, pour troubler la paix publique, lorsqu'elles auront été requises par un juge de paix, ou par le shériff ou son sous-shérif, ou par le maire d'une ville, etc., par une proclamation faite au nom du roi, de se disperser, et de se retirer chacun chez soi, ou à leurs travaux, continuent pendant une heure après la proclamation, à rester ameutées au nombre susdit, il y aura félonie, sans que le bénéfice du clergé puisse être applicable. (2)

Sect 2. La formule de la proclamation sera comme il suit, *savoir :* Le juge de paix, etc., ordonnera silence au milieu de l'émeute, ou du moins aussi près qu'il le pourra sans danger, jusqu'à ce qu'il puisse lire la proclamation, et alors il fera publiquement cette proclamation en ces termes :

---

(1) *By reason of any maintenance or embracery. Embracery* désigne le crime d'un *embraceor*, celui qui tâche de prévenir les jurés par ses instructions en faveur des parties, et qui est gagné pour cela.

(2) *Benefit of clergy.* C'est un privilége qui était autrefois affecté aux gens d'église; mais qui aujourd'hui s'étend sur les laïques dans la conviction de certains crimes, et, en particulier, d'un meurtre involontaire. En vertu de ce privilége, on présente au criminel un livre latin, écrit en lettres gothiques, dont il doit lire deux ou trois versets; et si le commissaire de l'ordinaire ou son député prononce ces mots : *legit ut clericus* (il a lu comme un clerc), le prisonnier est seulement marqué à la main avec un fer chaud, et ensuite élargi; pourvu néanmoins que ce soit le premier crime dont il ait été convaincu.

Notre souverain seigneur le roi enjoint et ordonne à toutes personnes rassemblées, de se disperser immédiatement, et de se retirer paisiblement chez elles ou à leurs affaires, sous les peines portées dans l'acte fait la première année du roi Georges, pour prévenir les tumultes et les assemblées défendues.

Vive le roi. (*God save the King.*)

Et tout juge, sur l'avis d'un pareil rassemblement défendu, se rendra sur le lieu, et fera la proclamation comme il vient d'être dit.

Sect. 3. Si les personnes ainsi assemblées ne se dispersent pas dans une heure, tout juge, shériff, etc., grand et petit *constable*, ou autre officier de paix, et toutes autres personnes requises d'assister les juges, etc., (qui ont le droit de requérir tous les sujets de S. M. de leur prêter secours) pourront arrêter ces personnes et les conduire devant un juge de paix; et si ces personnes sont tuées ou blessées, à cause de leur résistance, les personnes qui les auront dispersées ou arrêtées, les juges, etc., ne pourront être poursuivis (*Shall be indemnified*).

Sect. 4. Si quelques personnes ainsi attroupées contre la loi démolissent ou dévastent, excitent à démolir ou à dévaster, ou commencent à démolir ou à dévaster quelque église ou chapelle, ou quelque édifice destiné au culte religieux, certifié et registré conformément à l'acte 1, *de Guil. et Mar.*, *cap.* 18, ou quelque habitation, grange, étable, ou tout autre dépendance d'une maison, il y aura crime de félonie, sans qu'on puisse invoquer le privilége du clergé.

Sect. 5. Ceux qui interromperont ou blesseront, de dessein formé, l'officier qui commencera à faire la proclamation ou emploieront la force contre lui, si cette proclamation ne peut être faite, seront jugés félons, sans bénéfice du clergé; et toutes les personnes ainsi assemblées contre la loi, au nombre de douze, auxquelles la proclamation aurait dû être faite, si l'officier n'en eût été empêché, seront, si elles continuent à rester rassemblées pendant une heure, après qu'elles ont eu connaissance de la violence faite à l'officier, déclarées félons, sans bénéfice du clergé.

Sect. 6. Si quelque église, chapelle, etc., est démolie entièrement, ou en partie, dans une émeute, les habitans du *Hundred* paieront des dommages aux personnes lésées par ces démolitions, dommages qui pourront être poursuivis dans la cour de *Westminster*, contre deux quelconques des habitans du *Hundred*. De semblables actions pour dommages à une église, etc., seront exercées au nom du recteur, pour réédifier et réparer ces églises, etc., et le jugement étant rendu en faveur du demandeur dans une telle action; les dommages alloués seront, à la requête du demandeur, levés sur les habitans, et payés par les voies établies par le *stat.* 27. *Eliz. chap.* 13, pour le mode de remboursement des sommes recouvrées par une partie volée. Si les églises sont dans une ville ou cité qui ait le titre de comté, ou si elle n'est pas dans un *hundred*, les dommages seront poursuivis contre deux ou un plus grand nombre des habitans de la ville ou de la cité.

Sect. 7. Cet acte sera lu à toutes les sessions, et à chaque cour foncière (*leet*).

Sect. 8. Personne ne sera poursuivi pour contravention à cet acte, si la poursuite n'est commencée dans l'année, après la contravention.

Sect. 9. Les shériffs, sénéchaux, baillifs des royautés, magistrats des bourgs royaux, et tous juges et magistrats inférieurs, et tous hauts et petits constables et autres officiers de paix en *Ecosse* auront, pour y mettre cet acte à exécution, le même pouvoir qu'ont les juges et les magistrats pour les autres parties de ce royaume; toutes personnes convaincues des offenses ci-mentionnées en *Ecosse* encourront la peine de mort et la confiscation de leurs biens meubles. Toute action pour dommages d'églises qui auront été démolies en tout ou en partie en *Ecosse*, dans une émeute, sera poursuivie par voie sommaire, à la requête de la partie lésée, de ses héritiers, etc., contre le comté, etc., les magistrats étant convoqués dans la forme ordinaire, et chaque comté et sénéchaussée appelés par citation d'ordonnance au *market cross.*, du bourg principal du comté, ou de la sénéchaussée en général, sans qu'il soit fait mention de leurs noms.

Sect. 10. Cet acte sera étendu en *Ecosse*, à tous les lieux destinés au culte religieux toléré par la loi. (1)

---

(1) Voy. *an abridgement of the publick statutes*, au mot *Riots*. Voyez aussi *suprà*, page 359, une loi de 1819, sur les attroupemens.

DU JURY. (1)

Stat. 52, *Henr.* 2, *chap.* 14.

A l'égard des chartes d'exemption ou des franchises, portant que ceux qui les auront acquises ne seront point portés comme jurés dans les assises, dans les jugemens par jurys, et dans les enquêtes (2), s'il arrive que leurs sermens soient requis de telle sorte que, sans eux, justice ne puisse être rendue; comme dans les grandes assises, dans les tournées des juges, ou lorsque les personnes exemptes seront assignées comme témoins; et dans tous les cas semblables, elles se-

Stat. 13 *Ed.* 1, *chap.* 38.

Pour chaque assise, il ne sera convoqué que vingt-quatre jurés. Les vieillards au-dessus de 70 ans, ainsi que tous ceux qui se trouveraient malades au moment de la convocation, ou qui n'habiteraient pas dans le comté, ne seront point portés comme jurés dans les petites assises; et si les assises ou les les jurés sont pris hors du comté, ceux-là seuls en feront ront tenues de jurer, en conservant pour les autres circonstances leur droit d'exemption.

---

(1) Nous avons cru faire une chose agréable aux lecteurs, en réunissant ici toutes les dispositions éparses dans tant de statuts, qui peuvent se rapporter au jury anglais; institution qu'il nous importe d'autant plus de connaître qu'elle a été le type de nos lois criminelles, et qu'il n'existe aucun ouvrage français où on puisse étudier le texte même des lois. Toutefois, comme plusieurs principes touchant le jury anglais ne reposent point sur des lois, mais sur des usages consacrés, nous avons cru devoir faire connaître ces usages par des notes, lorsqu'ils ne sont qu'explicatifs, et par la notice qui suit les lois que nous rapportons lorsqu'ils fixent des points législatifs. Ce travail formera ainsi un ensemble complet de la législation sur le jury.

De même, nous devons avertir que nous ne donnons ici que la partie des lois qui se rapportent essentiellement à l'institution du jury, et non celles qui n'ont d'application que pour tel ou tel lieu, telle ou telle cour, tel ou tel cas particulier, lorsqu'elles sont de peu d'importance.

(2) Le petit jury ou jury de jugement, juge de la validité d'une accusation, le grand-jury, le jury d'enquête de la validité de la prévention. Ainsi, les membres du grand jury se trouvent placés comme arbitres entre l'accusateur et l'accusé.

partie, qui auront au moins un revenu annuel de 40 s., excepté toutefois ceux qui devront être entendus comme témoins dans les procédures.

Ce statut ne sera en rien applicable aux grandes assises; et si les shériffs ou les baillifs sont convaincus d'y avoir contrevenu en quelque point, ils seront condamnés à des dommages envers la partie lésée, sans préjudice de ceux qu'ils devront payer au roi; les juges assignés pour tenir les assises entendront les plaintes pour la violation des articles de ce statut.

De iis qui ponendi 21. *Ed.* 1, *stat.* 1.

Aucun shériff ou baillif ne portera sur une liste qui devra passer hors des limites de son bailliage, que ceux qui auront au moins, en terres, un revenu annuel de 100 s.

Ce statut ne restreint en rien le dernier stat. de Westminster, ch. 38, de manière que dans les bornes du comté, devant les juges du roi, commis pour tenir enquête ou autres reconnaissances, on pourra être porté sur les listes, lorsqu'on aura un revenu annuel de 40 s. De même devant les juges ambulans, dans les cités, les *market-towns*, il en sera comme par le passé.

Artic. super Chart. 28. *Ed.* 1, *stat.* 3, *chap.* 9.

Aucun shériff ou baillif ne portera pour jurés un trop grand nombre de personnes, ni autrement qu'il n'est voulu par le statut. Ils choisiront les plus proches voisins, les plus capables, et les moins suspects; celui qui sera convaincu d'avoir agi autrement, paiera doubles dommages à la partie plaignante, et une forte amende au roi.

Ordon. pour les enquêtes, 33. *Ed.* 3, *stat.* 4.

Lorsqu'il y aura lieu à des enquêtes, dans une affaire où le roi sera partie, quand bien même il serait allégué que les jurés ou quelques-uns d'entre eux sont portés en faveur du roi, l'enquête ne sera point viciée pour cela; mais si ceux qui poursuivent pour le roi, récusent quelques-uns des jurés, ils devront donner un motif, et il sera informé sur la validité de leur récusation..

Plusieurs statuts du même Ed. 3, prononcent des peines contre les jurés qui recevraient des accusés de l'argent, des présens, etc., et contre tous ceux qui tenteraient d'une manière quelconque de séduire des jurés. D'autres n'ont d'application que dans tel lieu, telle ville, ou tels comtés d'Angleterre. Nous ne les traduisons pas ici, parce qu'ils ne tiennent pas essentiellement à la nature du jury ; il suffit de les avoir indiqués au lecteur.

25. *Ed.* 3, *stat.* 5, *chap.*3

Celui qui aura dénoncé des accusés, pour crimes de félonie ou autres, ne pourra connaître des enquêtes sur leur mise en liberté, s'il est récusé pour ce fait.

Stat. 34 *Ed.* 3, *chap* 4.

Les listes de jurés seront formées des citoyens les plus voisins, et qui ne seront ni suspects, ni circonvenus d'avance ; et les shériffs, les *coroners* et autres officiers qui agiraient autrement, seront condamnés à raison de leur faute, aussi bien envers le roi q'envers la partie.

Stat. 42. *Ed.* 3, *chap.* 11.

Aucune enquête, assise ou commission d'élargissement général, ne sera tenue en vertu d'un *Writ* de *nisi prius* ou d'autre manière, avant que les noms de tous ceux qui siégeront comme jurés ne soient notifiés à la cour. Les shériffs dresseront les listes des jurés dans les assises, quatre jours au moins avant les sessions, sous peine de 20 l. d'amende ; cela afin que les parties puissent prendre connaissance des listes, si elles le demandent ; et les baillifs des terres franches enverront leurs réponses aux shériffs, six jours avant les sessions, sous la même peine. Dans toutes ces listes dressées par les shériffs ou les baillifs, seront portés les citoyens les plus aisés et les plus dignes de confiance, les moins suspects et les moins éloignés (1).

Stat. 11, *Henr. IV.*

Aucune accusation ne sera suivie qu'en vertu d'enquête faite

(1) Il n'existe aucune loi subséquente, dit Philips (des pouv. et des obl. des jurés, ch. 2.) qui dispense les jurés de ces conditions, dans les causes criminelles où il s'agit de la vie de la liberté ou de la propriété. Il discute ensuite ce qu'on doit entendre par voisinage, question qui a souvent exercé les jurisconsultes anglais : il ne veut point que le mot soit pris ici comme dans les livres de jurisprudence pour *le canton* ; mais il prétend qu'on doit s'en tenir aux formes même des statuts, parce que dans le cas contraire, un homme résidant à une des extrémitées du canton peut être jugé par un juré résidant à l'autre extrémité, et perdre par là l'inappréciable avantage d'une bonne réputation, de la connaissance que les jurés peuvent avoir des témoins, et de la protection qu'il peut attendre de ses voisins.

par de bons, loyaux et fidèles sujets du roi, dûment appelés par les shériffs ou baillifs de terres franches, sans qu'aucune désignation soit faite d'avance auxdits shériffs et baillifs, des noms des personnes qu'ils doivent convoquer, si ce n'est par leurs officiers assermentés et connus pour avoir qualité conformément à la loi. Si un acte d'accusation a lieu contrairement à ces dispositions, il sera nul. (1)

2. *Henr.* 5, *stat.* 2, *chap.* 3.

Aucune personne ne connaîtra d'une enquête, dans le cas d'un jugement à mort, ou dans une affaire réelle et personnelle, entre parties, lorsque la dette ou le dommage montera à quarante *marks*, s'il n'a en terre un revenu annuel de 40 s., autrement elle pourra être récusée par la partie.

Stat. 1, *Ric.* 3, *chap.* 4.

Aucun baillif ou autre officier ne portera sur une liste de jurés, et adressée au shériff en tournée, que des personnes bien famées, et ayant une terre de franche tenure dans le comté, d'un revenu annuel de 20 s. au moins, ou un *copy-hold* (2) d'un revenu annuel de 26 s. 8 d.; et si un baillif ou autre officier envoie le nom d'une personne, contrairement à ce statut, il paiera pour chaque personne ainsi portée, 40 s.; et le shériff autres 40 s., moitié au profit du roi, moitié au profit de la partie qui poursuivra le recouvrement par action de dettes, etc. Toute accusation autrement intentée, devant un shériff, dans sa tournée, sera nulle.

Stat. 11. *Henri* 7, *chap.* 21.

Sect. 1. Aucune personne ne sera portée comme juré à Londres, si elle ne possède en terre ou en biens meubles une valeur de 40 marks; aucune personne ne pourra faire partie d'un jury dans la même ville, pour connaître d'une affaire touchant des terres ou des tenemens, ou une action personnelle pour une dette ou un dommage qui monterait à 40 marks, si elle n'a en terres et en biens une valeur de 100 marks; cette cause de récusation sera admise comme récusation principale. Toute personne convoquée pour comparaître dans un jury, devant

(1) Cet acte a été fait pour prévenir un abus qui s'était introduit. Il arrivait quelquefois que des enquêtes étaient faites et présentées aux juges par des jurys qui n'avaient pas été préalablement assignés par les shériffs.

(2) Terre tenue en ferme.

quelques-uns des juges de la même ville, qui fera défaut, paiera à la première convocation, 12 d. d'amende, 2 s. pour un second défaut, et ainsi chaque fois une amende double.

Stat. 3, *Henr. VIII*, *chap.* 12.

Tout rôle contenant les noms des jurés convoqués, et certifié autrement qu'à la poursuite des parties, par les shériffs et leurs officiers, aux juges de la commission d'élargissement général, ou devant les juges de paix, dans leurs sessions, afin d'enquérir pour le roi (1), sera réformé en y ajoutant et en supprimant des noms à la discrétion des juges. Et les mêmes juges ordonneront à tout shériff et à leurs officiers de porter d'autres personnes sur les listes, suivant leur discrétion: et si quelque shériff ou autre officier ne représente pas les listes ainsi rectifiées; ces shériffs ou officiers paieront une amende de 20 l., moitié pour le roi, moitié pour celui qui poursuivra le recouvrement par action de dettes, etc.; et le pardon du roi ne pourra être opposé aux parties qui poursuivront.

Nous ne rapportons pas ici les dispositions d'un statut, qui n'a d'application que pour les jurys de Londres.

Stat. 23, *Henr. VIII*, *chap.* 13.

Sect. 1. Tout individu né sujet du roi, qui jouira des franchises d'une cité, bourg, ou ville privilégiée (*corporate*), dans laquelle il habite, et possédant des biens meubles d'une valeur de 40 l., sera admis à juger les prévenus de meurtres et de félonies, dans toutes sessions et commissions d'élargissement général, pour la liberté de ces villes, etc., quoiqu'il ne soit pas franc-tenancier.

Sect. 2. Cet acte n'est pas applicable à un chevalier, ou écuyer demeurant dans la même cité, etc.

Stat. 35, *Henri VIII*, *chap.* 6.

Sect. 3. Dans tous les cas où les personnes qui devraient remplir les fonctions de jurés dans les cours du roi, à Westminster, devront avoir en franche tenure un revenu annuel de 40 s., le *writ* de *venire facias* sera conçu en ces termes :

---

(1) Les grands jurys sont appelés les *jurys du roi*, parce qu'ils connaissent principalement des crimes ou des contraventions qui troublent l'ordre public dont le roi est le gardien.

Rex, etc., *Præcipiamus*, *etc.*, *quod venire facias coràm*, *etc.* 12. *Liberos et legales homines de vicinets de B. quorum quilibet habeat quadraginta solid. terræ tenementorum vel reddituum per annum ad minus*, *per quos rei veritas meliùs sciri poterit. Et qui nec*, *etc.*; et lorsqu'il n'est pas requis que les personnes aient en franche tenure un revenu de 40 s., les *writs* de *venire* seront conçus de la même manière, en omettant cette clause *quorum quilibet*, etc. Sur chaque *venire* où doit se trouver cette clause *quorum quililibet*, etc., le shériff ne convoquera que des personnes qui auront en franche tenure un revenu de 40 s., indépendamment de l'ancien domaine dans le comté. De même il portera sur chaque liste semblable de jurés, six habitans du *hundred hundreders*, si ce nombre existe, sous peine de payer à chaque personne qui n'aura pas un revenu annuel de 40 s., 20 s., et à chaque habitant du *hundred*, omis du rôle, 20 s.

Dans tout *venire* où sera omise la clause *quorum quilibet*, *etc.*, le shériff ne pourra porter aucune personne, à moins qu'elle ne possède dans le comté quelques terres ou tenemens de franche tenure, indépendamment de l'ancien domaine; il portera de même dans ce rôle, sous la même peine, six habitans du *hundred*, si ce nombre existe.

Sect. 4. Sur tout premier *writ* d'*habeas corpora* ou de *distringas* avec un *nisi priùs*, délivré par acte public, les shériffs préleveront sur les personnes portées sur la liste des jurés, une amende de 5 s. au moins, et lors d'un second *habeas corpora* ou *distringas*, 10 s., et lors du troisième *writ*, 13 s. 4 d., et sur chaque *writ* suivant, doubles dépens, jusqu'à ce qu'on ait réuni un jury complet, sous peine de 5 l. d'amende.

Sect. 6. Dans chacun des *habeas corpora* ou *distringas*, avec un *nisi prius* (lorsqu'on craint de ne pouvoir former un jury, faute de jurés), les juges pourront ordonner, à la requête du demandeur ou du défendeur, que le shériff désignera telles autres personnes capables du comté, alors présentes, pour former un jury complet, lesquelles personnes seront ajoutées à la première liste.

Sect. 7. Les parties pourront récuser les jurés ainsi ajoutés, de la même manière que s'ils avaient été portés sur la première liste, certifiée avec le *venire*.

Sect. 8. Dans le cas où les personnes désignées par le shériff, comme on vient de le dire, seraient présentes et ne répondraient pas à l'appel, ou se retireraient sciemment et volontairement, les juges prononceront contre elles telles amendes qu'ils jugeront convenables, qui seront poursuivies de la même manière que celles dont sont passibles les jurés qui ne comparaissent pas.

Sect. 10. Lorsqu'un jury sera complété par l'ordre des juges, les personnes portées sur la liste, et qui feront défaut, paieront les mêmes amendes que si le jury n'eût pas eu lieu, faute de jurés.

Sect. 11. Lorsqu'une excuse légitime, pour l'absence d'un juré, sera prouvée devant les juges de l'assise de *nisi priùs*, au jour de la comparution, par le serment de deux témoins, les juges pourront décharger le juré des amendes encourues, et le shériff sera de même déchargé des amendes qu'il aurait encourues à cause de la non comparution.

Sect. 12. Si l'assise de *nisi priùs* est discontinuée par la non présence des juges, ou par tout autre motif, autre que le défaut des jurés, les jurés seront déchargés de toute amende, de même que le shériff, des peines pour le non recouvrement de ces amendes.

Sect. 13. Si sur de pareils *habeas corpora* ou *distringas*, avec un *nisi prius*, des amendes sont exigées des habitans des *hundreds* ou des jurés, non légalement convoqués, le shériff ou l'officier paiera le double du montant des amendes dont ils auraient été chargés ; la moitié desquelles amendes, autres que celles exigées des jurés, appartiendra au roi, et l'autre moitié à celui qui poursuivra le recouvrement, sauf le droit que peuvent avoir toutes personnes auxdites amendes.

Sect. 14. Cet acte n'est pas applicable à toute cité ou ville libre (*corporate*), ou à tout shériff ou officier de cette ville ou cité, pourvu qu'ils portent telles personnes qu'ils ont coutume de porter, et qu'ils fassent payer les mêmes amendes mentionnées dans cet acte.

Rendu perpétuel, 2. *Ed. VI*, *chap.* 32.

Stat. 4 *et* 5, *Phil. et Mar.*, *chap.* 7.

Sect. 2. Les juges d'assises et de *nisi prius* devant lesquels un procès est porté, en vertu d'un *writ* d'*habeas corpora* ou de *distringas*, avec un *nisi prius* (lorsque le jury risque de n'être pas formé, faute de jurés), pourront, sur requête présentée au nom du roi, ou par la partie qui poursuit tant pour le roi que pour elle-même, sur une loi pénale, ou par son procureur, ordonner au shériff de désigner un nombre suffisant de personnes capables et présentes, habitantes du comté, et de les ajouter à la liste originale des jurés, pour compléter le jury.

Sect. 3. Les clauses de l'acte 35, Henri VIII, ch. 6, seront étendues au roi, de même qu'à toutes personnes qui poursuivraient une action pour le roi ou la partie, pour lui donner le même avantage que peut avoir le demandeur dans une autre action.

Stat. 14. *Elis. chap.* 9.

Sect. 1. Lorsque le défendeur ou le demandeur pourra, sur sa requête aux juges de *nisi prius*, en Angleterre, ou aux juges de *oyer et terminer*, ou des assises des deux comtés de Galles, et des comtés palatins de Lancastre, Chester et Durham, avoir une liste de jurés supplémentaires (*à tales de circumstantibus*); alors, les tenanciers, *actors*, avoués et défendeurs (si les demandeurs s'abstiennent de le demander) pourront sur leur requête obtenir des mêmes juges le *tales* ou la liste supplémentaire, qui leur est accordée de la même manière qu'au demandeur.

Sect. 2. Dans toute action populaire, dans les cours de la reine, sur loi pénale, où une personne poursuivra aussi bien pour la reine que pour elle-même, les défendeurs seront admis à demander un *tales de circumstantibus*.

Stat. 27. *Eliz. chap.* 6.

Sect. 1. Dans tous les cas où les jurés convoqués pour les jugemens dans les cours du banc du roi, des plaids communs ou de l'échiquier, ou devant les juges des assises, devaint avoir, par les lois maintenant en force, une franche tenure d'un revenu annuel de 40 s.; alors, les jurés devront maintenant avoir état de franche tenure d'un revenu annuel de 4 liv. au moins; et les *writs* de *venire facias* seront ainsi conçus: *Regina*, *etc.*, *praecipiamus*, *etc.*, *quod venire facias coràm*, *etc.*, *duodecim liberos et legales homines de vicineto de B. quorum quilibet habeat quatuor libras terrae tenementorum*, *vel reddituum per annum ad minùs*, *per quos rei veritas melius sciri possit. Et qui necn*, *etc.*; et sur ce *writ*, le shériff ne portera que les personnes qui auront en franche tenure dans le comté un revenu de 4 liv., indépendamment de l'ancien domaine, sous peine de payer à chaque personne 20 s.

Les sections suivantes ont rapport à la quotité et au mode de recouvrement des frais pour les jurés ou des amendes encourues.

Sect. 5. Sur un procès de dommages, dans une action personnelle, la récusation fondée sur le droit d'être jugé par des jurés du *hundred*, ne sera point admise s'il y en a deux du même canton ou *hundred*.

Sect. 6. Tout autre récusation principale, ou pour une autre cause, sera admise comme si cet acte n'eût jamais existé.

Sect. 7. Cet acte ne sera point applicable aux jurés, ou aux jugemens dans une cité ou ville franche, ou autre lieu ayant privilége de tenir des plaids, ou dans les douze comtés de Galles.

Stat. 27. *Eliz. chap.* 7.

Sect. 2. Aucun shériff, ou autre personne, ne portera un juré demeurant hors d'une terre franche, sans faire connaître, au moment où il devra renvoyer la liste ou dans la même année, le lieu de sa demeure, ou tout autre qualification qui puisse le faire connaître, ni aucun juré dans une terre franche, avec d'autres qualifications que celles qui lui seront données par le baillif. Et aucun baillif de terre franche n'enverra au shériff le nom d'une personne devant être portée comme juré, sans ajouter le lieu de sa demeure, etc.

Toutes personnes qui agiraient contrairement à cet acte, paieront à la reine une amende de 5 *marcs*, et aussi une amende de 5 *marcs* à la partie lésée; lesquelles amendes pourront être prononcées par les juges d'*oyer et terminer*, par les juges des assises ou les juges-de-paix, aussi bien dans les terres franches qu'ailleurs.

Rendu perpétuel par Stat 39. *Eliz. chap.* 18. *Sect.* 32.

Stat 4. *Guill. et Mar. chap.* 24.

Sect. 15. Tous jurés (autres que des étrangers, sur procès *per medietatem linguæ* (1)) qui seront désignés pour juger

(1) Ces jurés composés moitié d'anglais moitié d'étrangers, sont convoqués pour juger les causes criminelles ou civiles, lorsqu'une des parties est étranger.

les procès pendans dans les cours du banc du roi, des plaids communs ou de l'échiquier, ou devant les juges d'assises de *nisi prius*, d'*oyer et terminer*, les commissions d'élargissement général, des *quarter sessions*, dans un comté quelconque d'Angleterre, devront avoir dans ledit comté un revenu annuel de 10 liv., en franche tenure ou en ferme, ou en ancien domaine, ou en rentes, en fief absolu, ou fief mouvant, ou pour la vie; et si une personne quelconque d'un état moindre est portée comme juré, ce sera une juste cause de récusation; laquelle récusation déchargera ledit juré qui pourra l'être aussi sur son serment. Et dans les comtés du pays de Galles, chaque juré devra avoir un revenu de 6 livres. Le shériff ne portera aucune personne qui n'aurait pas respectivement 10 ou 6 liv. au moins de revenu annuel dans le comté, sous peine de payer à L. M. 5 liv. d'amende pour chaque personne.

Sect. 16. Aucun shériff ou baillif de terre franche ne devra notifier le nom d'une personne qui n'aurait pas été dûment convoquée six jours avant celui de la comparution, ni ne recevra d'argent ou de récompense pour exempter un juré, sous peine de payer à L. M. 10 liv. d'amende.

Sect. 17. Toutes les cités, les bourgs, les villes libres conservent leur ancien usage de choisir leurs jurés.

Sect. 18. Il sera loisible, en Angleterre, de porter sur les *tales* (1), mais non autrement, les personnes qui auront dans le comté un revenu annuel de 5 liv.

Sect. 19. Il sera loisible de porter sur les *tales*, dans la principauté de Galles, les personnes qui auront dans le comté un revenu annuel de 3 liv.

Sect. 20. Aucun frais ne sera prélevé par aucun shériff, greffier des assises ou autre personne pour les *tales*, sous peine de 10 liv., moitié pour celui qui poursuivra la procédure, l'autre moitié pour L. M.

Sect. 21. Aucun writ de *non ponendis in assisis et juratis* ne sera accordé, si ce n'est sur serment que les allégations sont vraies.

Stat. 7. Guill. 3. chap. 32.

Sect. 3. Dans tout *writ* d'*habeas corpora* ou de *distringas* avec un *nisi prius*, lorsqu'un jury complet ne comparaîtra

(1) Pour nommer des jurys supplémentaires.

pas, ou lorsque le jury courra risque de rester incomplet, faute de jurés : Le shériff désignera après jugement qui ordonnera le *tales*, des francs-tenanciers ou des *copy-holders* du comté, portés sur d'autres tableaux pour remplir les fonctions de jurés aux mêmes assises, et non autre personne, si un nombre suffisant pris dans les autres tableaux se trouve présent ; et chaque partie pourra exercer son droit de récusation. Dans le cas où un franc-tenancier ou *copy-holder* ainsi désigné présent, ne répond pas à l'appel ou se retire sciemment, le juge de l'assise le condamnera à l'amende.

Sect. 4. Afin que les shériffs soient mieux informés des personnes qui devront juger des procès pendans dans les cours de chancellerie, du banc du roi, des plaids communs ou de l'écihquier, ou qui devront remplir les fonctions de jurés aux assises ou aux sessions d'*oyer et terminer* de la commission d'élargissement général, et aux sessions de la paix, tous constables, *tithingmen* et *headboroughs* (2) dresseront annuellement, pour les lieux où ils exercent leur office aux *quarter sessions*, dans la semaine qui suit la St-Michel, le premier jour des sessions ou le premier jour de l'ouverture de la session tenue en vertu d'ajournement, une liste des noms et du lieu de la demeure de toutes les personnes âgées de 21 à 70 ans, ayant qualité pour remplir les fonctions de jurés avec leur profession ; ces listes seront remises aux juges-de-paix. Lesquels juges, ou deux d'entre eux, feront remettre par le greffier de paix, auxdites sessions, copie de cette liste avant, ou du moins au premier janvier, et feront enregistrer lesdites listes sur les registres des sessions ; et nul shériff ne portera sur une liste de jury aucune personne pour juger des procès pendans dans lesdites cours, ou pour remplir les fonctions de jurés aux assises, sessions d'*oyer et terminer*, d'élargissement général ou sessions de la paix, qui ne serait pas nommée sur cette liste. Tout constable, *tithingman* ou *headborough* qui ne présenterait pas lesdites listes paiera au roi une amende de 5 liv.

Sect. 5. Toute sommation, à une personne ayant qualité, sera faite par le shériff ou son député, six jours d'avance au moins, et en lui donnant connaissance de l'ordonnance, dûment scellée, qui l'autorise ; dans le cas où un juré serait

(2) Les *tithingmen* et *hudboroghs* sont des officiers de police dont les fonctions en certains endroits se rapprochent beaucoup de celles de constables, [illegible] sont inférieurs en dignité et en autorité.

absent de son domicile, l'officier laissera, entre les mains d'une personne habitant dans la même maison que le juré absent, une note signée de lui, pour prévenir le juré de la sommation faite.

Sect. 12. Cet acte ne sera point applicable à la ville de Londres, ni à un comté quelconque d'une cité ou d'une ville, ni à une ville libre qui a le droit en vertu d'une charte particulière d'avoir des sessions d'élargissement général ou des sessions de la paix.

Rendu perpétuel par Stat 6. *Georg.* 2. *chap.* 37.

Stat. 8. *Guill.* 3. *chap.* 10.

Tous juges-de-paix sont requis, lors de leurs sessions, avant la St-Michel, de donner aux constables des ordres de former les listes des personnes qui doivent remplir les fonctions de jurés, conformément à l'acte 7. *Guill.* 3. *ch.* 32.

Stat. 3. *Georg.* 2. *chap.* 25.

Sect. 1. Les personnes requises par les statuts 7 et 8 de *Guill.* 3. chap. 32., et par une clause des stat. 3 et 4 de la reine *Anne*, chap. 18. de donner, ou à qui a il ordonné par ce présent acte de dresser des listes des noms des personnes qui ont qualité pour remplir les fonctions de jurés, pourront, sur requête à un officier de paroisse (1), à la garde duquel seront commis les rôles des levées pour les pauvres, ou des impositions foncières, inspecter ces rôles, et prendre le nom des personnes ayant qualité, demeurant dans l'étendue de leur arrondissement, et feront afficher tous les ans, vingt jours au moins avant la St.-Michel, pendant deux dimanches consécutifs, sur la porte de l'église, dans leur juridiction, une liste de toutes les personnes qui doivent siéger comme jurés dans la cour de *quarter session*; et si une personne qui n'a pas qualité trouve son nom inscrit sur la liste, et que les personnes requises de faire cette liste refusent de le supprimer les juges, lors des *quarter session*, sur le serment de la partie; plaignante, ou sur une autre preuve, ordonneront que son nom soit rayé.

Sect. 2. Si une personne requise, comme on l'a dit, de

(1) Les marguilliers, les constables et les inspecteurs des pauvres; les inspecteurs des pauvres sont des officiers spécialement chargés de répartir parmi les indigens de la paroisse le produit de la taxe des pauvres.

donner ou de dresser une liste, omet avec intention, d'insérer le nom d'une personne qui devait y être portée, où y porte quelqu'un qui ne devait pas y figurer, ou reçoit quelque salaire pour y porter ou en exclure quelqu'un, elle sera condamnée en 20 s. d'amende pour chaque personne ainsi omise ou portée à tort, après que conviction en aura été acquise devant un juge du comté, etc. où demeure le délinquant, ou sur son propre aveu, ou par la déposition d'un témoin sur serment; amende applicable moitié au dénonciateur, moitié aux pauvres de la paroisse; et si l'amende n'est pas payée dans 5 jours, on procédera à la saisie et à la vente des biens, sur le *warrant* d'un juge. Les juges devant lesquels ces personnes seront convaincues en donneront connaissance aux prochaines assises des *quarter sessions*, qui donneront ordre au greffier d'insérer ou de biffer le nom; et des duplicata des listes délivrées aux sessions, et enregistrées par le greffier, seront transmis, pendant la session ou dans les 10 jours qui suivront, par le greffier au shériff; et le shériff aura soin que les noms soient inscrits par ordre alphabétique avec leurs professions et les lieux de la demeure des personnes. Tout greffier qui négligerait de remplir ce devoir paiera une amende de 20 l. aux personnes qui en poursuivront l'exécution, avant que la partie soit convaincue sur accusation devant les juges des *quarter sessions*.

Sect. 3. Si un shériff ou autre officier somme et certifie la sommation d'une personne, pour faire partie du jury, devant les juges des cours d'assise de *nisi priùs* ou devant les juges des grandes sessions dans le pays de Galle, où des sessions des comtés palatins, dont le nom n'est pas porté sur les duplicata qui lui ont été transmis par le greffier; ou si quelque greffier d'assise, associé d'un juge (1) ou autre officier certifie la comparution d'une personne ainsi convoquée, qui ne doit pas réellement comparaître, alors les juges de l'assise de *nisi prius*, etc. prononceront, après un examen sommaire, à l'égard du shériff et pour chaque personne ainsi convoquée, et dont la comparution a été ordonnée à tort; telles condamnations qu'ils jugeront convenables, mais qui ne pourront excéder 10 l. ni être moindres de 40 s.

Sect. 4. Aucune personne ne sera de nouveau prise pour

(1) (Juge's associate). C'est le titre d'un des officiers de la cour du banc du roi et de la cour des plaids communs.

juré dans des assises de *nisi prius*, qu'après l'intervalle d'une année dans le comté de Rutland, de quatre ans dans le comté de York, ou de deux ans dans tout autre comté qui n'est pas comté de cité ou de ville; et si un shériff transgresse sciemment cette disposition, tout juge d'assise, etc, est requis de prononcer contre le délinquant, après examen et preuve de l'offense, en manière sommaire, une amende qui ne peut excéder 5 liv.

Sect. 5. Chaque shériff etc., enregistrera par ordre alphabétique les noms des personnes qui seront convoquées, et rempliront les fonctions de jurés à quelques assises, etc., de même que le temps de leurs services; et chaque personne, ainsi convoquée ou ayant servi, obtiendra un certificat attestant son service : ce certificat lui sera délivré sans frais par le shériff, et le registre sera tranmis par le shériff à son successeur.

Sect. 6. Aucun shériff ou autre personne ne pourra recevoir de salaire pour dispenser une personne de servir comme juré, et l'officier chargé de convoquer les jurés, ne convoquera pas de personnes autres que celles dont le nom est écrit dans l'ordonnance signée par le shériff, etc. Si un shériff ou officier transgresse sciemment ces dispositions, tout juge d'assise etc., pourra, sur l'examen et la preuve du fait, par voie sommaire, prononcer contre le coupable une amende qui ne pourra excéder 10 liv.

Sect. 7. Il suffira pour tout constable, chef de dixaine (*tithing-man*) ou de communauté (*head-borough*) après avoir complété les listes pour leur arrondissement, conformément aux stat. 7 et 8 de *Guill* 3, chap. 32, et 3 et 4 d'Ann. chap. 18, et aux dispositions de ce présent acte, de les signer en présence d'un juge-de-paix pour chaque comté, etc. et d'attester en même temps, sur serment, que ces listes sont vraies, autant qu'ils ont pu le faire d'après la connaissance qu'ils avaient des faits, et les listes (signées par les juges) seront délivrées par les *constables*, etc. aux hauts constables qui les remettront aux cours de *quarter session*, en attestant, sur serment, que ces listes leur ont été transmises par les constables, etc. et qu'elles n'ont souffert aucune altération depuis qu'ils les ont reçues.

Sect. 8. Tout shériff etc., en *Angleterre* (à moins qu'il ne s'agisse de causes qui doivent être jugées à la Barre, ou auxquelles sera assigné un jury spécial, par un réglement de la cour) devra, en certifiant l'exécution d'un *writ* de *venire facias*, annexer une liste contenant les noms, qualités et demeure d'un nombre compétent de jurés nommés dans lesdites listes. Les noms des mêmes personnes devront être inscrits sur les listes annexées à chaque *venire facias*, pour les jugemens des procès, pendant la même session d'assises. Lequel nombre de jurés nepourra être moindre de 48, ni de plus de 72, à moins que les juges en tournée n'en aient ordonné autrement, et il ne sera pas nécessaire que les noms des personnes inscrites sur la liste du shériff aient été insérés dans les corps des *writs d'habeas corpora* ou de *distringas*, subordonnés à de pareils *venire*. Il suffira qu'on lise dans ces writs : *corpora separalium personarum in panello huic brevi annexo nominatarum*, ou d'autres mots exprimant le même sens, et d'annexer à ces *writs* des listes contenant les noms inscrits dans la liste annexée au *venire*; et pour dresser les certificats d'exécution ainsi que pour les annexer, il ne sera passé que les frais maintenant alloués.

Sect. 9. Tout shériff ou officier à qui il appartiendra de faire sommer et certifier la sommation des jurés à la cour des grandes sessions dans les divers comtés de Galles, convoquera, au moins huit jours avant l'ouverture de chaque grande session, un nombre suffisant de personnes ayant qualités dans chaque *hundred* ou (canton) et *comote* (1) du comté, de manière que ce nombre ne soit pas au-dessous de 10, ni au-dessus de 15, à moins qu'il n'en soit autrement ordonné par le juge des grandes sessions, par réglement de cour; et l'officier certifiera la convocation des personnes sommées sur une liste contenant leurs noms, à la première audience du second jour de chaque grande session; les personnes ainsi convoquées, ou un nombre suffisant, selon que les juges le détermineront, seront seules nommées dans chaque liste qui devra être annexée à chaque *venire*, *habeas corpus*, ou *distringas*, pour le jugement des causes par les grandes sessions.

Sect. 10. Tout shériff ou officier qui sera chargé de certifier l'exécution du *venire*, pour les jugemens des causes dont connaîtront les juges des sessions dans les comtés palatins de

(1) Les comtés dans le pays de Galles sont subdivisés en *comotes*; chaque comote renferme 50 villages.

Chester, de Lancastre ou de Durham, convoquera, 14 jours au moins avant les sessions, un nombre suffisant de personnes ayant qualité, de manière que ce nombre ne soit pas au-dessous de 48, ni au-dessus de 72, et dressera, 8 jours au-moins avant les sessions, une liste des personnes ainsi convoquées; ces listes seront affichées dans les bureaux du shériff; et les personnes portées sur lesdites listes seront seules appelées pour remplir les fonctions de jurés aux prochaines sessions. Le shériff remettra cette liste le premier jour des sessions; et les personnes ainsi appelées, ou un nombre compétent, tel qu'il paraîtra convenable aux juges, seront seules portées dans le rôle qui devra être annexé à chaque *venire*, *habeas corpus*, et *distringas* pendant la durée des mêmes sessions.

Sect. 11. Le nom de chaque personne convoquée et portée sur la liste des jurés avec ses qualités et le lieu de sa demeure sera écrit sur des morceaux de parchemin ou de papier séparés, de même dimension, et délivrés par le sous-shériff au maréchal (1) du juge, etc., qui les fera rouler de la même manière et mettre dans une urne ou bocal; et lorsqu'une cause sera appelée pour être jugée, la première personne étrangère au procès tirera, en pleine cour, douze desdits rouleaux; et si quelques-unes des personnes ainsi désignées ne paraissent pas ou se trouvent récusées et mises de côté, alors on tirera de nouveaux noms, jusqu'à ce que les douze tirés soient présens; lesdites douze personnes, les premières tirées et approuvées, lorsque leurs noms seront portés sur la liste des jurés et qu'elles auront prêté serment, formeront le jury qui devra juger la cause. Le nom des personnes qui auront *prêté serment* pour juger, sera conservé à part dans tout autre boîte, etc., jusqu'à ce que le jury ait prononcé, et que son jugement soit enregistré, ou jusqu'à ce que le jury soit déchargé; et alors, les mêmes noms seront roulés de nouveau et remis dans la première boîte, etc., et ainsi *toties quoties*.

Sect. 12. Si la connaissance d'une cause est portée devant un jury qui aura fait son rapport sur une autre cause, ou qui aura été dispensé de prononcer, la cour pourra ordonner que douze noms, parmi ceux qui restent, seront tirés au

---

(1) Le titre de *maréchal* en Angleterre est commun à plusieurs officiers, ici il désigne le premier officier *exécutif* du juge, son premier huissier.

sort, comme on vient de le dire, pour juger la nouvelle cause.

Sect. 13. Toute personne dont le nom sortira de l'urne, et qui ne comparaîtra pas après trois appels, sera condamnée, sur le serment qu'elle a été convoquée, pour chaque défaut de comparution (à moins qu'on ne justifie aux juges, par serment, de quelque cause d'une absence légitime), à une amende qui ne pourra excéder 5 liv., ni être moindre de 40 s., à l'arbitrage du juge.

Sect. 14. Lorsqu'une descente de lieux sera ordonnée, six des jurés au moins, choisis par les parties ou désignés par les officiers de la cour, si les parties ne sont pas d'accord, ou en cas de besoin, par un des juges ou par les juges devant qui le procès doit être jugé, feront une descente de lieux, après avoir prêté serment, ou ceux d'entre eux qui comparaîtront pour composer le jury avant d'être tirés au sort, et on en tirera seulement le nombre suffisant pour former les 12 avec ceux qui font la descente de lieux.

Sect. 15. Les cours de S. M., du banc du roi, des plaids communs et de l'échiquier à Westminster, sont requises (sur motion faite au nom de S. M., ou sur la motion d'un demandeur ou d'un défendeur dans une accusation ou information pour quelque crime, ou dans une information de la nature d'un *quo warranto*, dans la cour du banc du roi, ou dans une information devant l'échiquier, ou sur motion d'un plaignant ou d'un défendeur dans quelque cause pendante dans lesdites cours) d'ordonner qu'un jury spécial sera formé devant l'officier que cette opération concerne, de la manière usitée pour la formation d'un jury spécial, dans ces cours, pour les jugemens à la barre.

Sect. 16. Les personnes qui réclameront un jury spécial paieront les frais qu'il nécessitera, d'après la taxe établie.

Sect. 17. Lorsqu'il sera ordonné un jury spécial, par réglement de cour, dans quelque cause pendante dans un comté de cité ou de ville, il sera ordonné au shériff, par le même réglement, d'apporter les registres des personnes ayant qualité pour remplir les fonctions de jurés dans ce comté, de la même manière qu'il est d'usage d'ordonner le transport du registre des francs-tenanciers, pour la formation des jurys qui doivent connaître des affaires à la barre; et les jurés seront pris dans ce registre.

Sect. 18. Lorsqu'une personne tiendra à bail une terre d'une valeur annuelle de 20 liv., indépendamment de la rente réservée au propriétaire; le bail étant passé pour le terme absolu de 500 ans ou au-delà de ce même terme, ou pour 99 ans, ou pour tout autre terme déterminé par la durée de la vie d'une ou de plusieurs personnes, son nom sera inscrit sur la liste et dans le registre des francs-tenanciers; et ces teneurs à bail pourront être appelés pour remplir les fonctions de jurés conjointement avec les francs-tenanciers.

Sect. 19. Les shériffs de Londres ne pourront porter sur leurs listes, pour remplir les fonctions de jurés dans aucune des cours de S. M., du banc du roi, des plaids communs ou de l'échiquier, ou dans les sessions d'*oyer* et *terminer*, ou dans les sessions de la paix tenues dans la ville, des personnes qui ne seront pas chefs de famille (*house keeper*) habitans de la ville, et qui n'auraient pas en terre, ou autrement, une valeur de 100 liv., et cette cause, alléguée comme moyen de récusation et vérifiée vraie, sera admise comme principale récusation: les personnes ainsi récusées peuvent être interrogées sous serment relativement à leur qualité.

Sect. 20. Les shériffs ou autres officiers ne pourront porter comme juré, pour la connaissance d'un crime emportant peine capitale, celui qui n'aurait pas qualité pour remplir les fonctions de juré dans les causes civiles; ce motif sera une récusation principale, et les personnes ainsi récusées peuvent être interrogées sous serment relativement à leur qualité.

Sect. 21. Cet acte sera lu, une fois chaque année, dans les *quarter sessions* qui seront tenues dans chaque comté ou lieu en Angleterre, et dans le pays de Galles, à compter du 24 juin prochain.

Sect. 22. Cet acte sera valable jusqu'au 1er septembre 1823, etc.

Rendu perpétuel par le *stat.*6. *de Georg.* 2. *chap.* 37.

Stat. 4. *Georg.* 2. *chap.* 7.

Sect. 3. Tout teneur de bail dont le revenu annuel, la rente une fois payée, s'élevera à 50 liv., indépendamment des réserves foncières ou autres, remplira les fonctions de juré.

Stat. 6. *de Georg.* 2. *chap.* 37.

Sect. 2. Les juges des sessions ou des assises, pour les comtés palatins de Chester, de Lancastre et de Durham, sur motion au nom de S. M., ou d'un demandeur, ou défendeur, dans une accusation ou information pour crime, ou sur la motion de quelque plaignant ou défendeur, pourront, s'ils le jugent convenable, ordonner qu'il sera formé un jury devant l'officier qui doit naturellement connaître de la cause dans chaque cour, de la manière usitée pour la formation d'un jury spécial dans les cours à Westminster.

NOTICE SUR LES JURYS ANGLAIS,

Servant de complément aux lois sur ce sujet.

Quoique nous ne nous soyons pas proposé en, publiant cet ouvrage, de donner des traités sur les lois des différens peuples, que nous ayons sur-tout songé à l'utilité qui pouvait résulter pour le lecteur de la connaissance même des textes : toutefois nous pourrons souvent nous trouver dans la nécessité de suppléer au silence de ces lois par l'analyse des usages qui complètent les institutions de la plupart des peuples; tous n'ont pas, comme nous, un corps de lois bien positif, bien arrêté; ainsi pour ceux chez qui des antécédans, d'anciennes traditions, des usages forment une partie essentielle de la jurisprudence tant politique que civile, ce serait donner un tableau incomplet de leur gouvernement, que d'omettre cette partie si importante : or c'est sans doute le cas qui se présente ici, car l'étude de l'institution du jury anglais qui existe et se perfectionne depuis des siècles, doit avoir d'autant plus d'intérêt pour nous, qu'il fut, et doit être sans doute long-temps encore, le modèle le plus sûr que les peuples puissent suivre dans la création ou le perfectionnement d'un pareil système. Toutefois, nous ne nous proposons pas de donner ici un traité complet sur cette matière, mais seulement d'en tracer les caractères distinctifs, que la lecture des lois déjà rapportées n'a pu qu'imparfaitement faire connaître.

§. 1. *Du jury en général.*

Tout pouvoir exercé par un homme sur un autre homme est une tyrannie nécessaire, à dire vrai, dans l'état de société, mais toujours une tyrannie (1); tous les efforts, tous les soins doivent donc tendre constamment à limiter, autant que possible, l'exercice de ce pouvoir, sans porter atteinte à la conservation de la chose publique; c'est sur ce principe bien entendu que les Anglais ont fondé l'institution de leur jury, de même que leur constitution entière; et c'est dans ce sens qu'on a pu dire, que chez eux, l'épreuve par jurés était une institution admirable. On retrouve en effet dans les moindres détails l'esprit et l'application de ce principe salutaire; partout cet accord, cette harmonie qui en identifient toutes les parties, et qui justifient cette pensée d'un publiciste, que tous les traits du jury anglais sont essentiels à sa perfection; qu'en altérer un seul, c'est lui ôter sa bonté et ses proportions.

Ce n'est pas ici le lieu de faire ressortir les avantages de n'être jugé que par ses égaux, ses concitoyens, par des hommes dont on pourra bientôt peut-être avoir, à son tour, à examiner les actions, par des hommes indépendans, par des hommes justes enfin; car le droit si étendu de récusation est à cet égard une garantie suffisante pour l'accusé; mais une chose que nous devons faire observer avec soin, c'est que le jury d'Angleterre diffère en deux points principaux du jury français; chez nous, les jurés ne connaissent que des affaires criminelles; indépendamment de cette attribution, le jury anglais connaît des contestations civiles entre citoyens; en France, l'examen d'un seul jury décide du sort des individus; en Angleterre cet examen est répété devant deux jurys différens (2); en sorte qu'une personne ne peut être condamné que sur l'avis de vingt-quatre de ses concitoyens, et d'hommes qui tiennent de lui en partie leurs pouvoirs.

§. 2. *Des différens jurys.*

Les Anglais connaissent trois espèces de jurys, qui tous ont des attributions et des règles différentes; le grand-jury, le petit-jury, et le jury spécial.

On appelle grand-jury, ou jury d'accusation ou jury du roi, le jury d'enquête qui juge simplement de la validité de la prévention; ici les jurés se trouvent placés entre l'accusé et le glaive de la justice, ce sont eux qui le livrent à la poursuite des ma-

(1) *Delolme.*

(2) Il était important de faire remarquer ici que cette distinction n'est nullement rappelée par les lois que nous avons rapportées et qui statuent en supposant la chose établie d'avance, en sorte qu'il faut en être instruit pour comprendre les applications de plusieurs de leurs dispositions.

gistrats, ou qui le placent sous la protection de leur sentence; car aucune poursuite criminelle ne peut être suivie en Angleterre, sans être précédée d'une dénonciation préalable d'un grand-jury; c'est surtout dans cette double instruction qui ne permet pas qu'un accusé puisse être exposé au péril d'une procédure, si la chose n'est jugée convenable par douze personnes, au moins, qu'on a pu voir, avec raison, la garantie la plus constante que puisse jamais désirer l'innocence, garantie qui fait disparaître jusqu'à la possibilité des abus. Nous devons regretter que cette institution n'ait pas conservé chez nous ce caractère, car si l'examen préalable éloigne le jour du châtiment dû au crime, il épargne aussi à l'innocent la honte de s'asseoir sur le banc destiné au coupable, il le fait échapper au préjugé fatal attaché si souvent à l'accusation même la plus calomnieuse; il l'enlève à un châtiment, d'autant plus pénible à supporter, qu'il est moins mérité.

Le petit jury, le jury de jugement, qu'on nomme aussi jury de la partie par opposition au jury du roi, connaît de la validité de l'accusation. Appliqué simplement aux causes criminelles, il répond à notre jury français.

Pour le jury spécial, voyez le stat. 3, Georg II, ch. 25, sect. 15, 16 et 17, qui détermine sa nature, sa formation et sa compétence.

§. 3. *De la formation des jurys.*

Comme dans les paragraphes précédens, il faut ici distinguer les différentes sortes de jurys; voici les règles générales dans cette matière; nous ferons ensuite connaître les cas particuliers

Tous les ans les constables des diverses paroisses d'un comté sont tenus d'envoyer et de certifier, sous la foi du serment, au greffier archiviste, ou *clerc de la paix*, comme le nomment les statuts, une liste des francs-tenanciers ou de toutes les personnes ayant qualité, aux termes des lois ci-dessus rapportées; c'est dans cette liste que le shériff doit prendre, sous peine d'amende, tous les jurés (excepté les jurés spéciaux); ainsi tous les jurés sont désignés aux cours par le shériff, et convoqués par ses officiers.

« Les jurés, dit Philips (1), doivent être des personnes d'honneur, et de bonne réputation; dégagées, en remplissant leurs fonctions, de toute espèce d'obligation, d'affection, de parenté et de préjugé, les égaux ou les pairs des parties intéressées, d'un âge mûr et d'un entendement sain, n'avoir jamais été proscrites ou convaincues de trahison, de félonie, ou de parjure. »

---

(1) Traduction de M. Comte.

Quoiqu'on se soit écarté des anciens statuts, qui voulaient que tous les jurés fussent pris dans le voisinage des parties, du lieu où le crime avait été commis, ou du lieu où le procès s'instruisait; il paraît constant cependant, qu'en matière criminelle, les shériffs doivent encore se conformer à cet usage. car dans les statuts qui l'ont modifié, il semble qu'il n'est question que des affaires entre parties; ils doivent choisir, comme on l'a vu, les hommes les plus aisés, les plus capables et les moins suspects; des chefs de famille, des possesseurs de francs-fiefs, des fermiers, des locataires principaux, ou des personnes ayant des propriétés mobiliaires: tout accusé peut récuser les jurés qui ne sont pas du voisinage.

Nous avons vu que les hommes malades, infirmes, absens, ou âgés de plus de 70 ans, étaient exempts de remplir les fonctions de jurés; il faut y joindre encore ceux qui n'habitent point dans le comté, ou qui ont entrepris des voyages éloignés; les pairs, les membres de la chambre des communes, pendant la session, etc., et tous ceux en général qui tiennent une place du gouvernement; les publicistes ajoutent même les médecins, les chirurgiens, les pharmaciens et les quakers; pour tous les autres, les fonctions de juré sont une obligation dont ils ne peuvent s'exempter qu'en vertu de causes légitimes, constatées devant la cour.

Les convocations doivent être portées au lieu de la résidence des jurés en général, huit jours avant leur réunion, six jours au moins avant la même époque, dans la ville de Londres et dans les autres villes ou cités; dans les comtés palatins, ils doivent être convoqués quinze jours d'avance. Ils doivent être pris un quart dans chaque canton ou *hundred*, il faut en convoquer de quarante-huit à soixante-douze pour chaque assise ou pour chaque session.

Tout ce qu'on vient de lire se rapporte plus particulièrement aux petits jurys. Les citoyens appelés à être jurés dans les procès de haute trahison, ou à remplir les fonctions de grands jurés, doivent non-seulement être francs-tenanciers, mais encore avoir rang d'écuyer, de chevalier, ou de banneret, et résider dans le comté ou dans le district. On en convoque ordinairement trente-six.

Aucun statut ne prononce de peine contre ceux qui ne se rendraient pas sur leur convocation; cependant lorsqu'il ne s'en trouve pas un nombre suffisant pour former le jury, la cour les condamne à 5, 10, ou 20 l. d'amende.

Les jurys spéciaux sont nommés par un officier des cours respectives, et assignés par le shériff; ils doivent être francs-tenanciers, et remplir plusieurs autres conditions.

§. 4. *De la manière de procéder des grands jurys.*

Quant à la manière de tirer les jurés en matière civile, voyez le stat. 3, *Georg.* II, ch 25, sect. 11. De même, pour tout ce qui concerne les jurés supplémentaires, lorsqu'il ne comparaît pas un nombre suffisant de ceux qui ont été convoqués, voyez les stat. 4 et 5, *Phil.* et *Mar.*, ch 7, sect. 2, — 14. *Elis.*, ch. 3 sect. 1, — 4. *Guil.* et *Mar.*, ch. 24. — 7. *Guil.* III, ch. 32. — 35. *Henri* VIII, ch. 6. Nous supposons ici le jury formé et complet; voyons d'abord ce qui touche les grands jurys.

Personne ne peut être arrêté que sur l'accusation admise par un grand jury, après enquête. Ce jury doit être composé de vingt-trois personnes, au moins; douze voix forment une majorité suffisante; les jurés choisissent eux-mêmes le président, qu'ils peuvent changer dans tout état de cause, à la majorité de douze voix. Ils se présentent ensuite à la cour, où ils prêtent serment, savoir le président « de rechercher avec soin tous les articles, » toutes les matières qui lui seront déférées à charge, ou qui viendront à sa connaissance, d'une manière quelconque, et d'en » faire une déclaration vraie; de garder soigneusement le secret » du roi, le sien, et celui des autres jurés; de ne mettre personne » en jugement par haine, par malice, par crainte, par faveur » ou par affection, ou par l'appât de récompense, espérance, » ou promesse, mais de dire la vérité dans ses déclarations, » toute la vérité, et rien que la vérité. »

Les autres membres jurent ensuite d'observer les mêmes règles; enfin un baillif prête serment de suivre le grand jury, durant la session, de lui transmettre soigneusement toutes accusations, informations et autres écrits qui lui seront remis par la cour, et de les renvoyer à la cour, sans aucune altération, lorsqu'ils lui auront été remis par le jury.

Les séances du grand jury ne sont pas publiques.

Aucune personne, avocat, procureur, greffier, etc., qui ne fait pas partie du grand jury, même l'accusé, ne peut assister à ses délibérations ou à ses décisions; les accusations doivent être lues en entier par le président ou l'un des jurés; deux d'entre eux doivent tour à tour prendre note des dépositions; mais ces notes, qui ne sont destinées qu'à aider la mémoire des jurés et faire des rapprochemens, doivent être détruites chaque jour, avant qu'ils se séparent.

Les faits à charge doivent être rappelés par le président, lorsqu'il demande la réponse des jurés sur le bill. Mais avant que cette question soit posée, chaque juré peut faire les observations qu'il juge convenables, interroger de nouveau un témoin, et demander que le jury aille aux voix sur les points particuliers, lorsqu'il les croit de quelque importance.

Pour tout ce qui regarde les témoins, les usages sont les mêmes que dans les petits jurys, excepté que les grands jurés s'étant engagés à garder le secret, ne peuvent s'enquérir de la véracité des témoins; et doivent, par cela même, être beaucoup plus circonspects dans l'admission de leurs dépositions.

Les jurés, dans toute accusation, peuvent prononcer sur le fait comme sur l'intention; mais comme ils n'entendent que les témoins à charge, le fait doit être incontestablement établi pour que la plainte soit admise. Si cette conviction est entière pour la majorité du jury, ces mots, *accusation bien fondée*, sont écrits par le président au dos du bill; ceux-ci, au contraire, *mal fondée*, si douze jurés n'ont pas levé la main à l'appui de la plainte.

Lorsque l'accusation porte sur plusieurs personnes, les questions doivent être posées séparément, pour chacune d'elles; le fait à charge énoncé dans le bill, doit être rejeté ou admis en entier; lorsqu'il y a plusieurs chefs de plainte, l'un peut être admis, l'autre rejeté, etc.

Toutefois ce qu'on vient de lire n'est pas tellement absolu que le grand jury ne puisse, s'il le croit utile, entendre des témoins à décharge; et pour que celui contre lequel est porté un acte d'accusation puisse avoir le droit de récusation, il faut bien qu'il ait connaissance de la procédure.

Il serait trop long de détailler ici toutes les attributions du grand jury; nous renverrons aux auteurs qui ont écrit sur cette matière: tout ce que nous pouvons dire avec Philips c'est qu'elles sont très-étendues « que les grands jurés sont des censeurs publics et constitutionnels; qu'ils doivent, par leurs accusations, mettre un terme à tous les abus publics, aux torts, aux oppressions de tous genres, pour la répression desquels ils doivent prendre l'initiative, les dénoncer à la cour et même au parlement, par voie de pétition, si la cour à laquelle ils appartiennent n'a pas le pouvoir de faire cesser un abus, ou si ses procédures peuvent donner matière à quelques plaintes. »

Nous avons donné quelques développemens à ce paragraphe, mais moins encore que nous ne l'aurions désiré, parce qu'il y avait à dire sur cette matière beaucoup de choses peu connues, surtout en France. (1)

---

(1) Ordinairement les grands jurés choisissent parmi eux un tresorier auquel ils remettent une ou deux guinées chacun pour leurs dépenses communes. Après les affaires de chaque jour ils dinent ensemble, et le dîner est payé par le trésorier sur la bourse commune; ce qui reste est donné aux prisonniers.

§. 5. *De la manière de procéder des petits jurys.*

On conçoit que, par sa nature, le grand jury peut quelquefois trouver dans sa seule volonté, la règle de sa conduite; c'est un jury d'équité : son pouvoir est discrétionnaire; il se règle plus souvent par des usages, par des antécédens, que par des lois; il n'en est pas de même des petits jurys, aussi voyons-nous que les statuts se sont beaucoup plus occupés de ceux-ci, si l'on en excepte ce qui regarde la récusation, dont la pratique est principalement réglée par les usages des cours.

Dans les causes civiles, les noms des jurés sont tirés comme on l'a vu, stat. *G.* 2, ch. 3. Dans les procès criminels, le shériff envoie la liste tout entière.

La récusation doit se faire avant que les jurés prêtent serment; cette récusation peut porter sur la totalité des jurés; dans les causes de haute trahison, trente-cinq, et vingt dans les autres, peuvent être récusés, sans donner de motifs : c'est la récusation *péremptoire;* la récusation totale a lieu, s'il est prouvé que le shériff, ou l'officier qui a formé le jury s'est rendu coupable de partialité; les motifs doivent être indiqués pour les récusations particulières. Dans ce cas, la question est débattue et jugée sur-le-champ. *Voy.* Coke, *inst.* 156, *a.* On y trouve toutes les règles relatives à la matière. aussi Blackstone ch. 23.

Pour les crimes de haute trahison, on fait placer l'accusé à la barre, et le crieur lit ce qui suit, à haute voix : « Vous, hommes » justes, qui allez prononcer entre notre seigneur-souverain le » roi, et les prisonniers à la barre, répondez à vos noms, chacun » au premier appel, ou peine et danger peseront sur vous »

Si quelques-uns d'eux ne répondent pas, le crieur reprend : « Vous, messieurs du jury, qui avez été appelés et qui avez fait » défaut, répondez à vos noms, et préservez-vous de l'amende. »

Les témoins sont ensuite appelés, l'accusé est interpellé de dire s'il a reçu copie de la liste des jurés, au moins deux jours auparavant, et s'il nie, le procès ne peut commencer que lorsque la preuve en a été fournie par celui qui a dû la lui remettre.

Le secrétaire de l'accusateur dit ensuite au prisonnier :

« Vous, A. B, prisonnier à la barre, ces hommes que vous » allez entendre appeler, vont procéder entre notre souverain » seigneur le roi et vous à votre jugement de vie ou de mort; si » vous voulez les récuser tous, ou quelques-uns d'entre eux, » vous devez le leur déclarer, à mesure qu'ils s'avanceront pour » prêter le serment, et avant qu'ils l'aient prêté. »

Les jurés non récusés mettent la main droite sur le Nouveau-Testament, et, tournés vers le prisonnier, prêtent serment de prononcer bien et sincèrement ; de faire une déclaration véritable entre leur seigneur-souverain le roi, et le prisonnier à la barre, et de rendre un *verdict* (1) conforme à la vérité, suivant les preuves qui seront données.

Il est d'usage que la première personne appelée à l'appel soit le président du jury ; sans que cet usage lie toutefois les jurés, qui peuvent, s'ils le jugent convenable, désigner tout autre d'entre eux, pour remplir ces fonctions, auxquelles ne se rattache d'autre privilége que celui de lire publiquement le *verdict* du jury devant la cour.

Après le serment prêté, le crieur dit » : Si quelqu'un peut informer le juge du roi, les sergens du roi, ou l'avocat du roi, avant que l'information commence entre notre seigneur-souverain le roi, et le prisonnier à la barre, qu'il se présente, et il sera entendu, car le prisonnier insiste sur sa mise en liberté : que tous ceux qui se sont obligés à déposer contre le prisonnier à la barre, s'avancent donc, et rendent témoignage, autrement ils manqueront à leur obligation. »

Le secrétaire de l'accusateur lit ensuite l'acte d'accusation motivé et exhorte les jurés ; puis une personne du conseil du roi expose la cause et en explique l'objet ; puis les témoins sont appelés dans l'ordre où les noms sont placés au dos de l'acte d'accusation, et lecture leur est donnée, par le secrétaire de l'accusateur, du serment qu'ils doivent prêter, de dire la vérité, toute la vérité, et rien que la vérité ; les témoins à charge sont examinés par le conseil du roi, par le conseil de l'accusé et par la cour ; l'accusé et les jurés peuvent leur faire toute espèce de question.

L'accusé examine le premier ses propres témoins, l'accusateur ensuite.

Tous les témoins, l'accusé et son conseil entendu, le juge explique la loi au jury, qui peut se retirer sur la demande du président, avant de prononcer son verdict ; dans ce cas, le secrétaire de l'accusateur fait porter au bailli le serment « de garder » exactement et avec soin le jury, sans nourriture, boisson, feu » (ni chandelle, si c'est pendant le jour), de ne permettre à » personne de communiquer avec eux, pas même lui bailli, si » ce n'est pour leur demander s'ils sont convenus de leur *verdict*, » jusqu'à ce que ce verdict ait été arrêté. » Mais s'ils ne peuvent tomber d'accord dans un temps raisonnable, il peuvent demander à la cour, du feu, de la lumière ou des rafraichissemens, ce qu'on leur accorde généralement, pourvu que les parties y consentent. (2)

---

(1) Le *verdict* est la réponse du jury.

(2) Quoiqu'un juré puisse avoir apporté avec lui de quoi se rafraichir, il ne lui est pas permis de manger ou de boire sans autorisation. Philips, ch. 9.

De retour devant la cour, le président prononce le verdict, en déclarant seulement l'accusé coupable ou *non coupable* du fait qu'on lui impute.

Voilà ce que nous avions à ajouter aux lois que nous avons rapportées sur le jury. Cette courte notion pourra mettre chacun à même de prendre une connaissance du jury criminel d'Angleterre, et l'application du jury aux causes civiles, ne peut faire partie de la constitution du pays. Nous aurions pu ajouter beaucoup de choses encore sur ce sujet, mais nous devons craindre de lui donner plus de développemens qu'il ne devait en avoir, en le comparant aux lois rapportées sur les autres matières.

APPENDICE (1).

Du Roi.

La couronne est héréditaire, par ordre de primogéniture, avec admission des femmes (2). — Le Roi est censé *ne pouvoir faire mal* (king can do no wrong). Sa personne est inviolable et sacrée. — Les agens de la couronne sont seuls responsables. Le Roi est généralissime des troupes de terre et de mer; il a seul le pouvoir de faire des levées. — Il a droit de déclarer la guerre et de faire la paix, aux conditions qu'il juge convenable; le Roi nomme à tous les emplois et offices. Il à le droit de faire grâce, excepté dans certains cas déterminés (3). — Le Roi est majeur à dix-huit ans. Durant la minorité, l'autorité royale est confiée à un régent ou à une régente, assistés d'un conseil de régence, qui l'exercent comme le Roi lui-même, sauf quelques modifications (4). — Le Roi convoque le parlement, la convocation est faite par lettres expédiées par la chancellerie, d'après l'avis du conseil privé, quarante jours au moins avant l'ouverture. Le Roi a le droit d'ajourner, de proroger et de dissoudre le parlement (5). — La liste civile est fixée au commencement de chaque règne pour toute sa durée (6). — Le Roi crée des Pairs à volonté (7). — Le Roi approuve ou rejette les bills adoptées par les

(1) Nous avons cru devoir réunir sous ce titre plusieurs dispositions importantes éparses dans une foule d'actes qu'il était inutile de rapporter en entier ; nous avons aussi recueilli les principes et les usages consacrés seulement par le temps et qui complettent le corps du droit constitutionnel.

(2) V. suprà, page 387 et 396, les statuts qui ont réglé la succession. Ils semblent déroger à la règle que nous énonçons ; mais avec plus de réflexion on s'apperçoit qu'ils n'ont fait que concilier le principe avec les circonstances.

(3) Par exemple dans les cas de contravention à l'acte d'habeas corpus ; en cas de condamnation prononcée sur une accusation parlementaire. Voyez Blackstone, ch. 7 de l'Autorité royale. — *Instit de Coke.*

(4) Stat. 24, Georg. 2, ch. 24.

(5) V. Blackstone, chap. 2 — du parlement.

(6) *V.* Stat. 1, Georg. 3, ch. 1.

(7) Voyez suprà, page 356.

deux chambres. Le consentement du Roi est exprimé par ces mots : *Soit fait comme il est désiré* ; si c'est un bill particulier : *Le Roi le veut* ; si c'est un bill public ; ou enfin, si c'est un bill concernant les subsides, *Le Roi remercie ses loyaux sujets de leur bénévolence et aussi le veut*. Le refus est exprimé par cette formule, *Le Roi s'avisera* (1). — A son avènement, le Roi prête serment en ces termes. — L'Archevêque entre les mains duquel est prêté serment, dit : *Promettez-vous et jurez vous solemnellement, de gouverner le peuple de ce royaume d'Angleterre et des pays qui en dépendent, conformément aux statuts faits en parlement, aux lois et coutumes ?* Le Roi dit : *Je le promets solemnellement*. — L'archevêque : *Promettez-vous de maintenir de tout votre pouvoir les lois de Dieu, la véritable profession de l'Evangile, et la religion protestante, telle qu'elle est établie par la loi : de conserver aux évêques et au clergé de ce royaume, aux églises confiées à leurs soins, tous les droits et privilèges, que la loi leur a accordés à tous et à chacun d'eux en particulier ?* — Le Roi : *Je le promets*. — Après cela, le Roi met la main sur l'Évangile, et dit : *Je maintiendrai et remplirai tout ce que je viens de promettre ici avec l'assistance de Dieu*. Et ensuite, le Roi baise le Saint-Livre (2).

Du Parlement.

Les parties qui constituent un parlement sont le Roi et les Etats du royaume, savoir ; les lords spirituels et temporels qui siègent avec le Roi, dans la *chambre haute*, et les communes, ou *chambre basse*.

Le pouvoir et la juridiction du parlement sont sans bornes. — Il peut confirmer, abroger, modifier, interpréter les lois concernant toutes sortes de matières : il peut même altérer la constitution (3).

L'initiative appartient aux chambres. Tout bill qui, par ses conséquences, pourrait affecter les droits de la pairie, doit prendre naissance dans la chambre des pairs. Tous les bills de finances doivent être proposés d'abord dans la chambres des communes, et les pairs doivent les rejetter ou

---

(1) Voyez suprà, page 380.

(2) Stat. 1, Guill. et Mar., ch. 6.

(3) Blackstone, ch. 2 du parlement. *V.* suprà, page 401 et 414, les actes d'union d'Ecosse et d'Irlande, le statut 1, Georg. 1, ch. 38, qui établit les parlemens septennaux, page 486.

les accepter purement et simplement (1). — Un étranger, quoique naturalisé, ne peut être membre du parlement ; personne ne peut siéger ou voter dans les deux chambres, qu'après avoir atteint l'âge de vingt-un ans, et qu'après avoir prêté les sermens de fidélité, de suprématie et d'abjuration (2).

La validité des élections est jugée par la chambre à qui appartient le membre élu (3). — Un pair nommé par le Roi, où un membre élu pour la chambre des communes, peut néanmoins être déclaré incapable et indigne, sur une plainte portée contre lui (4).

Un membre ne peut être accusé ni repris hors du parlement, pour les discours ou pour la conduite qu'il y aura tenus (5). — Attaquer (*assault*) un membre du parlement, ou ses domestiques, est une insulte grave faite au parlement, et qu'il punit sévèrement (6).

Des *poursuites* en matières civiles ne peuvent être dirigées contre les membres du parlement, pendant le temps de la session, un pair ne peut jamais être *emprisonné* pour condamnations civiles. — Un membre de la chambre des communes ne peut être *emprisonné* pendant quarante jours après la dissolution ou la prorogation du parlement, ni pendant les quarante jours qui précèdent la première séance. — Si le parlement est dissous, prorogé ou même si l'une des chambres s'ajourne pour plus de quinze jours, les membres soit *pairs* soit *commoners*, peuvent être *actionnés* et dépossédés de leurs biens, immediatement après la dissolution ou la prorogation (7). — Ces privilèges n'ont pas lieu en matière de *crimes*, ou *d'atteinte* à la sûreté personnelle de qui que ce soit. — Les débiteurs directs du Roi, ou les fonctionnaires comptables peuvent être *poursuivis* durant les sessions (8). — Les commerçans, membres du parlement, peuvent être *actionnés* pendant la session, pour toutes dettes montant à cent livres

(1) Blackstone, chap. 2. *Coke Inst.*

(2) *V.* suprà, page 437, Stat. 19, Georg. 2, sect 1, page 442.

(3) La chambre des pairs statue sur l'élection des pairs d'Écosse.

(4) Blackstone, chap. 2 — *du parlement.*

(5) An. 1, Guill et Mar., stat. 2, ch. 2, page 390.

(6) Stat. 5, Henri 4, ch. 6, et stat. 11, Henri 6, ch. 11.

(7) Stat. 12 et 13, Guill. 3, ch. 3, sect. 1, et stat. 11, Georg. 2, ch. 24, sect. 1 2 3 4 et 5.

(8) Stat. 2 et 3, Ann. ch. 18. — Stat. 12 et 13, Georg. 3, ch. 3.

sterling; et s'il ne paient pas dans les deux mois, ils sont poursuivis comme banqueroutiers (1). — quiconque publie des libelles séditieux ne jouit pas des privilèges du parlement (2).

Les membres des deux chambres votent à haute voix.

Les juges de la cour du banc du Roi, de celle des plaids communs, les premiers barons de l'échiquier, et les maîtres de la cour de chancellerie sont admis dans la chambre des pairs, afin de donner leur avis sur les matières de jurisprudence. — Tout pair peut avec la permission du Roi, donner sa procuration à un autre pair, pour voter en son absence (3). — Chaque pair a le droit de faire enregistrer sur le journal de la chambre, une protestation contre ses résolutions.

Le président (*orateur*) (*speaker*) de la chambre des pairs est nommé par le Roi (4). La chambre des pairs juge les agents ou ministres de la couronne, sur l'accusation (*impeachement*) de la chambre des communes (5). Elle juge les pairs pour toutes sortes de crimes, et les membres de la chambre des communes, pour les grands forfaits. — Aucun pardon, sous le grand-sceau, ne peut être proposé contre une accusation intentée par la chambre des communes en parlement (6).

La chambre des communes se rend à la barre de la chambre des pairs à la séance royale. — Le président (*orateur*) (*speaker*) est nommé par la chambre. — Il doit être confirmé par le Roi. — Il ne prononce point de harangue dans la chambre, il n'a ni opinion ni vote. — La chambre des communes a le droit de nommer des comités chargés de faire des enquêtes, sur les différente parties de l'administration. — Elle peut, dans certains cas, ordonner des emprisonnemens, et prononcer des amendes. — Les peines qu'elle peut infliger à ses membres, sont le rappel à l'ordre, l'amende, l'emprisonnement et l'exclusion (7). — Les membres de la chambre des

(1) Stat. 4, Georg. 3, ch. 33.

(2) Stat. Georg. 3.

(3) Les membres de la chambre des communes n'ont pas ce droit. *Inst.* 4, p. 12. — *Black.* ch. 2, *du parlement.*

(4) C'est ordinairement *le chancelier.*

(5) *V.* Blackstone, ch. 2 du parlement. — chap. 19 des cours de juridiction criminelle. — Delolme, ch. 7.

(6) Stat. 12 et 13, Guill. 3, ch. 2.

(7) On cite quelques exemples de châtimens singuliers, *tel que de demander pardon à genoux à la chambre.*

communes ne peuvent s'absenter sans la permission du président et de la chambre (1) — Il est d'usage qu'aucun membre ne parle plus d'une fois le même jour (2).

Il y a deux sortes de bills, les bills particuliers, et les bills publics ; c'est-à-dire ceux qui intéressent l'Etat.

Un bill particulier doit être proposé sur une pétition présentée par un membre du parlement. — S'il y a lieu, la pétition est renvoyée à un comité. — Sur le rapport favorable du comité le bill est admis.

Le bill public doit être présenté sans pétition par un membre. — Le bill est lu deux fois, à deux différentes reprises : après chaque lecture, le président présente un précis du bill, et consulte la chambre pour savoir s'il sera continué. — La chambre peut rejeter le bill à chaque lecture et alors il ne peut plus être reproduit pendant la session. Après la seconde lecture, le bill est renvoyé à un comité, qui est ordinairement composé de quelques membres ; mais lorsqu'il s'agit d'objets importans, le comité se forme de toute la chambre. — Pour cela le président quitte le fauteuil et un autre membre est nommé président. — Après l'examen du comité, la masse d'armes est replacée sur la table, le président reprend sa place et la chambre délibère sur le bill, article par article. — Ensuite, on lit le bill une troisième fois, et souvent on y fait de nouveaux changemens. — Alors l'orateur tenant le bill et le montrant à la chambre demande si elle veut qu'il passe. — Si le bill est admis, la chambre ordonne à un de ses membres de le porter a la chambre des pairs. — Le membre accompagné de plusieurs de ses confrères, le présente à la barre de la chambre des pairs. — Le président descend de son siege (3) pour recevoir le bill.

Le bill est examiné dans la chambre des pairs, comme il vient d'être dit pour la chambre des communes. — S'il est admis purement et simplement, les pairs font notifier leur consentement aux communes par deux maîtres de la chancellerie, ou deux juges. — Si le bill est amendé, il est renvoyé à la chambre des communes pour faire approuver les amendemens.

(1) Stat. 6, Henri 8. ch. 16.

(2) Delolme, ch. 15, V. Hastell. *précédents*. — Si quelqu'un dans un discours disait : *le roi souhaite, ou le roi verrait avec plaisir, etc.*, il serait rappelé à l'ordre, comme voulant influencer les débats.

(3) *De son sac de laine.*

— Si la chambre des communes n'approuve pas les amendemens; ordinairement une conférence a lieu entre des membres désignés reciproquement par les deux chambres, qui le plus souvent applanissent les difficultés. Les mêmes formalités s'observent si le bill a commencé dans la chambre des pairs.

S'il s'agit d'un acte de grâce, le roi le signe d'abord. — Il n'est lu qu'une fois dans chaque chambre, sans y faire aucun changement (1).

Le parlement existant à l'avènement d'un roi mineur doit durer trois ans, à moins que le roi n'atteigne sa majorité avant ce terme, ou à moins que le parlement ne soit dissous par le régent, de l'avis du conseil de régence (2). Le parlement existant à la mort du roi, continuera à sieger pendant six mois, à moins qu'il ne soit dissous par le nouveau roi.

Si au moment de la mort du roi le parlement est prorogé, il se rassemblera immédiatement et siégera six mois, à moins de dissolution.

Dans le cas où il n'y aurait pas de parlement, le dernier parlement se rassemblera immédiatement à Westminster (3).

L'assemblée et la tenue des parlemens ne pourront être interrompue pendant plus de trois ans (4).

La durée de tout parlement sera de sept ans, et non audelà à compter du jour fixé par le *Writ* pour l'ouverture du parlement; a moins que ce parlement ne soit avant cette époque, dissous par S. M. (5).

---

(1) Blackstone, — ch. 2 du parlement.

(2) Stat. 24. Georg. 2, ch. 24, sect. 18.

(3) Stat. 6, Ann. ch. 7; page 425.

(4) Stat. 16, Charles 2, ch. 1, sect. 3. — Confirmé par le stat. 6, Guill. et Marie, ch. 2, sect. 1, portant : *qu'il sera tenu un parlement au moins une fois tous les trois ans*.

(5) Stat. 1, Georg. 1, ch. 38.

FIN DU TOME PREMIER.

TABLE

DES MATIÈRES CONTENUES DANS CE VOLUME.

Introduction I

FRANCE.

Pag.

Précis de l'histoire du gouvernement de la France, depuis l'origine de la monarchie, jusqu'à l'année 1789 .... *ibid*

§ I. Gouvernement de la Gaule romaine...... 14

§ II. Des Francs avant la conquête.......... 17

§ III. Conquête de la Gaule par les Francs... 18

§ IV. De la royauté... 21

§ V. Des lois saliques. 23

§ VI. De la servitude.. 23

§ VII. De la vassalité.. 26

§ VIII. Des fiefs...... 28

§ IX. De la justice.... 30

§ X. Du clergé....... 32

§ XI. Des assemblées nationales.......... 34

§ XII. Des maires.... 35

§ XIII. Charles-Martel. 36

§ XIV Pepin le Bref... 38

§ XV. Charlemagne.... 39

§ XVI. Des capitulaires. 42

§ XVII. Charles - le - Chauve.............. 43

§ XVIII. Hugues Capet. 45

§ XIX. Gouvernement féodal.............. 47

§ XX. De l'Eglise..... 48

§ XXI. Des communes. 49

§ XXII. Philippe - Auguste................ 51

§ XXIII. Des pairs... 52

§ XXIV. St.-Louis.... 56

§ XXV. Philippe le Bel. 57

§ XXVI. Du parlement. 58

§ XXVII. Des Etats généraux............. 60

§ XXVIII. Des assemblées des notables..... 61

§ XXIX. Des lits de justice .... ibid

§ XXX. Jean second.. 62

§ XXXI. De la régence. 65

§ XXXII. Louis XI... 66

§ XXXIII. De l'enregistrement............. 67

§ XXXIV. De la cour des pairs............ 70

§ XXXV. Des Pragmatiques sanctions...... 70

§ XXXVI. Du concordat................. 72

§ XXXVII. Du concile de Trente........... 73

§ XXXVIII. Des calvinistes............... 74

§ XXXIX. Henri IV.. 75

§ XL. Conclusion..... 76

Constitution *non-écrite* de la France avant 1789.... 79

Constitution décrétée par

Pag.

l'assemblée constituante (3 sept. 1791) ... 97
Acte constitutionnel présenté au peuple Français par la convention nationale (24 juin 1793) ... 135
Constitution de la République française proposée au peuple français par la convention nationale (5 fructidor an III, ou 22 août 1795) ... 149
Constitution de l'an 8 ... 193
Senatus-consulte organique de la constitution. (1802). 205
Senatus-consulte (18 mai 1804) ... 217
Acte additionnel aux constitutions de l'Empire ... [illegible]
Déclaration du roi du 2 mai 1814, donnée à St.-Ouen. 253
Charte constitutionnelle ... 254
Lois organiques ... 262
Lois sur les élections ... *ibid*
Tableau des membres de la chambre des députés ... 268
Lois sur la liberté de la presse ... 270
Eglise de France ... 283
Déclaration du clergé de 1682 ... *ibid*
Concordat de 1801 ... 284
Culte catholique ... 287
Culte protestant ... 296
Culte juif ... 301

ANGLETERRE.

Précis de l'histoire du gouvernement d'Angleterre .. *ibid*
Ch. 1. De l'établissement des Saxons à la conquête des Normands ... 306
Ch. 2. De la conquête des Normands jusqu'à la grande charte ... 316
Ch. 3. Depuis la grande charte jusqu'à l'admission des communes au parlement ... 320
Ch. 4. Etablissement de la chambre des communes ... 324
Ch. 5. Maison de Stuart. 338
Ch. 6. Révolution de 1688 ... 348
CONSTITUTION D'ANGLETERRE.
— Grande charte ... 362
Confirmations de la grande charte ... 372
Statut *de tallagio non concedendo* ... 374
Petition des droits accordés par Charles Ier ... 376
Acte d'habeas corpus ... 380
Bill des droits, acte déclarant les droits et la liberté des sujets, et fixant la succession à la couronne ... 387
Bill de droits, acte pour assurer la succession à la couronne, et pour mieux assurer la liberté des sujets ... 396
Acte d'union des parlemens d'Ecosse et d'Angleterre. 401
Statuts relatifs à l'union ... 411
Acte d'union des parlemens de la Grande-Bretagne et d'Irlande ... 414
Elections ... 420
Riots ... 447
Jury ... 454
Notice sur les jurys anglais. 472
Appendice ... 481

FIN DE LA TABLE.

www.ingramcontent.com/pod-product-compliance
Ingram Content Group UK Ltd.
Pitfield, Milton Keynes, MK11 3LW, UK
UKHW012012240726
13965UKWH00002B/315

9 782013 560900